U0331755

# 国有企业开放式创新的探索与思考

## 基于广州供电局的实践经验

广东电网有限责任公司广州供电局编委会　组编

刘智勇　宁　宇　覃　煜　何嘉兴　主编

上海交通大学出版社
SHANGHAI JIAO TONG UNIVERSITY PRESS

**内容提要**

本书回顾开放式创新相关理论,分析企业施行开放式创新的典型模式,梳理国有企业在国家创新体系建设中肩负的使命任务,国有企业开展创新活动面临的制度、市场、技术环境,阐明国有企业开放式创新的必要性和可行性,并以广东电网有限责任公司广州供电局为研究对象,深度剖析以其为核心所构建的开放式创新生态系统,从多个方面汇集有益经验,供相关人员参考和借鉴。

**图书在版编目(CIP)数据**

国有企业开放式创新的探索与思考 :基于广州供电局的实践经验 / 广东电网有限责任公司广州供电局编委会组编. — 上海 :上海交通大学出版社,2024.12.
ISBN 978 - 7 - 313 - 31995 - 1

Ⅰ.F426.61

中国国家版本馆 CIP 数据核字第 2024UG0831 号

国有企业开放式创新的探索与思考——基于广州供电局的实践经验
GUOYOUQIYE KAIFANGSHI CHUANGXIN DE TANSUO YU SIKAO——JIYU GUANGZHOUGONGDIANJU DE SHIJIAN JINGYAN

------------------------------------------------------------

| | |
|---|---|
| 组　　编:广东电网有限责任公司广州供电局编委会 | |
| 出版发行:上海交通大学出版社 | 地　　址:上海市番禺路 951 号 |
| 邮政编码:200030 | 电　　话:021 - 64071208 |
| 印　　刷:苏州市古得堡数码印刷有限公司 | 经　　销:全国新华书店 |
| 开　　本:710mm×1000mm　1/16 | 印　　张:15.5 |
| 字　　数:311 千字 | |
| 版　　次:2024 年 12 月第 1 版 | 印　　次:2024 年 12 月第 1 次印刷 |
| 书　　号:ISBN 978 - 7 - 313 - 31995 - 1 | |
| 定　　价:69.00 元 | |

版权所有　侵权必究
告 读 者:如发现本书有印装质量问题请与印刷厂质量科联系
联系电话:0512 - 65896959

# 前　言

　　国有企业是我国战略科技力量中的重要组成部分。为引导更多企业投入到创新行动中，国务院国资委持续优化考核指标，鼓励企业加大研发投入。2024年1月，国务院国资委发言人在国务院新闻办公室举行的发布会中介绍道，中央企业2023年研发经费投入达1.1万亿元，连续两年超过万亿。国有企业的创新主体地位日益彰显。党的二十届三中全会提出，要健全新型举国体制，提升国家创新体系整体效能。国有企业要持续强化科技创新主体地位，积极融入国家创新体系，不断强化关键核心技术攻关，打造更多更具有含金量的"国之重器"。在此过程中，国有企业的内部创新体系、创新管理模式都在朝着更加开放的方向转变。

　　开放是中国式现代化的鲜明标识，秉持开放理念，广东电网有限责任公司广州供电局积极响应国家号召，勇担国家重大战略科研任务，着力完善科技创新体制机制，争当能源电力科技创新排头兵。作为全国电网规模第一的省会城市供电局，广州供电局持续探索符合自身特点的科技创新组织形式，联合国内一流高校、研究机构和行业头部企业，践行有组织的开放式创新，构建以企业为核心的创新生态系统，持续为国家创新体系的建设贡献力量。近年来，广州供电局与城市和区域的发展同频共振，不断强化对粤港澳大湾区国家战略的服务和支持，发挥好科技创新的"国家队"和"主力军"作用。

　　为总结有益经验，启迪创新思想，深化交流学习，本书沿着"是什么""为什么""怎么做"的主线思路，分别回答了开放式创新从何而来、企业的开放式创新有哪些典型案例、国有企业为什么要践行开放式创新、广州供电局是如何实践开放式创新的,以及国有企业如何更好地践行开放式创新。在回答"是什么"的内容中,本书既介绍了开放式创新相关理论,也对企业的典型实践有所阐述,力图使得核心主题更加生动、丰富。在回答"为什么"的内容中,本书从国有企业在国家创新体系中所承担的任务使命和国有企业面临的制度、市场、技术环境两方面着手,分别阐述必要性和可行性。在回答"怎么做"的内容中,本书深入剖析广州供电局的创新管理实践,并提出体系构建、伙伴选择和善用创新管理工具的"三部曲",为读者提供参考。

本书是南方电网公司管理创新项目"广州供电局开放式创新生态系统构建机理及应用研究"(030100KM23020001/GDKJXM20230222)成果,十分感谢各位专家提出的宝贵修改意见。受水平所限,书中不免存在错漏、不足之处,敬请读者提出宝贵意见和建议。

广东电网有限责任公司广州供电局编委会

2024 年 9 月

# 目　录

# 第一章

# 开放式创新从何而来

本章回顾了创新理论的发展历程,引出开放创新概念,梳理开放式创新的发展历程。在此基础上,本章从概念内涵出发,阐明开放式创新的定义、特征,介绍理论研究中所关注的开放模式,说明概念的适用主体,并将开放式创新与其他创新范式进行对比,明确概念的边界。最后,梳理开放式创新相关理论,围绕开放式创新生态系统和开放式创新的企业创新绩效影响进行简要阐述。

## 第一节　企业创新范式发展概览

### 一、创新理论的发展历程

企业创新范式与创新理论的发展之间联系紧密、相互影响,理论与实践的结合共同推动了创新范式构念的形成。因而,本节的讨论从创新理论的发展开始,而后聚焦到企业创新活动规律,引出开放式创新及其发展历程。

创新理论起源于 20 世纪初期,约瑟夫·熊彼特在 1912 年出版的著作 *The Theory of Economic Development：An Inquiry into Profits，Capital，Credit，Interest，and the Business Cycle* 中首次提出该理论,他认为在经济周期和经济发展的过程中应当考虑到创新的影响,进而建立新的生产函数,并将创新定义为生产要素和生产条件的新组合。熊彼特的创新理论主要有以下几个观点。第一,从概念内涵上看,熊彼特将创新概念的外延不断扩展,突破技术概念而归属于经济概念,将经济生活中出现的新事物、新形势都包含到创新这一概念之中。比如,消费者初次接触的新产品、经营方式改革带来的新生产方法、企业开辟的新市场、原材料的新渠道、商业的新组织形式等等。第二,熊彼特认为创新是经济增长和发展的动力,是不断地从内部革新经济结构的一种创造性的破坏过程,经济均衡由创新来打破,然后在发展中实现新的均衡,破坏性创新概念呼之欲出。第三,熊彼特指出创新是生产过程中内生的,是经济生活中从内部自行发生的变化,而不是由外部强加的。企业家是创新的微观主体,企业家和企业家精神是创新的根本来源,企业家的创新活动是经济发展的关键驱动力。在当时的经济社会环境下,资本市场的建立和良好运转是创新实现的制度条件。熊彼特的创新理论对现代企业的战略规划产生了深远的影响,这一理论的提出促使企业认识到创新是发展的核心动力,因而将创新置于战略规划的核心位置,不断寻求产品、技术、市场和管理等方面的创新以实现持续发展。研发和技术创新受到重视,现代企业将大量投资用于研发活动,构建内部研发体系,以技术创新来维持企业的竞争优势。熊彼特区分了发明与创新,认为只有当发明得到实际应用并创造出经济价值时,才能称之为创新。现代企业在战略规划中重视创新成果的商业化过程,确保创新能够转化为市场竞争力和经济效益。在将技术推向市场的过程中,受到熊彼特市场创新的启发,企业不断探索新的市场机会,通过市场细分、目标市场选择和市场定位来实现市场创新,同时采用多元化战略来分散风险。为了适应创新的需要,现代企业进行组织结构和管理方式的创新,比如采用扁平化管理、灵活的工作模式和跨部门协作,以提高创新效率和适应市场变化的能力;重视培育具有企业家精神的从业人员;在战略规划中考虑与金融体系的结合,通过风险投资、创新基金等方式获得创新所需的资金支持;加强知识产权的申请和保护工作,确保创新能够获得应有的市场回报和法律保护。

到 20 世纪 50 年代,熊彼特的创新理论逐渐发展出两个主要分支,一个是关注技术变革的技术创新论,另一个是侧重制度变革的制度创新论。技术创新理论认为,技术创新的快速发展对经济和社会产生深远影响,技术创新的复兴时代到来,传统经济要素对经济发展的解释力不足,应当关注到技术、制度与经济发展的关系。技术创新理论主要有三大流派。一是新古典学派:索洛(Solow)和阿罗(Arrow)等认为技术具有公共物品属性和外部性,政府应该采取干预手段以促进技术创新。二是新熊彼特学派:曼斯菲尔德(Mansfield)和卡曼(Kamien)等强调企业家在技术创新中的核心作用,研究企业组织行为对创新的影响,建立了新技术推广模式。与新古典学派相比,新熊彼特学派深入研究创新机制,而不是将技术进步视作黑箱,并且相比于强调市场机制的作用,更加重视创新政策对经济发展的推动。三是国家创新系统学派:弗里曼(Freeman)和纳尔逊(Nelson)等认为政府的科技政策对技术创新起重要作用,并由此提出了国家创新系统,认为国家创新系统是创新资源配置的综合体系。纳尔逊通过对美国国家创新系统的分析,指出国家科研经费多用于国防,政府对创新的直接投入有限,而高科技企业在技术创新中表现活跃。制度创新理论认为,制度环境对创新活动具有重要影响。制度创新理论主要有两大学派。一是制度学派,代表人物包括加尔布雷斯(Galbraith)、缪尔达尔(Myrdal)等,批判现行体制并主张通过制度变革促进创新。另一个是新制度经济学派,以科斯(Coase)为代表,运用新古典方法研究社会制度,并提出了著名的科斯定理。1991年,科斯和道格拉斯·诺斯(Douglass North)因此获得诺贝尔经济学奖。新制度经济学派认为,由于交易成本的存在,制度安排对资源配置效率和经济增长至关重要,单纯的技术革新并不是驱动经济增长的决定性因素。对比技术创新理论和制度创新理论可知,二者都承继了熊彼特创新理论中创新驱动经济增长的观点,并认为制度在此过程中起到十分重要的作用,技术创新理论认可技术创新作为核心驱动力的地位,而制度创新理论则以制度创新为首要影响因素。

与此同时,管理学领域提出了创新过程、创新扩散和企业创新管理等创新相关的理论。创新过程理论主要研究创新活动过程中的规律和特征,先后形成了技术推动的创新过程、市场拉动的创新过程、交互作用的创新过程、一体化创新过程等模型。技术推动和市场拉动模型将技术创新过程归结为单因素线性驱动过程,市场拉动模型是对技术推动模型的补充,关注到了创新过程中市场需求的重要影响。交互作用模型引入组织能力,将技术推动和市场拉动相结合。更进一步地，一体化模型打破前三大模型的机械式时序过程，将创新过程描述为多因素并行模式，企业需要同时兼顾研发与制造。创新扩散理论在 20 世纪 60 年代由埃弗雷特·罗杰斯（Everett M. Rogers）提出，主要关注通过媒介推动新观念、新事物、新产品被接受的过程，以及这一过程对社会和文化的影响。该理论强调了创新在社会系统中的传播过程，以及影响创新采纳速度的各种因素，不仅适用于技术创新，也适用于制度、文化等其他创新。20 世纪末期，管理学视角的创新理论愈加侧重于企业创新管理应用领域，进而发展出了集成创新理论。集成创新理论涉及多元化的创新内容，包括技术、知识、资源、能力、文化等多方面的创新要素，这些要素相互激发、协同作用。此外，创新主体的多元化及其能动性也是集成创新过程的重要特征，不同创新主体包括个体、团队、企业职能部门、企业（含竞争对手和合作伙伴）、其他相关组织和用户等，主体积极思考、有效沟通和协作创新，以创造协同效益。由此可知，集成创新理论阐述了在企业或组织中创新活动与战略规划的紧密结合。战略整合的主要内容包括实现技术战略与其他战略的耦合，从战略的角度来组织实施技术整合，这不仅有助于企业适应技术发展和市场竞争，也有利于企业调配更充足的资源投入技术创新，进一步培养企业的技术能力。

同一时期，随着中国经济转型升级，全面创新理论应运而生。许庆瑞等学者在 1998 年首次提出了全面创新管理（total innovation management，TIM）概念，并在《企业经营管理基本规律与模式》一书中首次从理论上提出了企业经营管理的全面创新规律。全面创新理论强调理论创新、制度创新、科技创新、文化创新等多方面的整合和协同，以支持国家的创新驱动发展战略。该理论融合了用户、供应商创新观、全时创新观、全流程创新观、全员创新观、全地域创新观，并结合了组合创新观、集成创新观、系统创新观发展而来。它在发展的过程中致力于解决前有创新管理理论的不足之处，比如前有理论重点关注创新中的技术因素，对多要素协同作用的研究不多，全面创新理论基于系统论、生态观等学科交叉视角，强调战略导向，以及各创新要素的有机组合与协同创新。全面创新理论在强调各领域协同创新的同时，也倡导以开放的态度，去接收和整合外部的创新资源与成果。因而，开放式创新可以视为全面创新在实践中的一种具体表现形式，通过开放的方式，促进创新资源的流动和创新能力的提升。

## 二、开放式创新的发展历程

开放式创新理论的诞生离不开真实的企业创新实践。在 Henry Chesbrough 提出开放式创新概念的当时,商业环境正在悄然发生变化,市场竞争已经不再局限于个体企业之间,开始出现商业生态圈之间的竞争。在这样的情况下,个体企业应当关注商业生态圈的演变,采取开放式创新范式,积极寻求外部创新资源或利用自身创新能力获利。在此之前,更为受到推崇的是封闭式创新范式。这种模式曾被许多大型企业成功验证,较为经典的一个案例是复印机制造商施乐(Xerox)公司。20 世纪 50 年代,一家名为 Haloid 的小型摄影公司看好静电复印技术(Xerography)的潜力,并与该技术的发明人切斯特·卡尔森(Chester Carlson)签订了许可协议。随后,Haloid 公司投入大量资源来完善这项技术,最终将公司名称改为"施乐"(Xerox),以此反映其对静电复印技术的专注。在研发力量的投入方面,公司建立了专门的内部研发团队,持续改进和优化静电复印技术。在 1959 年,施乐推出了世界上第一台商用静电复印机——施乐 914(Xerox 914)。这一机器的成功是长期封闭式研发的结果,施乐对技术进行了严格的专利保护,并通过内部团队控制所有技术细节和产品设计,包括在复印纸、墨粉、成像鼓等关键组件上的突破,这使得施乐享有技术垄断地位,其他公司难以轻易复制。施乐 914 的成功使得施乐公司在市场上取得了巨大的竞争优势。凭借其专利保护,施乐几乎垄断了复印机市场,并通过高利润的耗材(如墨粉和纸张)获得了持续的收入来源。在生产和制造环节,施乐也采用了封闭式策略,公司直接控制了复印机的生产过程。这不仅确保了产品的质量,还帮助施乐维持了其市场的独占性。在营销方面,施乐采用了创新的商业模式,提供设备租赁服务,而不是直接出售复印机。这降低了客户的初期投资成本,快速扩大了市场份额,同时也为公司带来了稳定的现金流。封闭式创新范式使得施乐在复印市场上几乎没有竞争对手,长期保持市场主导地位,直到个人计算机和数码印刷等新兴市场出现,施乐未能及时调整策略而失去了领先地位。尽管施乐公司曾经取得了巨大的成功,但也能从该案例中发现,封闭式创新模式过分强化和控制自我研究功能,这可能导致一些问题,例如企业可能无法充分利用外部的创新资源和机会,以及可能因局限于内部资源和能力而难以适应市场的快速变化。同时，施乐公司的例子从侧面表明封闭式创新会使得企业生存状况受到技术生命周期的深刻影响。随着全球创新形势的变化，封闭式创新模式遭遇了新的挑战，其弊端包括无力承担高额研发投入的企业将处于竞争劣势、技术因过度开发或与市场需求脱离而不能获利、企业内部重要创新力量的流失、企业无视外部优秀创新成果导致"闭门造车"，以及局限于既有的组织资源、知识和能力，不能应对快速变化与新兴的市场等。因而，企业的创新范式逐渐由封闭转向更加开放。

实际上，在 20 世纪初期，开放式创新就已经处于早期阶段。这个阶段工业革命推动了技术进步和科学研究的快速发展。随着电气化、化工、通信等领域的兴起，发达国家企业认识到系统性研究的重要性，开始建立自己的实验室。通用电气在 1900 年成立了美国第一个工业研究实验室。企业实验室是备受依赖的内部研发部门，负责开发新的技术和产品，创新活动主要是封闭式的，较为孤立，技术交流和合作有限。但是，诸如贝尔实验室等机构，虽然在内部进行大量创新，如发明晶体管和激光，却也与外界保持一定的联系，尤其是与学术界，这是开放式创新在早期阶段的一种存在形式。并且，随着技术的发展，特别是在通信和电气化领域，标准化和专利管理成为重要议题。为了避免专利纠纷和技术孤岛，企业开始合作创建专利池，并通过行业协会推动技术标准的制定。20 世纪初，无线电技术发展迅速，但不同公司持有的专利导致了市场的分裂。为了解决这一问题，美国无线电公司（Radio Corporation of America，RCA）成立并创建了无线电专利池，允许其他公司在支付许可费用后使用其专利技术。这是早期标准化和专利共享的一个例子，促进了无线电技术的快速发展。此外，两次世界大战期间，国家安全需求推动了企业、学术机构和政府之间的合作。许多技术在军事应用中得到了突破，并在战后通过技术转移进入民用领域。这种合作可以看作是开放式创新的一种早期形式。比如，同盟国的科学家和工程师在雷达技术的研发中进行了广泛的合作。这项技术最初由英国开发，但在战争期间，英国与美国等同盟国合作，分享了技术细节，推动了雷达技术的快速发展。战后，这项技术转移到了民用领域，如气象监测和航空导航。20 世纪初至中期，尽管企业的创新活动主要以封闭式为主，但在某些领域和特定情境下，开放式创新已经初步显现。这一阶段的开放式创新主要体现在跨组织的技术交流、专利共享、标准化合作以及战时技术转移等方面。这些早期的开放式创新实践为后来更加系统化和广泛的开放式创新奠定了基础。

　　到 20 世纪中期，随着战后经济复苏，尤其是战后技术扩散加速了全球合作的步伐。企业开始意识到与外部合作伙伴共享资源和知识的潜力。这一阶段企业创新实践从封闭式向开放式逐渐迈进，企业和政府之间的技术合作变得更加频繁。例如，美国和欧洲的公司通过技术转移和联合研发，推动了航空、通信、核能等领域的技术发展，美国和英国在核能技术方面的合作，推动了核电站的建设和核能的民用化。跨国企业的崛起促使了技术转移和合作研究的出现。IBM 等大公司开始在全球设立研发中心，并与各国的学术机构、政府研究机构合作开发新技术，如半导体、计算机等领域。研发外包（R&D Outsourcing）开始兴起，成为企业降低成本和加速创新的一种策略。企业将部分研发活动外包给大学、研究机构或其他公司。比较典型的例子是制药行业的研发外包，辉瑞（Pfizer）等公司在这一时期将早期药物发现和临床试验外包给大学和专业的研究机构，使得药物开发进程得到更快的推进，并减少研发成本。在汽车行业也有这样的例子，汽车制造商如福特和通用汽车开始与外部供应商合作，外包部分零部件的研发和生产。这种合作不仅降低了制造成本，还加速了新车型的开发和上市。在这个阶段，随着技术复杂性的增加，单个企业从客观上开始难以独自完成所有的创新任务。为应对这一挑战，企业开始组建技术联盟，联合研发新技术。这种合作形式标志着开放式创新的萌芽。比如，IBM 在 20 世纪 50年代意识到自己无法独立开发所有所需的计算机组件，于是与七家小型计算机公司建立了技术联盟，共同开发新一代计算机系统。这种合作加快了计算机技术的发展，并使 IBM 在计算机行业中占据了主导地位。开放式创新的萌芽阶段标志着企业逐渐从封闭的内部研发模式，转向与外部合作伙伴、学术机构、政府和竞争对手进行合作。这一阶段的开放式创新虽然仍处于初级阶段，但已经展现出许多现代开放式创新模式的雏形，如研发外包、技术联盟、标准化合作等。

　　20 世纪 80 年代到 90 年代，开放式创新迎来了迅速发展时期，信息技术革命和全球化推动了开放式创新的发展，企业开始系统性地利用外部资源加速创新过程，如外包研发、与学术机构合作、技术联盟等，跨行业合作、合资企业和技术联盟逐渐成为主流。信息技术革命使得企业运营和创新的方式发生变化,企业能够更有效地共享信息、协同工作。比如,思科(Cisco)在 20 世纪 80 年代后期至 90 年代,通过收购小型初创公司来获取新技术并快速扩展其产品线。思科通过这种开放式创新策略,迅速成为全球领先的网络设备制造商。全球化使得跨国公司能够更容易地进入新的市场,并在全球范围内进行研发和生产。企业开始通过跨国合作、技术转移和外包,获取全球范围内的资源和技术,增强自身的竞争力。丰田汽车在 20 世纪 80 年代推动了精益生产(Lean Production)的全球化。丰田与全球的供应商紧密合作,实施"看板系统"(Kanban)和"及时生产"(Just-in-Time)策略。这种供应链合作模式不仅降低了成本,还提高了生产效率,成为开放式创新在制造业中的典范。飞利浦和索尼合作开发 CD 技术则是跨国技术合作的开放式创新模式在消费电子领域的成功案例。1979 年,荷兰的飞利浦公司和日本的索尼公司合作开发了 CD(Compact Disc)技术。两家公司通过结合各自的技术专长,共同制定了 CD 的行业标准,并共同推动了 CD 市场的快速发展。随着技术复杂性的增加和研发成本的上升,企业逐渐认识到,单靠自身难以完成重大技术突破。联合研发和技术联盟成为企业分担风险、共享资源和加速创新的重要方式。比如,空客公司(Airbus)是欧洲几家航空公司联合成立的,以挑战美国波音公司在全球航空市场的垄断地位。通过联合研发和共享技术,空客公司成功推出了多款商用飞机,并逐步占据了全球市场的较大份额。此外,企业开始认识到外部资源的价值,并通过开放式创新平台、外包和合作协议等方式,广泛吸纳外部的创新成果,获得市场所需的新技术和新产品。在 20 世纪 90 年代末期,宝洁公司(Procter & Gamble,P&G)面临重大经营危机,在三个月时间内损失了一半市值。此时,宝洁 CEO 雷富礼创新性地提出"联系与发展"战略,从研发模式(Research & Develop)向联发模式(Connect & Develop)过渡,旨在通过外部创新者的合作来加速产品开发。这一计划打破了企业内部创新的界限,使得宝洁能够更快地响应市场需求,并推出了一系列成功的产品,推动宝洁重新回到行业巅峰。在这一阶段,企业从单纯依赖内部研发逐步转向通过合作、外包、技术联盟和标准化等方式,系统性地引入外部资源以推动创新,这使得企业成功应对了技术复杂性和市场多样化的挑战,全球产业都在这一时期得到了快速发展。

到 21 世纪初期,开放式创新进入全面普及和深入实践的阶段。在这个时期,全球化、信息技术的爆发式增长、互联网的广泛应用以及新兴经济体的崛起推动了企业更加积极地采用开放式创新策略。企业不仅通过合作、外包和技术联盟加速创新,还利用开放创新平台、众包、创业生态系统等新形式,将开放式创新推向了新的高度。互联网的普及和数字化转型使信息交流更加迅速和广泛,企业之间的合作变得更加容易和高效。全球各地的创新者能够通过数字平台参与到创新过程中,企业可以利用全球的知识网络和资源来推动创新。在这个阶段最具有代表性的是开源软件的发展,Linux 操作系统是开源软件的一个重要例子,全球成千上万的开发者通过开放协作的方式,共同改进和发展这一操作系统。GitHub 的出现进一步推动了这种协作,成为全球开发者分享代码、合作开发的平台。开源软件的成功展示了开放式创新在软件行业的巨大潜力。与此同时,随着创业文化的兴起和风险投资的增加,创业公司成为推动技术创新的重要力量。大型企业认识到,与初创公司合作可以快速获取新技术和商业模式,避免创新的"盲区"。谷歌公司(Google)通过收购初创公司来快速扩展其产品和服务。2006 年,谷歌以 16.5 亿美元收购 YouTube,迅速进入在线视频领域;2005 年,谷歌收购安卓(Android),后来发展成为全球最广泛使用的移动操作系统。这些收购不仅帮助谷歌拓展了业务领域,也展示了大型企业如何通过开放式创新获取外部创新资源。为了保持技术领先优势,企业不仅加强了与其他企业之间的合作,也加大了与大学和研究机构的合作力度。这种合作不仅包括传统的研发合作,还涉及共同设立研究中心、人才培养以及技术转移等领域。企业通过这种方式获取最新的科学研究成果,并将其迅速商业化。比如,谷歌通过与斯坦福大学等顶尖学术机构合作,推动了人工智能(AI)技术的发展。谷歌与这些机构共同设立研究中心,资助博士生和研究项目,从中获取前沿技术,并应用到其产品中,如自动驾驶技术。随着开放式创新的普及,越来越多的企业将其作为一种常规的商业策略,并建立了开放式创新平台和生态系统。这种模式不仅帮助企业内部创新,还推动了整个产业的技术进步和市场扩展。苹果公司(Apple)通过应用商城(App Store)创建了一个开放式的创新平台,允许第三方开发者为 iOS 设备开发应用,这种开放的生态系统极大地推动了移动应用市场的发展。这一时期的开放式创新为企业创造了巨大的商业价值,还推动了整个产业的技术进步和市场扩展。

从 2010 年左右开始，数字化转型和平台经济的兴起推动了开放式创新进入新阶段，企业利用大数据、人工智能、区块链等技术，通过开放式创新平台和生态系统加速创新，与全球创新网络、创业公司、顾客和供应商共同创造价值，创新过程更为动态和互联。谷歌通过开放安卓平台，建立了一个广泛的生态系统，吸引了无数开发者和硬件制造商参与，使安卓成为全球最广泛使用的移动操作系统。微软的云计算平台 Azure 为全球开发者和企业提供了丰富的数字工具和开放数据集，支持他们进行创新。通过开放数据和 API，微软鼓励外部开发者构建新应用和服务，进一步扩展了其数字生态系统。特斯拉在 2014 年宣布开放其电动汽车相关专利，鼓励其他公司加入电动汽车行业。这一策略不仅推动了电动汽车技术的普及，也促进了整个行业的快速发展，并展示了开放式创新如何在竞争激烈的市场中创造合作机会。特斯拉还通过开放其自动驾驶数据和平台，鼓励全球的开发者和研究机构参与到自动驾驶技术的改进中。在数字化的加持下，企业能够更精确地识别和利用外部资源，平台驱动的开放式创新则让全球各类创新者能够在统一的环境中合作，共同创造价值。尽管如此，企业仍需要结合自身战略规划调整开放策略，比如苹果公司的 iPhone 自诞生起就是封闭式创新的代表，在 iPhone 的开发过程中，内部研发团队承担了所有关键技术的开发，包括 iOS 操作系统、硬件设计（如 Retina 显示屏、处理器）以及应用生态系统。苹果公司甚至自己开发了用于制造 iPhone 的专用设备和工具，以保持生产的独占性和高效性。苹果通过封闭式创新建立了一个完整的生态系统，包括 App Store、iCloud、Apple Music 等服务，所有这些都与苹果的硬件紧密集成。由于苹果对整个生态系统的控制，用户体验得以在所有苹果设备之间保持一致，这也是其竞争优势之一。因而，开放式创新实践的整个发展历程，是与封闭式创新相交织的，两者在复杂的创新系统中并行不悖，并不是简单的此消彼长关系。

# 第二节　开放式创新的内涵和外延

## 一、开放式创新的概念内涵

### (一)开放式创新的定义

在新兴技术飞速发展的背景下,开放式创新(Open Innovation)这一概念受到越来越多的关注。开放式创新最早由 Henry Chesbrough 在 2003 年提出。在 *The Logic of Open Innovation：Managing Intellectual Property* 一文中,Henry Chesbrough 将开放式创新定义为一种创新范式,在这种创新范式中,企业可以并应当同时使用来自内部和外部的创意,通过内外部途径将这些创意推向市场,以此推动自身技术的发展。也就是说,传统的创新往往依赖于企业内部的研发资源和知识,而开放式创新则鼓励企业向外部开放,积极利用外部的知识和资源。基于以上阐述,可以从更加契合企业实践的角度,给出开放式创新的定义:开放式创新是指企业在创新过程中,不仅依赖内部资源和知识,还通过吸纳外部的知识、技术和创意,甚至与外部合作伙伴共享内部资源来共同推动创新。这一概念的核心在于打破企业的组织边界,模糊企业内部和外部的界线,将创新的过程开放化、多样化,通过与外部力量互动,增强企业的创新效果。一个具象的类比是,互联网平台通常会开放 API 接口,吸引外部开发者共同创造应用程序,从而创造更多新产品或新服务。

### (二)开放式创新的特征

开放式创新概念的核心,在于其对企业边界可渗透性的深刻洞察。正是缘于边界的可渗透性,企业的创新过程不应局限于内部资源,而应积极吸纳和整合来自外部的知识和技能。将开放式创新的概念应用于企业的实际行动,就可以看到,在这种创新模式下,企业的创新行为展现出一些显著特征。

知识共享变得至关重要。在开放式创新的框架下,企业愿意分享自己的知识储备,同时也从外部获取新的见解和创意,这种双向的知识流动促进了创新的多样性和深度。施行开放式创新的企业必定强调知识的双向流动，企业不仅从外部获取知识，还向外部输出自身的知识。双向知识流动打破了传统企业创新中知识封闭的壁垒，形成了一个动态的知识生态系统，可以更为广泛地促进创新合作和知识共享。一方面，通过有效利用外部知识，可以帮助企业弥补内部知识的不足，带来新的视角和思路，促进知识的多样化和创新的跨界融合。外部知识的获取来源非常多样化，包括市场、供应链、学术界等外部组织或个人。市场和客户（市场中的需求端）是外部知识最重要的来源之一，通过对市场的调研，企业可以获得市场环境、竞争程度、消费者行为等方面的知识，从而在战略决策和产品研发方向上得到指导。比如，宝洁公司通过深入的市场调研，总结出不同地区消费者的个人护理习惯差异，从而开发了具有强针对性的区域性产品。通过分析客户的需求、反馈、支付行为和使用行为等，企业可以获得有关产品改进、新功能开发甚至是新产品创意的宝贵知识。戴尔公司通过"戴尔创意实验室"（Dell IdeaStorm）平台，收集客户对产品的建议，直接影响了公司产品的设计和功能更新。供应链上下游的合作伙伴也能带来外部知识。供应商通常掌握着最新的前沿技术，并了解原材料市场情况，企业可以从供应商处获得最新的生产工艺和技术创新信息，从而提升自身的产品质量，捕获降低成本的机会。波音公司与劳斯莱斯等发动机制造商合作，共同开发了新一代节能型航空发动机，显著提高了飞机燃油效率。深耕学术界的科研机构是重要的前沿科学知识来源，企业可以获取科研机构的最新研究成果，在产品开发和技术创新中加以应用。谷歌公司利用斯坦福大学的研究资源，开发人工智能技术，为谷歌人工智能产品的进步提供了强大的支持。竞争对手有时也是外部信息的重要来源，通过将竞争对手的产品分析、专利文件等公开信息导入企业内部，可以开拓企业对技术趋势、市场策略和创新路径的知识面，有助于企业调整自身的创新策略，保持竞争优势。三星深入研究苹果产品的设计和技术，并在自己的产品开发中进行创新，从而在智能手机市场上占据重要地位。除此之外，对信息技术类企业来说，开源项目和社区合作是重要的外部知识获取途径；对大企业来说，并购或投资孵化初创企业能够迅速增强企业技术实力，填补内部技术空白。外部知识来源为企业提供了现成的创新资源，缩减了自主研发的时间和成本，从而起到了有效加速创新过程、丰富创新视角和降低创新风险等作用。

　　另一方面，企业也可以将自己的内部知识外部化，这种知识输出不仅能够带来直接的经济收益，还能通过知识的扩散提高企业影响力，巩固企业在行业中的领先地位。企业进行知识输出的手段通常包括专利许可、技术转让、与外部合作伙伴共同开发等方式。专利许可是指专利权人（专利持有者）通过合同的方式，授权他人（被许可方）在一定条件下使用其专利技术或发明。在专利许可中，专利权人保留专利的所有权，但允许被许可方在规定的时间、地域、领域内使用专利技术，通常是以支付许可费用为条件。大企业可以采取专利许可的方式，将技术扩展到新的应用领域或地理市场，比如医药公司通过向其他地区的制药企业许可其药物专利，在全球范围内实现药物的推广和销售。专利许可也可以成为技术联盟的基础。技术联盟中常见的知识外部化方式是，两个或多个公司互相授予对方使用各自专利的权利，即交叉许可。这种形式的知识双向流动经常出现在技术互补的企业之间，或者新技术和新产品的开发过程中。技术转让与专利许可的战略意义相似，也是企业实现技术扩散和商业化的重要方式。不过，技术转让通常涉及技术所有权的转移，除了专利所覆盖的技术范围外，还包括更为广泛的技术支持。这有利于转让方调整市场进入和退出策略，与受让方建立更为稳固的合作关系，获取长期收益。无论如何进行知识外部化或利用外部知识，灵活的知识产权管理都成为其关键。Henry Chesbrough 在 *Open Innovation：The New Imperative for Creating and Profiting from Technology* 一书中指出知识产权管理应当与商业模式紧密结合，确保知识产权能够为企业创造最大的价值。在实施开放式创新的实践中，知识产权管理的高灵活性意味着可以迅速调整和优化知识产权策略，以适应不断变化的市场环境、法律要求，推动企业实现商业成功。

　　在这样的知识共享背景下，协同合作成为常态。企业在开放式创新模式下，必然会整合不同来源的资源和能力，形成协同效应，从而产生比单独创新更大的成果。为了有效实施协同合作，企业需要建立一种开放的合作文化。这种文化鼓励跨部门、跨组织的沟通与合作，避免"烟囱效应"或"信息孤岛"的出现，并通过透明的沟通机制和信任基础来促进创新成果的共享。在知识双向流动的基础上，内外部资源也进行双向流动。企业可以向外部合作伙伴开放自己的研发设备、实验数据、测试环境等资源，以实现资源的最佳配置。例如，汽车制造商可以允许供应商使用其测试设施，以确保零部件的质量符合整车的要求。企业在开放式创新中也积极利用外部资源，这包括技术资源（如专利和技术平台）、人力资源（如外部专家和顾问）、资金资源（如外部投资和联合融资）等。通过外部资源的引入，企业可以降低研发成本，缩短创新周期，并加速产品的市场化进程。开放式创新常常通过平台化和生态系统的方式来实现资源共享，这强化了企业的创新能力，使其能够在快速变化的市场环境中拥抱更广阔的创新视野，保持竞争力和创造力，从而实现更高效、更可持续的发展。

### （三）开放式创新的模式

为了实施开放式创新，企业需要具备开放的文化、灵活的组织结构，以及有效的知识管理系统，以使得内外部知识的流动和共享能够顺利实现。可以根据知识要素流动方向的不同，将开放式创新分为内向型和外向型两种模式。内向型开放式创新是指企业通过搜集周围环境中有价值的信息、技术、知识，并将其不断整合到自身创新体系中所进行的开放式创新活动。外向型开放式创新是指企业通过将组织内部的创意和技术等创新成果向外输出，达到创新成果应用和商业化效果的开放式创新活动。无论是内向型还是外向型开放式创新，都强调要打破传统封闭式创新的局限性，注重与外部机构的合作，促进知识和技术的跨组织边界流动。二者一致的目标都是通过更高的资源利用和知识整合效率，来提升企业的创新能力和竞争力，从而实现最大化商业价值和市场优势。从这个角度看，不论偏向于哪种开放式创新模式，知识产权管理都在实践中占据核心地位。

内向型和外向型两种模式的根本区别在于知识流动的方向，进而二者在创新驱动方式、实施过程、成本收益等方面也存在不同之处。对内向型开放式创新来说，创新驱动主要依赖于外部资源的引入，企业通过吸收外部的新技术、新思想来增强自身的创新能力，通常用于补充内部资源的不足或加速创新进程。因而，企业需要建立强大的外部合作网络，并具备识别和整合外部知识的能力，包括技术评估、流程整合、合作谈判等复杂管理活动。内向型开放式创新最直观的具体实践模式是外部技术引进。企业从外部购买或获取他人的技术、专利或知识产权,将其应用到自身的产品开发或工艺改进中。或者企业通过许可协议,从其他企业、研究机构或个人处获得使用其知识产权的权利。获取技术转让模式适用于企业希望快速获取先进技术或填补自身技术短板的情况。然而这种模式通常涉及较高的初期成本(如技术购买、许可费用、合作开发成本)。通过专利许可模式,可以进行适度调节,许可模式可以是单向的(获取许可)或双向的(交叉许可),适合企业希望降低研发风险或成本的情况。新的内向型开放式创新模式正在不断被实践。可以使用开放平台实现众包或用户共创。企业通过构建开放式平台,吸引外部开发者、供应商等参与创新,或者通过互联网平台吸引外部个人、团体参与解决技术问题、提出创新方案,将创新任务外包给大众。这被称为众包模式,众包模式能够利用外部的大规模智力资源,提高创新的多样性和创造性。数字化程度较高的企业更适合采取众包模式。用户共创模式则依赖于用户创新社区。企业通过建立用户社区,鼓励用户参与产品设计和开发过程。用户创新社区能够带来直接的市场反馈,并帮助企业开发出更符合市场需求的产品。这种模式特别适合消费品行业,通过用户的深度参与,提高产品的市场接受度和忠诚度。这些开放式创新实践实际上都与商业模式的更新息息相关。更为明显的模式是创新挑战赛模式,以及外部创业投资模式。在创新挑战赛模式中,企业组织或参与开放性的创新竞赛,提出具体的技术或市场挑战,向外部专家、学者、学生或创业团队等全球范围内的创新者征集创新解决方案。创新挑战赛模式通常有丰厚的奖励,能够激发创意,汇聚多样化的解决方案,为企业提供了低成本、高效的创新途径,并促进企业与外部创新者的合作。外部创业投资模式又被称为企业风险投资(corporate venture capital,CVC)模式,企业通过设立风险投资基金,投资外部初创公司或创新项目,以获取新技术或新商业模式;也有一些企业风险投资注重对项目早期孵化的资源支持,帮助其成长为企业未来的创新来源。企业风险投资不仅是获取财务回报的手段,也是企业布局未来技术和市场的战略工具。无论采取以上哪种具体实践模式,内向型开放式创新都会面临外部知识有效整合的挑战。同时还要防范外部知识产权的法律风险。

　　相对而言,外向型开放式创新主要依赖于内部创新成果的向外输出,进而实现知识的扩散和商业化,有利于外部市场机会的利用或者是创新投资回报的增加。在实施的过程中,企业需要构建有效的知识输出和技术转移机制,通过市场开发、许可谈判、品牌管理等多种方式和手段,确保内部技术能够成功得到推广和应用。从这个角度来看,外向型开放式创新在前期主要只存在技术开发成本,并且可以通过技术转让或许可来迅速获得收入,或者通过合作来获得更大的市场机会。对外专利许可和技术转让是纯粹的外向型开放式创新模式。然而,在外向型开放式创新的场景中,主体企业会面临技术的市场接受度不高、核心技术控制权丧失等风险。在实际操作中,企业往往不会仅仅采用单一的内向型或外向型开放式创新模式,而是会根据不同的战略需求和市场环境相机选择及结合使用。专利池就是一个典型代表。多个企业或机构将各自的专利集合在一起,形成专利池,并向成员或外部企业提供使用这些专利的许可。这种模式可以降低专利使用的成本和法律风险,加速行业内的技术标准化和创新扩散。与之相似的是知识产权共享联盟,企业组成联盟,共同持有和管理知识产权,并允许成员企业在联盟内部自由使用这些知识产权,以促进共同创新。其他混合模式的开放式创新实践包括联合研发、战略联盟等多种形式。企业与外部组织(如其他企业、研究机构、大学等)合作,共同开发新技术或新产品就是联合研发或联合实验室模式。联合研发模式有助于企业整合外部资源、共享风险和成本,并加快创新进程。战略联盟模式是指,企业与伙伴建立长期合作关系,在特定领域内进行技术开发或市场推广。这种模式适合于跨行业或跨领域创新,特别是存在异质性技术或市场资源整合需求的情况。合资企业也是混合模式的一种选择,两个或多个企业通过共同投资建立新公司,以进行创新活动。合资企业模式适用于大规模创新项目或需要大量资源投入的技术开发。与之对应的是企业孵化器与加速器,适用于支持初创企业成长,快速实现里程碑事件。这种模式经常与企业风险投资共同出现,企业风险投资强调为初创企业提供资金,企业孵化器除了融资支持外,还会提供办公空间、管理咨询、社会网络资源,甚至可能会为初创企业提供共性技术支持。这种内外部资源整合的混合型开放式创新模式,有利于企业利用内外部创业团队的创新活动,形成技术、市场和资金优势,孵化出新的商业模式或产品。在企业的外部合作伙伴逐渐多样化、开放式创新模式愈加混合的过程中,会逐渐形成创新网络和创新生态系统:企业在特定地理区域或行业内,通过与其他企业、研究机构和政府的紧密合作,形成产业集群或创新网络,共同推动区域或行业的创新发展;企业与外部的供应商、合作伙伴、客户、学术机构等共同参与创新活动,能够构建起一个开放的创新生态系统,这个生态系统能够带来协同效应,推动整个产业链的创新与升级。

## 二、开放式创新的概念外延

### (一)开放式创新的适用主体

概念的外延是指一个概念所包含或指代的所有具体实例或对象的集合,即概念所适用的范围,包括所有符合该概念定义的个体或事物。因而,本部分讨论开放式创新的适用主体及其创新活动,来阐明开放式创新的概念外延。尽管开放式创新概念在提出时主要用于描述新的企业创新范式,但是其概念外延随后就不断得到拓展,适用主体可以涵盖不同规模、不同类型的组织和个人。

首先,当开放式创新的主体为企业时,该概念适用于各种企业类型,尤其是先进制造、生物医药等需要大量研发投入和技术创新行业的企业。对成熟行业中的大中型企业而言,可以借助开放式创新突破行业瓶颈,保持竞争力。尤其是大中型跨国公司,它们通常拥有大量资源,并构建了巨大的市场网络,可以通过设立全球研发中心等方式,获取全球范围内的技术和创意。对于中小型企业来说,实施开放式创新能够显著降低研发成本,并快速响应市场变化。尤其是初创型中小科技企业,它们通常在某些特定领域具备创新技术,但是缺乏市场资源或生产能力,开放式创新为其提供了内外部资源整合的机会,将技术迅速推向市场。在中国情境下,还有一类企业的创新活动备受关注,那就是国有企业。在早期的文献中,国有企业常被诟病创新效率较低。例如,《创新、企业规模和市场竞争:基于中国企业层面的面板数据分析》一文统计了2001年到2005年期间,中国规模以上工业企业创新活动情况。文献指出,国有企业具有更多的创新活动,但是创新效率相对私营企业较低。随着国有企业改革的持续推行和不断深化,局面实现了扭转。国有企业改革不仅为经济体制的完善提供了保障,也增强了国有经济的竞争力、创新力、控制力、影响力、抗风险能力,培育了一批优秀的新型国有企业。在此基础上,国有企业科技创新主体地位不断加强,积极参与构建形成具有全球竞争力的开放创新生态。国有企业的开放式创新既具备一般企业的普遍特征,也因其肩负的使命任务而有其特殊性。

以企业为主体的创新活动是更加封闭还是开放,既与企业自身特征相关,也受到技术生命周期的影响。技术生命周期理论是一种用于描述和预测技术发展过程及其各个阶段特征的理论模型。该理论通常将技术发展分为四个阶段:萌芽期、成长期、成熟期和衰退期。萌芽期是指技术刚开始出现的阶段,只有少数企业或研究者参与研发,专利数量较少,但可能包含一些基础性的发明专利。随着技术的不断发展和市场的扩大,进入成长期,技术的吸引力增加,参与的企业增多,专利申请数量急剧上升。在成熟期,技术变得相对成熟,市场增长放缓,剩余少数企业继续从事相关研究,专利申请量的增长速度变慢并趋于稳定。此后,进入衰退期,技术开始老化或有更先进的替代技术出现,企业收益减少,专利申请量和企业数出现负增长。也就是说,一项技术的发展历程遵循 S 曲线规律,以时间为横轴,专利数量等技术发展指标为纵轴,画出各个时期的发展曲线并连接起来,可以得到形状接近于 S 的曲线。例如,触控屏技术最早萌芽于 20 世纪 60 年代,当时的研究主要集中在电阻式触控屏。这个阶段技术还处于实验室研究和原型开发阶段,应用领域非常有限,主要是一些工业和军事用途。20 世纪 80 年代至 90 年代,触控屏技术开始进入市场,最初应用于一些特殊的设备,如银行的自动取款机、售票机等。尽管触控技术有了一定的应用,但由于成本高、技术不成熟,市场接受度较低。1993 年,苹果发布了 Newton PDA,这是少数应用了触控屏的早期消费电子产品之一。2000 年初期,随着电容式触控技术的成熟,触控屏开始在消费电子领域广泛应用,进入技术成长期。2007 年,苹果推出第一代 iPhone,标志着触控屏技术进入了快速增长期。iPhone 的成功使得触控屏成为智能手机和平板电脑的标准配置,推动了整个行业的快速发展。此时,触控屏技术被广泛接受,并且市场需求激增。到了 10 年代,触控屏技术达到了成熟阶段。技术性能逐渐稳定,成本也显著下降,各大厂商之间的竞争主要集中在创新的细节和产品差异化上。此时,触控屏技术已经成为几乎所有智能手机、平板电脑和其他便携设备的标准配置。目前来看,触控屏技术虽然依然广泛使用,但技术革新的步伐已经放缓。市场逐渐饱和,新兴技术如语音控制、手势识别、AR/VR 等开始出现,可能逐渐替代传统触控屏技术的部分应用。虽然衰退期尚未全面到来,但技术更新换代的趋势已经显现。技术生命周期的判断方法主要有模型法、计量法与描述法三类。模型法使用曲线或构建模型对技术生命周期进行判别,例如 S 曲线法;计量法基于专利统计数据进行分析,如专利指标分析法;描述法则更侧重于对技术发展状态的定性描述。技术生命周期理论有助于国家和企业进行前瞻性技术管理,解决技术规划问题,了解技术发展动态,并决定资本投资方向。根据技术生命周期理论,企业可以对不同阶段的创新范式进行管理和调整,包括动态调整其创新模式的开放度,以适应快速变化的技术环境和市场需求。

对单个企业来说,在技术萌芽阶段,应当重点投资基础研究,评估技术的可行性和潜在市场,选择潜在的突破性技术,淘汰不具备商业化前景的技术,并注意保护关键技术的知识产权,确保未来的竞争优势,该阶段主要涉及技术创新,企业可以通过开放式创新模式,快速获取所需的外部知识和技术,缩短研发周期,提高创新成功率。在技术引入阶段,企业开发可市场化的产品,进行原型设计和小规模生产,以市场测试验证产品的可行性,定义明确的市场定位,通过教育市场和消费者,提高对新技术的认知和接受度,并与供应链、初期用户或市场领先者建立战略合作关系,推动技术和产品的市场,建立初步市场份额。在该阶段涉及了产品创新和市场创新。在技术成长阶段,企业增加生产能力,扩大分销,优化供应链管理,确保产品能快速响应市场需求。在原有技术基础上进行持续改进和创新,增加产品功能、提升性能或降低成本,保持竞争优势,扩大市场份额,提高技术和产品的竞争力。并且通过市场推广和品牌建设,增强品牌忠诚度,巩固市场地位。在该阶段,企业可以积极管理和运营专利组合,通过交叉许可或授权等方式增加收入。在技术成熟阶段,企业以维持市场份额、优化成本结构、探索技术延伸或替代技术为目标。具体举措包括通过精益生产和供应链优化,降低成本,提升运营效率。针对不同市场需求推出细分产品,增加产品差异化,提高附加值。探索技术在其他领域的应用可能性,寻找新的市场机会。同时,关注潜在的替代技术,进行早期布局或合作,防止市场被颠覆。到了技术衰退期,企业应当逐步退出市场,或转向新技术领域,避免过度投资于衰退技术。在此过程中,企业可以考虑将技术转移给其他公司,或通过授权来获取剩余的利润。在创新转型的过程中,企业可以选择通过并购等方式获取外部知识资源,也可以选择内部创新进入新兴技术领域,实现企业的转型升级。在此阶段总结衰退技术的成功经验和失败教训，可以为未来的新技术开发提供参考。

其次，开放式创新的主体可以是高校、科研院所等学术机构，这些机构往往是技术创新的源头和新知识的传播者。前沿学术资源的传播与利用通常以学术论文作为载体。近年来，论文成果的开放获取（open access）规模持续增长，2013 年至 2023 年期间，采用金色 OA 模式（在这种模式下，学术文章或研究成果在出版后立即对所有人免费开放，无需任何访问限制或订阅费用）的全球文章、评论和会议论文的比例从 11% 上升到 38%，使得学术机构研究成果的开放性不断加强。当学术机构将前沿研究融入教育体系，提供开放课程、在线学习平台时，新知识进一步得到广泛传播和深度利用。学术机构构建或参与跨组织学术交流平台也是实现开放式创新的一种形式，在学术会议、研究联盟等场景中，学术机构促进了创新资源的跨地域、跨学科流动。在具体的创新活动方面，学术机构的开放式创新最先表现在学科交叉研究之中，通过设立跨学科研究中心，汇聚来自不同领域的专家，通过开放式创新推动复杂问题的解决。而后，学术机构可以与其他组织合作，共同进行基础研究，可采取的模式包括联合实验、数据共享、共同发表研究成果等。学术机构与企业、政府和其他研究机构联合申报研究项目并不鲜见，特别是共同参与国家或国际层面的研究计划，能够加速技术的开发和应用，并推动多方的资源共享和知识融合。随着产学研合作愈加受到重视，学术机构也开始越来越多地参与到技术应用中。比如，设立专门的技术专业办公室，与企业建立合作后将学术研究转化为市场产品；鼓励研究人员和在校学生将研究成果转化为创业项目，并与外部投资者和产业伙伴合作，推动学术创业发展；通过技术转移与企业合作，将研究成果商业化，增强与市场的联系。

政府部门也可以成为开放式创新的主体。由于政府部门在技术创新中通常不承担研究和开发任务，以政府部门为主体的开放式创新侧重于以开放模式进行公共问题解决方案的创新。在这个过程中，知识向政府部门外部流向内部，因而呈现出内向型开放式创新模式。政府部门邀请公民、专家、学者、企业和非政府组织参与政策制定过程，是具体的开放式创新实践表现。一方面，利用公众咨询、在线平台意见征集、复杂政策合作研究、技术竞赛等方式，政府可以收集多方意见。另一方面,政府可以采取政策试点,允许特定区域的企业、研究机构和社会组织在特定条件下适用政策。这种方式可以在受控环境中测试新的政策和技术,减少创新过程中的风险,并为大规模实施提供依据。政府部门还尝试使用特许经营(build-operate-transfer,BOT)、政府和社会资本合作(Public-Private Partnership,PPP)等模式,与私营企业、学术机构和非政府组织联合开展创新项目。这种合作可以利用私营部门的技术和资源,以及学术机构的研究能力,共同解决公共问题或开发新技术。在以企业为主视角的开放式创新活动中,政府部门通常被视为政策制定者和资金等创新资源提供者。随着数字化时代的到来,政府部门可以将大量非敏感的公共数据开放给社会,鼓励研究机构、企业和开发者利用这些数据进行创新,也可以发起或参与构建跨组织的数据平台,汇集多方数据资源,推动数据驱动的创新和决策。与政府部门相类似的是投资机构,与企业创新关系最为紧密的投资机构通常是独立风险投资(Independent Venture Capital,IVC)。独立风险投资机构通过向技术型初创企业提供资金、管理咨询、投后服务等方式,帮助企业成长并从中获利。从这个角度看,独立风险投资机构的投资活动本身并不十分适用开放式创新概念,只能称其参与到了企业的开放式创新活动之中。与之相比,企业风险投资是非常典型的开放式创新活动,大企业的风险投资部门通过寻找外部的创新项目或技术,进行战略性投资和合作,布局未来的技术和市场,进而实现了开放式创新。

开放式创新概念的适用主体还可以是更为微观的个人创新者和更为宏观的行业联盟或产业集群。对个人创新者而言,在开放式创新情境下,可以加入各种开放式创新网络和社区,与志同道合的人士建立联系,共享资源和知识。例如,创业孵化器、加速器或线上创新社区都为个人提供了重要的社交和合作机会;可以利用开放式创新平台获取各种免费的或低成本的工具、技术和资源。例如,开源软件平台提供了大量的代码库和开发工具,帮助个人更快地开发产品。对行业联盟或产业集群而言,可以推动行业内的标准化工作,包括技术标准、操作规范和质量控制等来实现开放式创新。这种集体行动能够提高整个行业的竞争力,并为新技术的推广提供基础;可以建立共享的研发设施或实验室,供成员企业使用,这种共享设施能够降低企业的研发成本,特别是中小企业,并促进不同企业之间的技术合作。

（二）开放式创新与其他创新范式

为了进一步明晰开放式创新的概念外延,可以对其他创新范式进行同步探讨。创新范式的相关概念通常成对出现,描述创新活动在同个维度上的两种相对状态。常见的有渐进式创新与突破式创新、模仿创新与原始创新、自主创新与整合创新等等。在聚焦技术创新的变革速度时,通常会将创新范式划分为渐进式创新、和突破式创新。渐进式创新式(incremental innovation)是指基于现有知识,进行改进技术的创新活动。突破式创新(radical innovation)是指基于新的科学发现,能够引起长期经济波动的技术创新。这两种创新范式所关注的重点在于技术层面的创新。在以经济效益为评价尺度,考虑创新的影响范围、市场接受度等维度时,可以将创新分为延续性创新、破坏性创新和颠覆式创新等类型。延续性创新(sustaining innovation)是指基于已知的市场需求,对现有产品、服务或流程的小幅改进,可能涉及产品线的拓展和优化,但通常不会改变市场结构或竞争格局。在成熟市场中,企业为了维护市场份额或竞争力,通常会采取延续性创新策略。破坏性创新(disreputive innovation)概念由 Clayton M. Christensen 在 1995 年提出,指能够打破企业现有技术路线,创造巨大市场的创新。破坏性创新容易与突破式创新产生混淆。二者之间根本的区别在于,破坏性创新中所涉及的破坏性技术能够使得行业内产品功能或获取途径等基本属性产生质的变化,但是该技术创新的实施未必能够推动行业知识前沿的拓展,而突破性创新伴随着技术层面的突破,进而产生了系统性的技术及商业模式演进。最典型的例子是微电子技术的出现属于突破式创新,而个人电脑的出现属于破坏性创新。从某种程度上说,生成式人工智能也属于破坏性创新。由破坏性创新继续延伸,进而出现了颠覆式创新(subversive innovation)概念,是指依托技术平台等手段,颠覆原有产业环境,从而满足消费者潜在需求的创新范式。例如,传统出行服务市场主要被出租车公司所主导,滴滴和优步等企业通过开发智能终端应用程序,使得乘客能够快速匹配到最优运营性车辆,并实现出行需求的满足。这种创新对传统出租车行业造成了巨大冲击,改变了乘客的出行习惯,以及整个行业的运作方式。当颠覆性创新发生之后,行业发展轨道重新确定,颠覆式创新将演变为延续性创新。比如,滴滴或优步通过在已有的应用软件平台上引进新的服务来拓展其业务范围或市场份额。在现有研究中,有时会将破坏性创新与颠覆性创新视同为一个概念。开放式创新常与颠覆式创新共同出现。开放式创新是更偏重描述创新过程范式的概念,颠覆式创新则内涵对创新结果的评价。在创新资源流动阻力较小的环境下,开放式创新理念所带来的商业模式,能够有效提升内外部资源整合效率,进而推动企业实现颠覆式创新结果。例如,SpaceX 采取开放商业模式,得到 NASA 的大量技术、人才甚至订单的支持,完成了低成本高可靠性的火箭制造探索,形成了火箭制造行业的颠覆式创新。

根据创新产生的路径不同,可以将范式分为原始创新和模仿创新两类。原始创新(original innovation)具有高度创造性和新颖性,通常涉及新原理、新技术或新方法的首次应用。模仿创新(imitative innovation)是指通过模仿市场上已有的产品或服务,进行一定程度的本地化或改良,以满足特定市场需求的创新活动。在这对概念中,原始创新是模仿创新的基础,模仿创新可以视为对原始创新的应用、拓展和普及,有助于技术的传播。与之相类似的概念还有自主创新和整合创新。自主创新(indigenous innovation)关注创新活动的独立性程度,强调创新主体依靠自身研发能力和技术积累,掌控创新活动的独立性和自主权。整合创新(integrative innovation)关注创新过程的资源整合,强调创新源头的多元性和综合性,以及跨学科、跨行业的技术融合。采取开放式创新范式的企业可以同时进行以上各种创新的实践,也就是说,以上创新范式概念在内涵范围方面,与开放式创新概念存在交叉。例如,企业自主创新能力的增强,能够有利于企业对外进行知识输出,从而更便利于企业采取开放式创新模式。

与开放式创新相对的概念是封闭式创新。封闭式创新(closed innovation)是指企业从创意到新产品上市全过程均由自己掌控的一体化创新范式。封闭式创新十分强调内部控制带来的创新成功,主张创新活动应该严格在企业内部进行。企业通过自行建立实验室或研发中心,实现在内部完成全部的研发工作,并由内部人员提供产品的生产、销售、售后等支持,使得技术可以顺利商业化,并获得产品在市场上的垄断地位。在一些技术机密性要求较高的行业,仍然更偏向于封闭式创新。比如核电行业主要依赖于内部创意,劳动力流动性低,新兴企业数量有限。对于一般的竞争性行业,开放式创新逐渐成为企业的首选。可以通过与封闭式创新的对比,更加清晰地阐述开放式创新的概念边界。从创新来源看,在封闭式创新范式下,企业必须自行发明创造,因而必须要雇佣行业中最具能力的研发人员;在开放式创新范式下,企业可以从外部研发中分享到巨大的价值,企业的创新源自内外部研发人员通力合作。从创新成果转化运用看,在封闭式创新范式下,企业只需且只能依靠自身将新产品推向市场,最先实现成果转化的企业的商业成功概率最高,也就是说,企业只要拥有超强的研发能力就大概率能在竞争中获胜。因而,企业牢牢掌控研发成果,其他组织难以从中获利。在开放式创新范式下,建立合适的企业模式更为重要。因而,企业必须具备高度充分利用内外部创新资源的能力,既要允许自身的研发成果被有偿使用,也要愿意为了提升企业绩效而购买其他组织的研发成果。在这样的对比下,开放式创新范式的本质更加鲜明,就是在整个创新周期中,资源不断跨越组织边界流动。苹果公司的应用是典型的开放式创新实践,苹果与各种第三方开发者合作,通过开放平台,共同开发应用程序和配件,形成了繁荣的生态系统。开放式创新不仅限于企业间合作,还包括与学术界、政府、非营利组织以及用户群体的互动和协作。不过,开放式创新中隐含着新的风险,最为突出的是知识产权风险,这类风险本质上来自创新扩散和创新吸收耦合的风险。一方面,内部创新人员与外部交流增多,企业内部知识资源就非常容易受到外部企业模仿。另一方面,与外部创新资源接触只是第一步,技术获取、消化、转化等过程都需要企业进一步投入更多注意力和资源。此外,开放式创新范式下,企业上下游合作伙伴的增多,会带来更多的不可控因素,不确定性的增强会提升多方联动合作的成本,最终导致难以实现高效协同。因而,在实践中,企业所采取的创新范式常常介于封闭和开放之间。图 1－1 对比了封闭式创新与开放式创新中的研发活动特征。

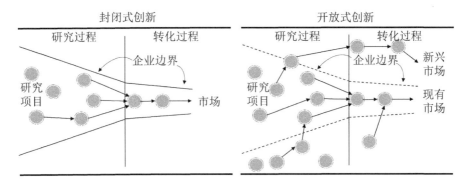

**图 1 - 1　封闭式创新与开放式创新中的研发活动对比图**

资料来源：整理自 CHESBROUGH H. The Logic of Open Innovation：Managing Intellectual Property[J]. California Management Review，2003，45(03)：33 - 58.

## 第三节　开放式创新生态系统

### 一、开放式创新生态系统的由来

　　企业的创新范式经历了从封闭到开放的过程，当开放式创新被普遍接受后，其具体模式又经历了从简单的跨组织交流到系统性开放，开放式创新生态系统开始受到关注。开放式创新生态系统（Open Innovation Ecosystem）是创新生态系统（Innovation Ecosystem）的子概念。创新生态系统概念从生态学视角描述组织创新活动的演化和发展，概念所内含的动态过程覆盖了创意产生、研究开发、试验、生产到市场化的各个环节，参与创新及成果转化的用户、企业、科研院所等主体之间合作互动，形成了松散的创新网络，促使整个系统不断演化。根据研究层次的不同，可以将创新生态系统分为宏观层面的国家创新系统、中观层面的行业和地区创新生态系统以及微观层面的企业创新生态系统，已有研究的发展也是顺应着上述研究层次展开的。开放式创新生态系统包含多元创新主体、以资源共享和协同合作为特征，这些主体包括企业、研究机构、大学、政府和消费者等。它们在生态系统中相互作用，通过动态演化的网络结构实现自组织和可持续性。该系统强调通过价值共创模式,如并购、合作和合资,以及相应的价值共创机制,包括进入与退出机制、能量传递机制、动力机制和信任机制,来提升价值共创效应。此外,外部创新环境,如市场和制度环境,对系统的运行和发展起到关键调节作用。在企业核心型开放式创新生态系统中,核心企业扮演着主导角色,负责组织和引领整个系统的创新活动,从而实现资源互补、提升用户需求响应速度和市场竞争力,最终达成价值共创和利益共享的目标。这种生态系统的有效运作,不仅促进了知识的流动与融合,而且通过整合内外部资源和能力,显著提高了创新效率和市场响应速度,成为推动产业创新和经济发展的重要力量。

开放式创新生态系统作为创新生态系统的一类,其特点在于系统中开放式创新和封闭式创新并存,且大部分组织采取了开放式创新范式,成员之间以较高的水平进行技术、知识、信息共享。在实践中,开放式创新范式一方面表现在个体企业层面,另一方面也表现在系统层面,中观层面的行业创新生态系统和地域创新生态系统的边界正在逐步被打破,尤其是研发网络的全球化加速了这一过程。比如波音公司建立了全球协作的研发网络,整合全球供应商的优势技术与资金等资源。这种开放式创新尽管是由波音公司发起的,其活动结果却不仅仅只影响了核心企业,对于分散在世界各地的零配件公司、飞机制造的上下游行业,甚至是发展相关产业地方的政府机构来说,全都被带动起来,与波音公司为核心的创新生态系统产生联结,行业和地域创新生态系统因为这些联结变得边界更为模糊。

与开放式创新生态系统相似的一个概念是开放式创新网络,二者都有别于单次创新合作,也就是说无论是创新生态系统还是创新网络,都能够容纳多样化的成员主体。两者的差异在于,尽管系统或网络中的组织之间都存在广泛的相互合作,开放式创新网络还只是多次合作形成的关系嵌入,创新生态系统则是关系嵌入后所形成的价值共创社群。从这种意义上看,开放式创新生态系统是创新网络发展到一定阶段的产物。在现代经济发展中,开放式创新生态系统已成为推动区域乃至国家创新能力提升的重要力量。通过构建开放、协同、共享的创新生态系统,可以最大限度用好全球创新资源,促进国家整体创新能力的提升。

## 二、创新生态系统中的构建要素

要构建开放式创新生态系统,需要企业在底层搭建相应的架构,不仅要关注产品开放能力的建设,还要适当调整组织结构。这要求企业不仅要在技术层面进行创新,还要在管理模式和组织结构上进行相应的调整、优化和创新,以适应开放创新的要求。开放式创新生态系统的构建过程就是构建要素在组织内外部双向流动、协同作用的过程。从广义内涵看,创新生态系统的构建要素是指系统存在所需纳入的所有有形或无形的基本组成部分。从企业的创新活动实践视角看,这些基本组成部分包括多元化的创新主体,如企业、研究机构、大学和政府,通过协作和知识共享来推动创新进程;包括人才、资本和技术,这些创新资源的有效流动和配置是系统保持活力的关键;包括支持政策、创新文化和创新网络,良好的创新环境为创新提供了肥沃的土壤。政府制定的创新政策,通过提供激励和指导,对创新生态系统的发展起到了至关重要的作用。创新文化,特别是包容创新精神和风险承担意识,影响着组织和个人对创新的态度和行为。创新网络的建立则促进了不同创新主体之间的合作和知识流动。此外,创新机制如利益共享、技术标准和制度规范,确保了系统内部的协调和高效运作。技术转移和专业咨询等创新服务,为创新活动提供了必要的支持。在数字化转型企业中,数字技术的开放性和可用性,为构建开放式创新生态系统提供了技术基础,同时,用户的参与和反馈在创新过程中发挥着至关重要的作用。这些要素的相互作用形成了一个动态的、自我维持和演进的系统,能够在不断变化的环境中促进持续的创新和发展。基于此,可以将企业创新生态系统的构建要素抽象概括为主体要素、环境要素、功能要素。

### (一)主体要素

主体要素指在系统中开展创新活动的各个组织,包括高校、研究机构、企业、孵化器、产权交易中心、会计师事务所等。从生态观的视角看,根据主体角色不同,可以将其分为三类。第一类主体是提供创新成果的生产者,通常指的是那些在生态系统中创造和提供创新产品、服务或技术的组织或个体,相当于自然生态系统中的植物或其他光合作用的有机体,通过创新和研发将原始的想法、技术或资源转化为有价值的输出。典型的生产者包括以研发为核心竞争力的公司,尤其是科技公司、制造业巨头等;研究机构,如大学、科研机构和实验室,负责基础研究和技术突破;个人发明者,如独立开发新产品或新技术的个人或小团队等。生产者的角色不仅限于创造新产品,还包括与消费者、供应商、竞争对手以及其他合作伙伴的互动和协作。通过这种互动,生产者能够更好地理解市场需求,获取新的想法和技术,从而加速创新过程并提高创新的成功率。生产者在开放式创新生态系统中还承担着整合创新资源和推动技术商业化的责任。他们需要识别和利用内外部的创新机会,通过战略联盟、技术合作、专利授权、风险投资等多种方式,将创新理念转化为实际的产品和服务,进而实现商业价值。此外,生产者还需要关注知识产权的保护和管理,确保自身的创新成果不被侵犯,同时也要合理利用外部的知识产权资源,避免侵权风险。在数字化转型的背景下,生产者还需要利用数字技术提高创新效率,通过数字化平台和工具与生态系统中的其他参与者进行有效协作,实现创新资源的优化配置和创新流程的高效管理。

第二类主体是使用创新成果的消费者,消费者在开放式创新生态系统中,是那些利用、应用和消费生产者所创造的知识、技术、产品或服务的主体。他们相当于自然生态系统中的草食动物或肉食动物,消耗生产者的产出,满足自身需求,同时也通过反馈和市场选择对生产者的创新方向产生影响。也就是说,消费者不仅是产品和服务的最终用户,也是创新的参与者和共同创造者。消费者主体包括终端用户,如购买并使用产品和服务的普通消费者;企业用户,即技术市场中的企业客户,他们将其他企业的技术或服务整合到自己的业务流程中,或者通过收购高校创新成果并将其应用于商业领域开拓;其他市场参与者,如零售商、分销商,他们通过销售和推广生产者的产品来获取利润。消费者的行为和选择不仅影响个别企业,还可能对整个生态系统产生深远影响。某些创新在消费者中的快速传播和广泛接受(如智能手机的普及)可以促使其他组织加入这一领域,从而引发整个生态系统的创新浪潮,推动了生态系统中的创新扩散。消费者的需求和反馈形成了创新的循环链条,这种循环不仅加速了产品和技术的迭代,还增强了生态系统的整体适应性和竞争力,并且在这个过程中会逐渐形成市场规范,从而给系统带来更加稳定的制度环境。

　　第三类主体要素是促进创新资源解构、流动和分享的分解者,分解者在开放式创新生态系统中,负责将旧的、过时的或失败的创新重新转化为生态系统中的资源。他们类似于自然生态系统中的细菌或真菌,将有机废物分解为基础元素,使这些元素可以再次被生产者利用。如专门处理废弃的技术、产品或材料,使其能够重新进入生产循环的交易中心;帮助企业从失败的项目中提炼经验教训,并将这些经验转化为未来创新的指南;通过共享和传播失败案例和过时技术,为新的创新提供基础的知识共享平台、专利数据库、开源社区;促进创新人才流动的猎头公司等。在创新生态系统的不同发展阶段,同一个组织可能成为不同类型的主体要素。在同一发展阶段,这些角色之间的界限可能也并不像自然生态系统那样明显,一个主体可能同时扮演多个角色。例如,一个企业可能既是生产者(创造新技术),也是消费者(使用其他企业的技术服务),并在其产品生命周期结束时成为分解者(回收和再利用技术)。这种互动和协作促进了创新生态系统的动态平衡和持续演化。

　　(二)环境要素

　　环境要素是创新活动开展所需要的基础设施等硬环境和制度文化等软环境的统称,也可以理解为影响创新活动的所有外部因素,它们为创新提供土壤和条件。环境要素不仅决定了生态系统中各主体之间的互动方式,还对创新的速度、方向、效率和成功率产生重要影响。在硬环境方面,占据主导地位的是技术环境,即支撑创新活动的科技基础设施、技术平台、工具和技术趋势。技术环境决定了企业和其他创新主体在开放式创新中能够使用的技术手段和技术能力。具体而言,技术环境包括技术平台,如云计算平台、人工智能平台、物联网平台等,这些平台为开发和部署创新提供了技术支持;研发基础设施,如实验室设备、测试设施、高性能计算资源等支持研发活动的基础设施,比如上海浦东张江定位为"综合性国家科学中心",区内集聚了国家战略的大科学装置、大科学研究中心,许多企业的选址都围绕着这些科技基础设施;技术标准和协议,如影响技术的互操作性和兼容性的网络协议、数据交换标准、API 等;技术趋势,如人工智能、大数据等技术的演进,会影响创新的方向和机会。除了技术环境外,经济资源环境也是推动创新实践和实现创新成果的重要基础。经济环境涉及影响创新活动的市场条件、金融资源等因素,决定了创新活动的资金获取难易度、市场竞争强度和投资回报率。比如,现有和潜在市场的规模、消费者的支付能力和消费习惯,这些与市场规模和潜力相关的经济因素决定了创新产品或服务的商业化前景;风险投资、政府补贴、企业内部研发资金等,这些资金供应是创新项目启动和持续的重要保障;此外,人力资源市场也影响着创新,拥有专业技能和知识的研发人员、工程师、设计师等是创新活动的核心力量,他们的薪酬水平、供需关系受到人力资源市场环境的影响。

软环境是那些不直接与物质资源、技术基础设施等硬性条件相关,但对创新活动有着深刻影响的非物质性因素。这些因素通常涉及社会文化、法律、制度、心理等方面,对创新氛围、企业文化和创新主体的行为方式产生影响。软环境通常难以量化,但它们对于创新的成功与否至关重要。一个国家或地区的文化对创新的开放程度、对失败的宽容度、对冒险精神的支持等决定了创新活动的社会接受度。比如硅谷所具备的开放、包容的创新文化,吸引众多科技型初创公司以及风险投资家前往。在此之外,社会和企业内部的协作文化能够鼓励团队合作、知识共享和跨部门跨行业的协作,有利于开放式创新系统的构建;社会整体的教育水平、对创新思维的培养、技能培训等,影响了创新人才的质量和数量;社会价值观,如对环保、社会责任、可持续发展的重视,影响企业创新的方向和消费者的接受度。以上均是影响开放式创新系统的社会文化软环境因素。除了社会文化因素,法律和制度环境、组织内部环境、网络与社群环境等也可以囊括在软环境要素之中。虽然知识产权法律本身是硬环境的一部分,但社会对知识产权保护的执行力度、认知程度和尊重文化属于软环境因素。有效的知识产权保护鼓励创新者投入资源,而弱保护环境可能导致创新动力不足。制度软环境还包括政府对创新活动的支持态度、政策的透明度和一致性、监管的灵活性,这些影响了企业的创新信心和投资意愿;以及行业内部自发形成的标准和行为准则、行业协会的影响力,这些对创新的方向和形式都会产生潜移默化的影响。在组织内部环境方面,企业内部的创新文化、对员工创新行为的支持、容错机制、激励机制等,直接影响到员工的创新动力和企业的整体创新能力。领导者对创新的支持态度、管理层的开放性、决策过程的透明度和参与度,以及员工的心理安全感、工作满意度、职业发展机会等,都对企业创新氛围产生重要影响。在网络与社群环境方面，企业、科研机构、政府、消费者等主体之间的合作网络、知识共享机制、信任关系等非正式的关系网在开放式创新中发挥着重要作用。消费者社区、专业论坛、线上线下的创新交流平台等社群对新想法的传播和验证有推动作用，增强了创新生态系统的互动性和动态性。最后，尽管经济环境的一部分被视为硬环境，其中也存在软环境因素，比如，市场的开放性和消费者的行为态度影响了创新的推广和扩散，具体是指市场对新进入者的包容度、市场竞争的公平性、消费者对创新的接受度，以及消费者对创新产品和服务的接受意愿、对新技术的尝试精神、品牌忠诚度等，这些与社会文化环境有类似之处。此外，资本市场的文化，如风险资本对创新的态度、投资者的长期支持与信任、资本市场的灵活性等都是软环境要素。

（三）功能要素

功能要素指的是那些在生态系统中执行特定功能、支持和促进创新活动的关键角色和机制，是维系创新系统存在和发展的基本构成。创新生态系统的功能要素来源于系统主体，是更为基础的系统组成部分，包括各类参与主体所拥有的技术、人才、资金、信息等，以及这些因素在整个生态系统正常运行和持续发展过程中的流动机制。功能要素是开放式创新生态系统中各个主体发挥作用的具体方式，决定了生态系统的整体效率、协调性和创新能力。良好的功能要素配置和运作能够促进知识的高效流动、资源的合理分配、风险的有效管理，最终推动创新成果的成功实现和生态系统的持续发展。其中，技术要素主要是指在创新产品研发和产业化过程中所需的各种工艺程序、操作方法、技能技巧的总和；人力要素是创新所需的人力资源，包括创新产生、创新吸收、创新使用等方面人才；资金要素是指直接应用于创新产品研发及产业化，以及各类创新支持性基础设施所需的资金；信息要素是指创新产品开发和创新产品市场化所需的各类信息资源。

自然生态系统由存在共生、竞争等生存关系的生物主体要素，以及阳光、空气、水等自然环境要素构成。整个生态系统在发展过程中经历初创、成长、成熟等阶段，即为生态系统的演化。在自然生态系统的演化过程中，存在遗传、变异和选择。与自然生态系统相似，创新生态系统在发展的进程中也会经历不同阶段,在每个阶段中,知识、技术、人才等功能要素的复制或流动,可以被类比为自然生态系统中的遗传、变异和选择。在创新生态系统的演化过程中,由于知识资源获取能力和效应差异,主体要素的生态位不断变化,创新生态系统完成从封闭式创新向开放式创新的演化过程。

## 三、创新生态系统中的核心企业

### (一)什么是核心企业

企业是创新生态系统的主体要素之一,核心企业通常是指在整个生态系统中发挥主导作用,连接其他成员,并驱动创新活动的关键企业,也可以被称为"主导企业"或"锚定企业"。这些企业通常拥有较强的资源整合能力、技术领先优势、市场影响力和组织协调能力,并在创新生态系统中承担治理角色,制定规则和标准,协调生态系统成员之间的关系,确保整个系统的平稳运行和持续发展,因此能够有效地引领和塑造整个生态系统的发展方向。核心企业与不同机构合作创新,客观上形成了围绕核心企业的创新网络,自身则位于创新网络的中心位置,许多核心企业采用平台化运作模式,通过搭建开放的技术平台、市场平台或数据平台,将生态系统中的各个参与者连接起来,促进创新活动的协同和互补。这种平台化的模式不仅能够吸引外部创新资源,还能够通过网络效应,放大创新成果的影响力。以上对核心企业的定义是站在系统层面的,企业主导的开放式创新生态系统中必定存在这样的核心企业。站在企业层面看开放式创新生态中的核心企业,可以得到另一种理解,即每一个企业都可以是以自身为中心的创新生态系统的核心。在开放式创新理念逐渐普及的过程中,第二种理解下的核心企业概念越来越受到重视。这两种对核心企业的不同理解并不矛盾,系统视角下的核心企业概念更适合用来剖析已有系统的结构,企业视角下的核心企业概念则为我们提供了观察开放式创新生态系统演进过程的新思路。

### (二)核心企业的功能

从创新生态系统发展的视角看,核心企业在创新生态系统中的关键作用,表现为核心企业的成长和发展带动了整个创新生态系统的发展与演化。一方面,核心企业通过创新网络中心位置优势,以创新资源整合者的角色,引导各个创新主体进入创新生态系统,促使整个创新生态系统形成和扩大。另一方面,核心企业通过关键资源优势的发挥,以创新平台领导者的角色,组织不同创新主体组织实现系统创新任务,促进创新成果在系统内的共享,强化创新主体之间的联结,决定性地影响着创新生态系统的发展。具体而言,核心企业具备以下五大功能:第一,驱动创新。核心企业通过自己的研发和技术创新,往往在整个生态系统中扮演着创新引擎的角色。他们通过推出新产品、新技术或新商业模式,激发和引领其他企业和组织的创新活动。例如,特斯拉在电动车和自动驾驶技术领域的创新,不仅改变了汽车行业,还推动了相关领域的发展,如电池技术、人工智能等领域。第二,整合资源。核心企业协调生态系统中的不同成员,整合他们的资源和能力,以实现共同的创新目标。这种协调和整合能力确保了生态系统的各部分能够有效地协作,避免资源浪费和竞争冲突。例如,英特尔作为半导体行业的核心企业,通过与硬件制造商、软件开发商的紧密合作,推动了整个IT产业的创新和发展。第三,分担风险。创新往往伴随着高风险,核心企业通过与生态系统中的其他成员合作,共同分担创新过程中的风险。这种风险分担机制鼓励了更多企业参与创新活动,降低了个别企业的创新负担。制药行业的核心企业往往通过合作研发、许可协议等方式,与中小型生物技术公司合作,共同开发新药,从而分担研发风险。第四,价值分配。核心企业在创新生态系统中起到价值创造和分配的关键作用。他们不仅通过自身的创新活动创造价值,还通过生态系统的治理和平台化运营,确保价值在生态系统中的合理分配。苹果公司通过应用商店为开发者提供了一个庞大的市场,同时通过分成模式合理分配收入,促进了整个生态系统的繁荣。第五,致力于生态系统的长期可持续发展。核心企业不断优化生态系统的结构和运作机制,以应对市场变化和技术进步。同时,通过开放创新、合作共赢的方式,吸引更多创新主体加入,增强生态系统的活力和抗风险能力。

(三)核心企业成长与系统构建

核心企业在成为创新生态系统的主导力量之前,通常会经历一个由初创、发展、壮大到主导的成长过程,这个过程涉及多阶段的战略演变、资源积累、技术创新、市场扩展,与此同时还伴随着开放式创新生态系统的构建。一个典型的核心企业成长过程包含五个阶段。首先,在初创阶段,核心企业通常由一群创业者或创新者创立,创始团队通过市场调研、技术研究或自身经验,识别出具有潜力的创新机会,并决定将其转化为商业机会。这些创新机会通常具有较高的增长潜力或能带来显著的变革,是市场中的某个未被满足的需求或技术突破点。在识别机会后,企业专注于技术研发或产品开发,寻求建立独特的价值主张。这个阶段可能涉及大量的试验、失败和技术迭代。通过试点项目或早期产品发布,企业进行市场反应测试,获取首批用户反馈来进一步完善产品或技术。为了支持研发和初期运营,企业在这一阶段通常会依赖创业投资、天使投资或政府资助。其次,一旦初创阶段的技术或产品得到市场认可,企业就进入快速发展阶段,专注于扩大市场份额和建立品牌影响力。企业开始加速进入更多的市场区域或细分市场,扩展产品线,增加市场覆盖面。同时,企业可能会建立更多的销售渠道,包括直接销售、在线销售、批发等。在这个阶段,企业通过市场营销、客户关系管理和品牌推广,努力建立自己的市场形象和品牌认知度。持续的技术研发仍然是这个阶段的重点工作,通过技术优化和产品迭代,企业不断提升其核心竞争力。为了支持市场扩展和技术创新,企业通常会寻求更多的融资,包括风险投资、上市等。这些资金被用于扩大生产能力、拓展市场吸引人才等。

再次,企业进入成熟阶段,伴随着本阶段的企业成长,开始出现企业的平台化与开放式创新生态系统的构建,企业逐渐发展成为一个拥有多业务线和创新平台的复杂系统。企业通过开发新产品线、进入新行业或建立创新平台(如技术平台、服务平台)来增强其市场地位。通过平台化运作,企业吸引了大量合作伙伴和用户。为了加速扩展或获取关键技术,企业可能会进行战略合作或并购其他企业。这种整合有助于迅速提升企业的市场份额和技术能力。同时,企业往往会采取全球化扩展策略,进入国际市场,建立全球供应链和合作网络,进一步扩大其影响力。在这个阶段,企业开始主动构建和管理其创新生态系统,吸引供应商、开发者、合作伙伴和用户进入其平台。通过制定标准、提供资源、建立合作机制,企业在生态系统中巩固自己的核心地位。接着,进入系统主导阶段,企业通过持续的创新和市场主导力,成为行业的领导者,推动整个行业的技术发展和市场变革。企业的技术标准可能成为行业标准,影响广泛。作为生态系统的核心,企业开始扮演治理者的角色,制定规则和标准,确保生态系统内的所有成员都能在公平、有序的环境中开展创新活动。随着企业规模的扩大,风险管理变得更加重要。核心企业需要应对各种市场风险、技术风险和法律风险,同时要有能力处理可能出现的危机,保护生态系统的稳定性。核心企业在经历了主导阶段后,可能面临新的挑战或转型压力,特别是在技术变革或市场环境发生剧变时,核心企业可能需要重新审视其战略方向,进行创新转型。例如,企业可能会从产品主导型向服务主导型转变,或从硬件制造转向软件与服务领域。为了通过不断扩展业务边界,保持其在创新生态系统中的核心地位,核心企业会吸引新成员进入系统或探索新市场,扩展其生态系统的边界,确保生态系统的持续成长和进化。在这个阶段,核心企业也开始更注重社会责任和可持续发展,确保其业务的长期可持续性。核心企业的成长与开放式创新生态系统的构建之间存在着一个持续的反馈循环:核心企业通过其成长推动生态系统的发展,而生态系统的发展又反过来促进核心企业的进一步成长。这种正反馈循环确保了核心企业和生态系统的共同进化和持续繁荣。具体而言,在核心企业的发展过程中,通过技术创新、市场扩展和资源整合,逐步形成了一个以自身为中心的创新生态系统。当核心企业逐渐成为创新生态系统的中心力量后,开放式创新生态系统中的其他成员通过协作、合作和共创,帮助核心企业进一步提升竞争力和创新能力。在生态系统中,核心企业不再单靠内部资源进行创新,而是通过生态系统内外部的合作,实现了规模化和多样化的增长。

## 第四节　企业创新绩效与开放式创新

### 一、企业创新绩效的影响因素

企业创新绩效是创新管理的重要工具之一,通常指企业在创新过程中的资源使用和成果产出的综合情况。衡量企业创新绩效的指标众多,根据企业创新活动的出发点或动因,可以将指标大体上分为两类。一类是反映创新管理水平的创新过程绩效,另一类是反映创新贡献水平的创新产出绩效。创新过程绩效指标包括研发投入、研发成功率等,这些指标帮助评估企业在创新过程中对资源的有效管理和利用程度。创新产出绩效指标则更多地关注创新所带来的直接成果,包括企业利润、创新产品销售比率等。根据创新活动自身的周期性,可以将衡量企业创新绩效的指标分为投入类指标和产出类指标。投入类指标包括研发人员当量、研发经费等,这些指标反映了企业在创新前期的资源配置情况。产出类指标包括专利数量、工艺创新情况等,显示了企业通过创新活动所取得的实际成果和市场表现。得注意的是,无论使用何种具体的创新绩效指标,其测度结果都是企业创新绩效这一概念的部分反映。

影响企业创新绩效的因素主要可以归纳为两方面,一是外部因素,如企业所处的营商环境、行业竞争程度、政策导向等;二是内部因素,如企业创新文化、内部知识和技能积累、学习转化能力等。然而,开放式创新模式无法被简单地归为外部或内部因素。这是因为,尽管开放式创新模式是企业自主选择的一种创新范式,但是一旦实施这种创新模式,必然会形成以本企业为核心的开放式创新场域,或者称开放式创新生态系统,该生态系统的存在使得企业与合作伙伴之间的组织边界日益模糊,形成了一个跨越企业内外部的创新网络。因而,开放式创新作为一个横跨企业内外部的因素,其对企业创新绩效产生着特殊的影响。

## 二、创新绩效与开放模式和程度

### (一)开放模式的影响和作用机理

不同的开放式创新模式对企业创新绩效的作用机理有所差别。在内向型开放式创新模式中,企业能够借助外部力量积累关键资源,提升新产品开发效率,进而提升创新绩效。企业积累的一个关键资源是技术,这是创新绩效提升的最核心资源,比如海尔在采取开放式创新模式的早期,最主要的工作就是发布需求、技术搜索和技术匹配。此外,企业还可以通过开放模式更多地吸收行业需求、政策动态等信息资源,从而为自身创新战略和资源配置变化做出及时的合理调整。因而,内向型开放式创新可以有效促进企业创新绩效。

在外向型开放式创新模式中,企业主要通过推动组织内外部创新环境的改变,促进创新绩效的提升。一方面,采取外向型开放模式能够通过知识溢出拓展资源利用空间,产生更多商业价值,形成鼓励创新的内部氛围。另一方面,企业向外输出技术可以改造行业环境,或是建立行业标准,或是对行业产生技术的正向溢出,从而推动行业的长远发展,形成有利于企业创新的外部氛围。此外,外向型开放式创新模式有利于企业形成以技术为联结的创新小团体,如行业或区域联盟、创新联合体等,进而推动技术创新绩效的提升。外向型开放式创新需要基于组织决策者心智模式的改变,因而,尽管外向型开放的模式中存在核心技术暴露的风险,但是在技术快速迭代的情境下外向型开放式创新反而更有利于企业的突破性创新。

与外向型开放式创新相比,更多文献聚焦于研究内向型开放式创新。然而,在企业的开放式创新实践中,很少有企业仅仅单纯采取一种开放模式,或者说随着企业开放式创新实践的推进,企业或多或少会进入到双向开放模式。因而,在讨论开放式创新的模式对创新绩效的影响时,还需考虑到内向型开放式创新和外向型开放式创新的协同作用。从技术要素流动视角看,内向型和外向型开放式创新天然互补,有助于组织的知识整合,因而双向型开放式创新模式相对更有利于企业创新绩效的提升。

### (二)开放程度的影响和作用机理

基于企业构建的创新网络结构特征视角,可以从开放广度和开放深度两个方面考量企业的开放程度,从而研究企业选择开放式创新模式后,其开放程度对创新绩效的影响。开放广度是指企业在采取开放式创新过程接触到的外部创新要素数量,开放深度是指与外部合作的频次,二者既是对开放程度的反映,也是对企业采取的开放式创新策略的描述。关于开放广度和开放深度对企业创新绩效的影响,不同研究结论各异。有研究认为。开放式创新模式能够促进企业创新绩效,无论开放广度还是开放深度都起到正向作用;也有研究认为,开放式创新的广度和深度都与企业创新绩效之间存在倒 U 形关系。

基于资源基础理论视角,无论开放深度还是开放广度,都是企业向外部获取异质性资源的程度,程度越深能用于创新的资源越多,因而呈现正向关系。然而,基于专有知识保护的视角,科技驱动型产业企业则要谨慎开放。具体而言,开放式创新通过互补知识的转移利用、共担创新风险、协同创新、供应商与用户合作创新来促进创新绩效;但又由于难以获取核心资源(难以获取合作者的核心技术,难以将获取的技术变成自己的核心技术)、难以获取专有互补资产、难以获取竞争力维持能力、外部技术依赖、协调成本增加、技术知识泄露、吸收能力有限等限制创新绩效。

将广度和深度分开讨论,则开放广度越大,获取外部知识数量越多,接触到的创新主体越丰富;然而,开放广度越大,搜索成本越大,且企业吸收能力有限,因而不宜开放过广。开放深度越大,与合作伙伴协同越好,抗风险能力越高,对有价值资源利用度越深,且对市场定位越准确,创新绩效越高;然而,深度越大,知识泄露风险越高,且更容易造成路径依赖。可见对开放广度和开放深度的区分更细致地解释了开放式创新模式整体对创新绩效的作用,即在一定条件下(如数字化情境下等)的正向影响。

因而,企业应选择与能力相匹配的开放式创新策略,进而得到创新绩效的有效提升。比如,中小企业的创新过程与大企业有显著差异,应更关注外部创新资源寻求,实施更适合自身的开放创新活动。再比如,在选择开放式创新战略的前提下,质量管理够提升开放式创新对企业创新绩效的促进作用。

### 三、创新绩效与开放行为和能力

相比于使用开放广度、深度、内向型以及外向型开放等相对抽象的概念来刻画开放式创新,将开放式创新视为企业战略及创新管理模式,可以从具象的企业行为和能力来分析实施开放式创新如何影响企业的创新绩效。

#### (一)开放式创新行为的影响

1. 开放式创新管理理念的贯彻

开放式创新行为的施行始于企业内部治理观念的转变,尤其是企业家或高级管理者的观念转变。秉持着开放式创新理念,高级管理者跨界活动而形成的社会连带能够帮助企业获取资源、规避风险。具有高成就需求的高级管理者,更倾向于将自身的社会连带关系运用到组织间合作中,进而促进了开放式创新的导向和行动能力对企业创新绩效的正向作用。

### 2. 人力资本作用的发挥

企业人力资本对创新绩效发挥作用的关键是,与企业外部社会资本形成互补,这就要求企业采取开放式创新模式。同时,企业内部团队成员具备的知识、经验差异性越大,企业的创新能力越强。开放式创新策略使得企业能够运用更丰富的创新资源,加强了这种知识、经验差异带来的异质性人力资本对企业创新的促进作用。

### 3. 知识独占性机制的使用

新知的产生能够带来效用,但其稀缺性难以保持,从而使得知识一旦产生就面临贬值风险。知识独占性机制的构建是企业可采取的有效应对措施,包括专利、商标、版权等依赖法律和制度的正式独占机制,通过明确权责关系,降低了核心知识的外泄风险,也包括内部人力资源管理、技术关系维护、增大产品复杂程度等使得技术本身难以复制的非正式独占机制。

开放式创新最重要的行动是促使技术的跨组织流动,典型的行为包括外部技术获取和技术外部商业化,即合作研发、研发外包、技术购买、技术出售等。在开放式创新范式下,企业从关注知识存量转向关注流量,即知识获取、扩散、吸收、整合。知识产权等独占性机制,使得企业技术交易活动更为频繁。当企业自身知识产权组合的规模和质量相对较高时,可以有效激励技术交易、吸引外部技术交流,通过开放式创新的实践,对企业创新绩效发挥正向作用。

### 4. 信息技术和数字化的应用

开放式创新不仅指技术创新的开放导向,也包含商业模式的开放。其中,数字化与开放式创新的战略融合能够有效提升企业的创新绩效,主要途径是使得企业可以充分利用数据资源,促使企业融入全球创新网络,从而有效提高企业的创新绩效。与之相似的,应用互联网等信息技术能力也是企业开放式创新绩效提升的正向影响因素之一。比如宝洁公司从研发模式过渡至联发模式,通过信息技术平台,将非宝洁员工纳入创新来源主体,让创新提案在全球得到最优配置。

### 5. 开放创新合作对象的选择

施行开放式创新的企业必然与外部主体相联结,形成创新合作。外部主体类型众多,典型的包括客户、供应商、科研机构、同类企业等。客户联结对创新绩效存在两个方面的影响。一方面,客户在供应链中通常占据强势地位(对中小企业来说尤为明显),客户对供应商资源的挤占会降低供应商研发投入空间;与客户联结能够缓解这种挤占,从而促进企业创新绩效的提升。另一方面,客户联结能够使得企业更有效了解市场,比如客户在企业开放式创新社区平台中的反馈次数显著正向影响个体创新贡献度。

与客户联结相比,供应商联结对企业创新绩效的作用存在两种不同的观点。一方面,供应商联结能够给企业带来互补性知识,进而促进企业创新。比如供应商参与新产品开发时,可以为企业提供最新市场信息,提高新产品设计效率。另一方面,当治理机制缺位时,供应商会通过技术"搭便车"行为消极对待创新合作,最终对企业创新产生负面影响。

除供应商、客户等价值链合作伙伴外,企业还可以寻找科学型创新合作伙伴。科学型创新合作伙伴的特点在于可以为企业提供实验室测试环境,进而降低企业研发成本,尤其是对企业突破式创新具有良好的促进作用。此外,也可以将外部合作对象区分为竞争对手和非竞争对手。与非竞争对手不同,当同竞争对手进行创新合作时,由于产品之间存在较高的相似性,知识溢出风险迅速增加,尤其是在竞争激烈的市场环境中,可能对企业产生不利影响。

6. 创新生态系统的构建

核心企业与不同机构合作创新,客观上形成了围绕核心企业的创新网络,使得核心企业得以位于创新网络的中心位置。核心企业需要具备关键资源,从而才能够吸引不同机构与之合作,并且对系统内组织间关系和行为进行协调与控制。当然,在系统层面,企业主导的开放式创新生态系统中必定存在核心企业;在企业层面,每一个企业都可以是以自身为中心的创新生态系统的核心。

从创新生态系统发展的视角看,核心企业在创新生态系统中的关键作用,表现为核心企业的成长和发展带动了整个创新生态系统的发展与演化。一方面,核心企业通过创新网络中心位置优势,以创新资源整合者的角色,引导各个创新主体进入创新生态系统,促使整个创新生态系统形成和扩大。另一方面,核心企业通过关键资源优势的发挥,以创新平台领导者的角色,组织不同创新主体组织实现系统创新任务,促进创新成果在系统内的共享,强化创新主体之间的联结,决定性地影响着创新生态系统的发展。

与自然生态系统相似,创新生态系统在发展的进程中也会经历不同阶段,在每个阶段中,知识、技术、人才等功能要素的复制或流动,可以被类比为自然生态系统中的遗传、变异和选择。在创新生态系统的演化过程中,由于知识资源获取能力和效应差异,核心企业的生态位不断变化,创新生态系统完成从封闭式创新向开放式创新的演化过程,企业创新绩效随之产生变化。

(二)知识整合能力的中介作用

从资源基础理论出发,开放式创新通过为企业导入外部资源来促进企业创新绩效的提升。外部知识只能补充内部知识,无法完全替代内部知识。因而,需要将内外部知识进行整合。开放式创新对创新绩效的影响正是通过企业的知识整合能力发挥作用。也有研究将其描述为,外部资源的导入依赖于企业的学习能力。将知识整合能力进行拆解,可以得到知识获取能力、知识共享能力、知识吸收能力。

1. 知识获取能力

通过开放式创新战略的实施,能够使得已有的知识连接发挥作用,促进创新绩效的提升。这是因为,开放式创新本质是对知识交互的增强,能够通过促进隐性知识的获取,进而对企业创新绩效作出贡献。并且,与渐进式创新绩效相比,通常认为开放式创新对突破性创新绩效具有更为深刻的促进作用。内向型开放式创新通过影响技能型隐性知识获取,提升突破性创新绩效;外向型开放式创新通过影响认知型隐性知识获取,提升突破性创新绩效。

2. 知识共享能力

企业推进开放式创新需要以知识共享机制作为基础条件,知识共享对企业创新的正向影响是在开放式创新条件下发生的。更进一步地,开放式创新的施行可使得企业之间构建起知识协同机制,知识在协同群体内部得以共享、互动和整合。开放式创新组织间的效率性知识协同和增长性知识协同都会正向提高企业创新绩效。对于实施内向型开放式创新的企业来说,作为知识接收者,能够享受知识溢出效应,进而提升自身的创新能力。

3. 知识吸收能力

知识吸收能力是指企业搜索技术知识,融合内外部信息和技术,并将其商业化的能力。开放式创新需要企业搜索和吸收外部知识、技术,尤其是对采取内向型开放式创新模式的企业而言。由于内向型开放式创新是现有文献研究所聚焦的模式,知识吸收转化能力也成为相关文献中重点讨论的因素。现有研究认为,吸收能力在开放式创新和企业创新绩效之间起到中介作用,即企业采取开放式创新模式后首先影响的是企业的吸收能力,然后该影响传导至企业创新绩效方面。

究其影响机理,当外部知识流入组织内部时,由于逻辑、结构等的差异性,组织内部难以做到直接利用,只有将其进行转化吸收才能成为可以创造价值的资源。无论是施行内向型还是外向型开放式创新模式,企业的创新活动都已经突破组织边界,因而具有更强的吸收能力,或者也可以说吸收能力既是开放式创新实施的前提,也是目标之一。比如吉利汽车在快速发展的过程中始终秉持开放式创新理念,以合作研发、收购等形式完成知识吸收,提升创新绩效。并且,对经验驱动型产业而言,科技驱动型产业企业中吸收能力具有更强的中介作用。这是因为科技驱动型产业企业以显性知识为主,具有较大的知识流动性。

## 四、不同类型企业视角下的开放式创新

不同类型的企业在实施开放式创新时,会展现出显著的差异。这些差异主要源于企业的规模、行业性质、技术密集度、市场定位以及战略目标的不同。

### (一)大型企业与中小型企业

大型企业通常拥有充足的资源,包括资金、技术和人才,这使得企业能够在更大范围内开展开放式创新活动。例如,大企业可以通过并购、战略合作或建立全球创新网络,广泛获取外部技术和市场信息。中小型企业通常资源有限,特别是在研发经费和人力资源方面。因此,它们更依赖外部资源来推动创新,可能更加积极地参与开放式创新,通过与大企业、高校、研究机构的合作,获取所需的技术、知识和市场机会。大型企业往往在其行业内扮演生态系统领导者的角色,通过制定技术标准、提供平台和工具,吸引中小企业、初创企业和科研机构加入其创新生态系统。中小企业在开放式创新中更倾向于以市场需求为

导向,通过与客户或供应商的紧密合作,进行市场驱动的创新活动,以快速推出符合市场需求的产品和服务。由于组织结构复杂,大型企业在实施开放式创新时可能面临内部协调和知识转移的挑战。因此,它们可能会采取明确的创新治理机制和流程管理,以确保开放式创新的有效性。中小企业具有更高的组织灵活性,能够迅速调整战略方向,抓住市场机会。这使得它们在开放式创新过程中能够更快地响应外部环境变化,采取更加灵活的合作模式,如技术转让、联合研发等。

具体而言,大企业的开放式创新模式具备三大特点。一是资源整合的广泛性。大企业通过开放式创新积极与各类外部主体合作,从高校和科研机构获取前沿的理论知识和基础研究成果。高校作为知识创新的摇篮,拥有先进的实验设备和高水平的科研人才,能为大企业提供新的技术思路和创新方向。例如在生物医药领域,大企业与高校的科研团队合作,共同开展新药研发项目,利用高校在生物学、化学等基础学科的研究优势,加速药物研发进程。与其他企业进行合作,包括同行业的竞争对手和跨行业的企业。同行业合作可以实现技术标准的统一和行业资源的整合,共同应对市场挑战。跨行业合作则能带来不同领域的技术和思维碰撞,创造出全新的产品和服务。比如汽车制造企业与科技公司合作,将人工智能、大数据等技术应用于汽车智能化,提升汽车的性能和用户体验。与初创企业合作也是大企业开放式创新的重要方式。初创企业通常具有灵活的创新机制和冒险精神,能够快速响应市场变化,为大企业带来新的商业模式和创新活力。大企业可以通过投资、孵化等方式与初创企业建立合作关系,实现互利共赢。此外,大企业拥有庞大的内部资源,包括研发设施、技术专利、专业人才等。在开放式创新模式下,大企业将这些内部资源进行开放共享,鼓励内部不同部门之间的合作与交流。例如,设立内部创新平台,让员工可以自由提交创新想法和项目,促进跨部门的协作和创新。同时,大企业还可以将闲置的技术专利开放给外部企业使用,通过授权或合作的方式实现技术价值的最大化。

二是创新合作的多元化。大企业的开放式创新合作形式丰富多样,包括联合研发、技术转让、战略联盟、共建创新平台等。联合研发是大企业与外部主体共同投入资源,针对特定的技术难题或市场需求进行合作开发。技术转让则是大企业将自身的技术成果转让给其他企业,实现技术的商业化和价值变现。战略联盟是大企业与其他企业在长期战略层面上的合作,共同开拓市场、共享资源、降低风险。共建创新平台则是大企业与外部主体共同搭建一个开放的创新平台,吸引更多的创新者参与,形成创新生态系统。例如,在信息技术领域,大企业与多家软件开发商共建云计算创新平台,为企业和开发者提供云计算服务和解决方案。平台上汇聚了各方的技术和资源,实现了技术的快速迭代和创新。大企业的开放式创新合作主体不仅包括传统的产业链上下游企业,还涵盖了政府、社会组织、用户等。与政府合作可以获得政策支持和资金扶持,同时也能为社会发展作出贡献。与社会组织合作可以提升企业的社会形象和品牌价值,共同解决社会问题。与用户合作则能更好地了解用户需求,实现以用户为中心的创新。比如,家电企业通过与用户社区合作,收集用户对产品的反馈和建议,进行产品的改进和创新。同时,企业还可以与环保组织合作,开展绿色家电的研发和推广,减少对环境的影响。

三是创新过程的动态性。大企业在开放式创新模式下,能够更加快速地响应市场变化。通过与外部主体的紧密合作,大企业可以及时获取市场信息和用户需求,调整创新方向和策略。同时,大企业的创新过程也更加灵活,能够快速推出新产品和服务,满足市场的需求。例如,在消费电子领域,大企业通过与电商平台合作,实时了解消费者的购买行为和偏好,根据市场反馈迅速调整产品设计和营销策略。同时,大企业还可以利用开放式创新平台,快速整合外部资源,进行产品的迭代升级。开放式创新模式使得大企业能够不断吸收外部的创新资源和能量,保持持续的创新活力。大企业通过与高校、科研机构的合作,跟踪前沿技术的发展趋势,为企业的长期创新提供技术储备。同时,大企业还可以通过与初创企业的合作,引入新的商业模式和创新思维,推动企业的创新转型。例如,在能源领域,大企业与科研机构合作开展新能源技术的研发,同时投资初创企业的能源创新项目。通过这种方式,大企业既能够在传统能源领域保持竞争力,又能够在新能源领域开拓新的市场机会,实现持续创新和发展。

中小企业的创新过程显著异于大企业。一方面,受限于禀赋,中小企业的创新资源相对稀缺,无论是对创新资金还是人才都有较大的需求。另一方面,基于发展阶段的差异,中小企业往往创新管理经验不足。采取开放式创新模式能够缓解中小企业资源禀赋和发展阶段带来的创新投入欠缺等问题。比如,共同申请和使用专利能有效提升中小企业的市场价值;对中小企业来说,与客户合作研发能够减少客户对资源的挤占,进而将更多资源投入创新。因而,施行开放式创新是中小企业创新绩效提升的有效方式。除了搜寻单个的潜在外部合作伙伴外,中小企业也可以顺应当前创新政策,努力融入创新联合体。创新联合体的构建一般由大企业牵头建立,中小企业、科研院所等多元主体共同参与,是开放式创新生态系统构建的一种显性方式。中小企业在创新联合体内部的关系嵌入对其创新能力具有显著正向影响。比如,中小企业与学研机构共建创新联合体时,可以通过内部制度安排,获取学研机构创新资源,促进隐性知识传播,并向外部释放正向信号,最终有效促进创新绩效的提升。

(二)科技型企业与传统制造企业

与传统制造企业相比,科技型企业通过开放式创新更能有效地提升创新绩效,这是因为其创新需求、知识密集度、市场反应速度、平台构建能力以及知识产权管理方式更符合开放式创新的特点和优势。科技型企业能够通过开放式创新快速获取和整合外部技术和知识资源,实现技术突破和市场领先,从而显著提高创新绩效。相对而言,传统制造企业的开放式创新尽管也能带来效益,但其在创新绩效提升上的效果通常不如科技型企业显著。

科技型企业通常处于技术前沿,开放式创新往往集中在获取和整合最新技术成果方面,通过开源项目、技术联盟、孵化器等方式,可以广泛吸收外部技术资源,并快速将其转化为创新产品或服务。传统制造企业的开放式创新更多地集中在生产工艺和流程的改进上,通过与设备供应商、原材料供应商甚至竞争对手的合作,优化生产效率,降低成本,提高产品质量。也就是说,传统制造企业更多地关注工艺改进和生产效率的提升,而科技型企业则更关注技术突破和新产品的开发。科技型企业在开放式创新中的技术获取与整合能力,使其能够更直接、更迅速地提升创新绩效。

由于科技型企业的创新活动高度依赖知识,因此在开放式创新中通常更注重知识的共享与合作,与高校、科研机构的合作,知识产权的共享和转让,都是科技型企业常用的开放式创新策略。传统制造企业可能会通过与大客户或渠道合作伙伴的紧密联系,进行以客户需求为导向的创新活动。例如,定制化产品开发、联合设计、供应链协作等,都是传统制造企业在开放式创新中的常见实践。传统制造企业在生产流程优化、工艺改进和客户需求满足等方面的开放式创新,虽然能够带来一定的效率提升和市场响应能力增强,但由于其创新活动较多集中在生产和工艺改进层面,技术和知识的外部获取与整合相对有限。并且,传统制造企业的市场迭代通常较慢,且创新周期较长,开放式创新带来的市场反应速度提升效果相对有限。而科技型企业在快速迭代和响应市场需求方面,更能充分发挥开放式创新的优势。

在开放程度层面,科技型企业的创新往往具有全球化特征,通过全球范围内的合作伙伴网络,实现跨国界的知识交流和技术合作。传统制造企业往往在特定区域内与其他企业和研究机构建立合作关系,形成区域性创新网络。这种网络可以有效利用区域内的资源和市场需求,推动本地化创新。因而,尽管传统制造企业也能够通过开放式创新提升创新绩效,但其效果通常不如科技型企业显著。

### (三)国有企业与其他所有制企业

国有企业与非国有企业在所有权结构、治理模式、战略目标、资源获取和政策环境等方面有所不同,这些差异会影响开放式创新的实践和绩效提升效果。国有企业通常由国家或地方政府控股,决策往往受到政府政策的影响。政府主导下的创新活动,特别是在战略性新兴产业领域,更容易获得政策支持和资源倾斜,从而推动开放式创新的发展。然而,这种政策导向也可能导致企业在创新过程中更加注重合规性和风险控制,限制了开放式创新的灵活性和市场导向性。其他所有制企业(如民营企业、外资企业)更倾向于市场导向,创新决策自主性较强,能够快速调整策略以应对市场需求和技术变化。这种市场驱动的决策机制使得企业在开放式创新中更具灵活性和适应性,能够更有效地整合外部资源,提高创新绩效。在决策机制方面,国有企业还存在决策过程通常较为复杂,层级多,审批流程长等现象。这可能导致在开放式创新中响应速度较慢,难以快速适应市场变化或抓住瞬时的创新机会。非国有企业通常具有更扁平的组织结构,决策过程简洁高效。这有助于在开放式创新中快速响应外部机会,迅速开展合作并进行技术整合,从而加快创新周期。

国有企业具备更强的资源优势和更佳的声誉,包括技术设施、人才和政策支持,特别是在基础设施、能源、金融等关系国计民生的行业中,这种资源和声誉优势尤为突出。这些资源为国有企业在开放式创新中提供了坚实的基础,使其能够吸引更为优质的合作创新伙伴,通过与科研机构、大学等外部合作伙伴的合作,获得先进技术和知识,从而为国有企业采取开放式创新带来更高的创新绩效。非国有企业通常面临更加激烈的市场竞争,需要通过不断创新来保持市场份额和竞争优势。资源相对有限的情况下,往往更加注重资源的高效利用,采取更加精细的管理和创新策略,推动创新成果的最大化。这种资源约束反而可能促使企业在开放式创新中更积极地寻求外部合作,以弥补自身资源的不足,从而提高创新效率和成果转化率。因此,开放式创新对这些企业来说是一种必要的生存策略,能够帮助它们迅速获取外部资源和技术,提升创新绩效。

国有企业的创新文化通常较为保守,风险规避性强,创新活动更多地受到规章制度和政策导向的约束。这可能导致在开放式创新中,国有企业不愿意或不敢充分利用外部资源,或者在选择合作伙伴时过于谨慎,从而限制了开放式创新的效果。国有企业的激励机制往往不如其他所有制企业灵活和直接,这可能影响员工的创新积极性。创新激励不足,可能使得员工在参与开放式创新项目时缺乏动力,进而影响创新绩效的提升。非国有企业往往设有股权激励、利润分享、创新奖励等灵活的创新激励机制,能够有效激发员工的创新热情。这种激励机制有助于吸引和留住高水平的创新人才,从而提高开放式创新的效率和效果。

国有企业除了经济目标外,通常还需要承担更多的社会责任。比如,中国国有企业在创新驱动发展战略大背景下,寻求成为"原创技术策源地""现代产业链链长",这使得其在采取开放式创新过程中更有动力去实现创新绩效的提升。不过,国有企业在实施开放式创新时,可能会受到国家安全、战略利益等因素的限制,导致其在选择合作伙伴和创新领域时更为谨慎,从而限制了开放式创新的广度和深度。总体而言,无论是国有企业还是其他所有制企业,采取开放式创新都能够提升创新绩效。非国有企业在开放式创新中能够更快地响应市场变化,积极整合外部资源,从而显著提升创新绩效。国有企业在资源获取和政策支持方面具有优势，但复杂的治理结构、保守的创新文化可能限制了开放式创新的灵活性和效率。尽管如此，在战略性行业和政策支持较强的领域，国有企业仍能通过开放式创新取得显著的技术突破和创新成果。

# 第二章

# 企业开放式创新的典型案例与启示

　　随着信息技术的发展，知识流动越来越便捷，开放式创新开始被企业广泛采用。本章选取六个典型案例进行介绍和分析，为"开放式创新是什么"提供更为丰富的回答。首先，本章介绍开放式创新模式下企业完善内部治理的案例，所选取的企业包括 IBM 公司、海康威视和 3M 公司。从 IBM 公司这个百年企业的实践中观察企业是如何从封闭式创新走向开放式创新的；从海康威视的案例中观察企业为构建开放格局而进行的体系化制度建设；从 3M 公司的案例中观察企业是如何塑造开放创新文化的。接着，本章介绍开放式创新模式下企业进行外部合作的案例，所选取的企业包括宝洁、小米。从宝洁的案例中观察核心企业与用户的联动；从小米的案例中观察核心企业与生态链企业的联动。然后，本章以特斯拉、海尔为案例，介绍以企业为核心的开放式创新生态是如何构建的。最后，本章综合典型案例总结经验启示。

## 第一节　企业开放式创新实践中的内部治理

### 一、IBM 公司：从封闭向开放的转型

IBM 公司的前身是计算—制表—记录公司（Computing-Tabulating-

Recording Company，CTR），1924 年正式更名为国际商业机器公司（International Business Machines Corporation，IBM），即今天的 IBM 公司。IBM 公司的创新模式随着行业环境和自身发展情况发生变化，先后经历了三个阶段。从 20 世纪初期到 20 世纪 40 年代，IBM 公司经历了早期发展阶段。在这个阶段，IBM 建立了技术和产品基础，早期产品的研发都在公司内部进行，几乎没有外部协作的迹象。1945 年，著名的 IBM 研究院成立，标志着内部创新阶段的开始。从 1945 年到 20 世纪 80 年代，IBM 公司几乎完全依靠内部资源和能力推动技术进步，经历了封闭式创新的鼎盛时期。在此期间，IBM 公司开发了自己的专有系统和标准，如 IBM 360 系列计算机系统，也实现了许多技术上的突破，如磁盘存储设备、FORTRAN 编程语言等。到 1980 年，IBM 采取的封闭式创新大获成功，并通过严格的知识产权管理来保持市场领先地位。然而，到了 20 世纪 90 年代初期，随着个人计算机市场的崛起，IBM 由于过度依赖封闭的体系而难以与竞争对手抗衡。IBM 在 1981 年推出首款个人计算机，其后依旧采取较为封闭的策略。IBM 在其产品中对部分扩展槽和接口进行专有设计，限制第三方硬件的兼容性，使得其他制造商难以生产与之兼容的硬件组件；在处理器中使用专有微代码，使得其他公司难以进行兼容设计；使用专有的 BIOS，限制其他制造商使用 IBM 个人计算机的启动和运行环境；基于微软 MS-DOS 开发专为 IBM 个人计算机设计的 PC-DOS 操作系统；推出与非 IBM 系统不兼容的打印机、存储器等外围设备。此时，市场上微软和英特尔等采用开放标准的公司迅速崛起，微软的软件（如 Windows 操作系统）和英特尔的硬件（如 x86 处理器）在技术上高度兼容，形成了一个强大的生态系统，几乎垄断了整个个人计算机市场，抢占了计算机行业的主导地位。企业客户对计算机系统的需求也逐渐转向成本更低、灵活性更高的解决方案。IBM 的封闭式系统虽然性能优越，但价格昂贵且难以与其他系统兼容。客户越来越倾向于采用开放标准的系统，这对 IBM 的封闭式产品构成了直接威胁。这导致 IBM 公司在 20 世纪 90 年代初开始逐渐失去市场份额，公司的核心业务大型主机销售收入下降，个人计算机市场也没有达到预期的成功。同时，美国政府在过去十几年间对 IBM 公司的反垄断审查消耗了公司大量的资源。到 1992 年，IBM 公司在封闭式创新中受到的冲击使得其濒临破产。在这种情况下，IBM 公司不得不反思封闭式创新模式的局限性,并开始寻求新的战略方向。IBM 公司封闭式创新局限性的根源在于,僵化的商业模式和封闭思潮下的内部管理文化。在封闭式创新模式下的成功使得公司依赖于专有的、垂直整合的商业模式,这种模式在个人计算机时代显得越来越不灵活,进而使得 IBM 在适应市场变化方面显得迟缓。此外,由于长期依赖封闭式创新,IBM 公司内部的各个部门往往以自我为中心,缺乏跨部门的协作,导致了内部资源的浪费和决策效率的降低。这种内部管理文化使得 IBM 难以在快速变化的市场中保持竞争力。

从 20 世纪 90 年代中期开始,IBM 公司开启了创新模式转型阶段,逐渐从封闭转向开放。在这一过程中,IBM 公司采取多种行动来增强创新能力,包括更多地依赖外部合作、支持开源软件以及进行战略性收购等。IBM 公司的这次转型是从主导思维模式的转变开始的,继而公司治理模式从典型的科层制向矩阵式转变,研发投入方式、知识产权管理方式,以及人力资源策略等内部治理机制也随之有所变化。

第一,主导思维模式的转变。IBM 公司原先的主导思维模式认为,如果一项技术不是在企业内部被创造出来,就意味着这项技术的质量、功能和实用性无法得到保障。在创新模式改变的过程中,这种主导思维首先发生转变,外部技术资源与内部技术资源拥有相同质量的观点得到认同。基于新的主导思维,IBM 公司在快速变化的商业环境中将研发活动的重点从单一的内部知识挖掘,转变为积极地探索和利用外部知识。这种转变使得 IBM 公司越发重视外部知识的获取,通过强化知识吸收和整合能力,从外部环境中获取多样化技能,将外部知识转化为公司的创新动力,以此来激发和增强自身的创新能力。

第二,公司治理模式的转变。IBM 公司原有的组织结构是典型的科层制,即金字塔模式。这种组织结构的集权化和规制化程度较高,其协调机制是通过靠上层级的命令或指令的传达和落实来实现的,是一种典型的自上而下的管理模式。在这种模式下,公司领导人扮演"看门人"角色,控制着信息和知识的获得。因此,公司的资源与决策权都集中在公司领导层,而员工则缺乏必要的资源,员工创造力受到禁锢。为了解决这个问题,IBM 公司构建产品、地域和行业三维矩阵式组织结构,实施授权活动。从组织层面看,授予总公司运营委员会更大的自主权,使得因地制宜自主发展创新业务成为可能。对新开拓市场地区的事业部进行分散化管理,扩大经营自主权,使得其直接对客户负责。从人的层面看,充分授予员工资源和信任,高效利用员工的创造力和能力,最终推动公司创新活动的顺利开展。授权活动的实质是使组织中的每个人都成为一个有效的决策者,即实现知识与决策权的匹配。

第三,研发投入方式的转变。IBM公司对研发资金的传统配置方式是中央集权式的,这种模式的资源配置效率十分依赖领导层决策。在新的研发投入策略中,研发资金的投入决策权被下放至各个企业集团,即需要直接面对市场和客户的企业集团直接决定对哪些研发项目进行资金支持,从而形成企业集团与研发部门的联合投资项目。这种变革促进了公司业务部门与研发部门之间的紧密协作。首先,由于业务部门成为科研项目资金的新渠道,联合投资项目激发了研究人员对业务需求的深度关注。这种变化促使研究人员在项目选择和研究方向上更加贴近市场和业务的实际需求。其次,业务部门对研发投入的认识也发生了转变,不再将科研工作视为无需成本的资源。从项目启动之初,业务部门便与研究人员携手合作,共同承担研发成本,这种参与感和成本意识有助于提高项目的实际应用价值和成功率。这一研发机制的转变,有效降低了专利成果被闲置的风险,缩短了创新周期,同时降低了与创新相关的风险。通过这种更为灵活和市场导向的投资方式,IBM能够更快地将科研成果转化为实际的商业价值,从而在激烈的市场竞争中保持领先地位。

第四,知识产权管理方式的转变。IBM公司一度坚持将知识产权保留在公司内部。转型之后,IBM公司通过向其他公司转让专利和许可专利使用权,获得了很大的利润。早在2001年,IBM公司就拥有了高达19亿美元的专利许可收入,而IBM公司在当年仅花费了6亿美元进行基础研究的投资。为了让这个过程更加顺利,IBM公司提供了比美国专利局数据库更加有效的内部专利数据在线搜索系统,并逐渐将该部分业务剥离,孵化成为完全独立运营的专利信息服务系统公司,即Delphion公司。IBM公司自己则成为Delphion公司所服务的客户,进而不再需要使用内部资源来资助该业务。自此,IBM公司内部形成了新的知识产权管理策略。当需要在长期内保有对竞争对手的优势时,IBM更加倾向于向研究人员提供尽可能多的科研自由,即采取防卫式战略,强化对知识产权的保护。当预测产品的市场优势地位很快就会受到竞争对手冲击时,

IBM 就更倾向于向侵权公司收取直接赔偿金,并以更广泛、迅速的途径转让专利使用权。

第五,人力资源策略的转变。IBM 公司原先一直坚持从内部提拔人才,公司的科研团队亦是如此,整个团队经过严格筛选和训练,公司对其具有较高的依赖度。然而,这些科研人员的技能专业化程度较高,缺乏应对技术需求方向快速变化所需的灵活性。当面临技术需求方向调整时,这种专业化的团队结构可能会导致公司内部科研资源配置效率的下降,进而影响到整体的创新能力。为了应对这一挑战,IBM 公司放弃了单纯依赖内部顶尖人才的传统模式,开始积极探索与拥有互补性知识和能力的外部人才进行合作。

IBM 公司向开放模式转型的契机,既有受反垄断审查的影响,不得不迅速向市场公开技术标准,也有感受到了内部组织能力的约束,对更加行之有效的管理方式产生了刚性需求。转型之后,原有组织体系中对产品研发的层层审查制度被破除,与外部进行创新资源的交流使得组织创新能力迅速提升,IBM 公司迅速扭亏为盈,此后又经历了打造"全球整合企业"和全面数字化转向的组织结构调整,在创新模式上有了显著的转变和发展。IBM 公司着手建设了多个开放创新平台。IBM 收购 Red Hat 并进一步开发其 OpenShift 平台,允许第三方开发者和企业在 IBM 的基础设施上开发和部署应用;量子计算平台 IBM Quantum Experience 对外开放,使得全球研究人员和开发者能够使用 IBM 的量子计算资源;Watson AI 的 API 接口开放,吸引了大量的开发者和企业共同参与 AI 技术的创新。通过这些开放式创新平台,IBM 能够更快地捕捉市场需求,优化技术解决方案,加快自身的技术创新速度。此外,开放平台的建设还增强了整个生态系统的活力。这种融合外部资源和技术所产生的协同效应,是企业持续创新的重要手段。尽管 IBM 公司被一些研究者认为是销售导向型的组织,也不能影响其在较长时间内保持高水平创新能力的客观事实。

## 二、海康威视:开放模式的制度设计

海康威视成立于 2001 年,由中国电科集团五十二所核心工程师团队共同创建。公司从研发、生产视音频压缩板卡起步,在技术创新的推动下,不断拓展业务领域。在发展早期,海康威视就成功推出了嵌入式硬盘录像机(DVR),并在全球首次把 H.264 算法引入监控领域,迅速占领市场份额。此后,公司陆续推出前端摄像机、安防行业应用软件等产品,不断完善产品线。2009 年海康威视成立系统公司,推出行业解决方案。2010 年,公司在深交所创业板挂牌上市,进一步加大了研发投入力度,并于第二年推出了互联网业务品牌"萤石"。根据数据咨询机构 HIS Markit 发布的排行榜单,海康威视在 2011 年就实现了视频监控行业市场占有率全球第一。2015 年,海康威视推出了基于深度学习技术的视频结构化服务器等前后端创新产品。次年,海康威视跃居 A＆S 全球安防 50 强榜单第一名。随着市场的发展和技术的进步,海康威视逐渐从单纯的产品供应商转型为智能物联网产品和企业数字化解决方案提供商,提供软硬结合的产品和服务。在软件方面,既有软件平台产品,也有行业业务应用软件,场景面向综合安防、公共安全、交通出行、政务服务等各个领域,用户类型覆盖了公共服务供给单位、大型企事业单位和中小企业等不同对象。在硬件方面,围绕 AI Cloud 架构,分别聚焦全面智能感知、场景化智能落地和智能计算与流式储存。在竞争激烈的安防行业中,海康威视意识到只有持续创新才能保持领先地位。海康威视 2023 年研发投入占全年营业收入的 12.75%,绝对数额居于行业前列。截至 2023 年年末,研发人员和技术服务人员达 28479 人,占公司总人数的 48.65%。

　　随着安防行业的需求者从政府逐渐转向企业等多元化客户,安防产品需要适应场景化、碎片化的落地应用。为了在激烈竞争环境中不断提升产品和服务质量,海康威视积极探索创新管理模式。自 2016 年开始,海康威视就着手推行对内统一架构、对外开放融合的发展策略。2018 年,海康威视根据自身业务特点的变化,将国内业务的组织架构从行业事业部调整为公共服务、企事业和中小企业三大事业部,针对不同的经营管理场景,提供差异化的价值匹配和落地手段。同时,转变软件研发模式,主动开拓市场需求与技术驱动相结合的模式,打造统一的软件研发体系。除杭州总部以外,海康威视还在北京、上海、武汉、西安、成都、重庆、石家庄、加拿大蒙特利尔、英国伦敦、阿联酋迪拜等国内外多地设立多个本地研发中心,形成了以总部为中心辐射区域的多级研发体系。在统一的软件架构下,能够实现背对背协同开发,通过"架构＋组件＝产品"的模式,实现组件的高复用和满足场景化需求产品的快速集成,使得海康威视的多级研发体系能够实现内部研发协同和研产融合的加强。海康威视已经实现了组件复用率超过 90%，平均每个产品新增组件在个位数。统一的软件体系逐渐形成了基础软件平台、通用软件平台和行业软件平台，分别用于基础资源调度、跨行业通用功能实现和子行业服务提供。在成体系的研发架构中，稳定而又硬核的研发人员队伍是业务成功的关键因素。海康威视通过具有特色的股权计划进行人才激励，在 2012 年至 2018 年之间，每隔两年实施一期限制性股票激励方式，每期分三次解锁，且通过多重指标约束，全面体现企业经营导向。在激励对象的选择上，覆盖了高层、中层以及核心员工，使更多员工能够参与其中，形成稳定的激励预期。已经实施的激励计划中，第一期激励计划对象不含高管，其他几期激励对象也以非高管的核心员工为主。考核指标方面，以净资产收益率、营业收入增长率、经济增加值等为核心，确保激励与企业的长期竞争力以及发展目标紧密结合。得益于股权激励形成的"双薪制度"，核心员工和企业的利益实现捆绑，海康威视既实现了核心员工高保留率，也提升了企业研发产出等远期指标的增长。

为了更好地整合资源，提高研发能力，快速响应市场变化，推出更具竞争力的产品和解决方案，海康威视不断开拓创新业务。已开拓的创新业务主要涵盖8 大领域，分别是智能家居领域（萤石网络）、移动机器人领域（海康机器人）、红外热成像领域（海康微影）、车辆安全领域（海康汽车电子）、数据存储领域（海康存储）、智慧消防领域（海康消防）、工业检测领域（海康睿影）、医疗视觉领域（海康慧影）。创新业务是海康威视在安防监控主业相关产业的布局拓展，与主业之间形成相互支撑、协同发展的关系。到 2023 年年末，创新业务营收占比已经超过 20%，其中萤石网络于 2022 年在科创板上市，海康机器人也已经启动上市计划。与主业相比，创新业务风险相对较大。因而，海康威视选择采取员工跟投机制，既能降低创新业务风险，也有利于激励创新人才。创新业务跟投模式可以说是海康威视的一大特色。根据适用对象不同，跟投模式被分为 A 计划和B 计划，A 计划由公司及全资子公司、创新业务子公司的中高层管理人员和核心骨干员工参与，强制跟投各类创新业务；B 计划由创新业务子公司核心员工（全职员工）参与，跟投某一特定创新业务。B 计划与海康威视本身在进行的股权激励计划有相似之处，创新业务子公司通常还没有上市，一旦上市将能形成较大激励。同时,母公司本身也可以通过股权回购来干预激励程度。在海康威视初创阶段,通过引入龚虹嘉等外部投资者进行了混合所有制改革。2007 年引入其他战略投资者,同时龚虹嘉将其所持有的 16% 股权转让给当时的创业团队。2007 年至 2011 年期间海康科技、海康希牧等子公司设立时,也一并实施员工持股,这期间公司整体营业收入和利润增长了 3.4 倍。2010 年,海康威视在深交所上市,引入社会资本 34 亿元,同时连续实施 5 期限制性股票计划。激励重心由最初的创业团队拓宽至中高层管理者和核心骨干员工。累计激励员工数量达 2 万人,累计授予股票数量达 3.32 亿股,构建核心骨干员工与企业发展相绑定的利益共同体。随着海康威视股价水涨船高,公司原有主业持续高位增长难度加大,限制性股票计划激励兑现难、范围窄等问题逐步显现。为此海康威视自 2016 年起,先后在 8 项创新业务领域探索实施骨干员工跟投机制,一大批科技创新人才成为与公司创新业务共担风险共享收益的事业合伙人。在具体操作方面,海康威视使用有限合伙企业架构,搭建了员工跟投平台,员工只作为有限合伙人享有跟投收益权,公司全资控股企业担任普通合伙人及执行事务合伙人,保证了公司对创新业务的话语权。这种灵活的模式进一步激发了员工的创造性和拼搏精神,为公司的创新业务发展注入了强大动力。

在这套制度的加持下,海康威视在创新能力方面表现优异。海康威视研发的多项技术极大地推动了安防行业的发展。例如,海康威视的人脸识别技术准确率极高,广泛应用于门禁系统、公共安全等领域,提高了安防监控的效率和准确性。在视频结构化技术方面,海康威视的创新成果使视频数据的处理和分析更加高效,为行业提供了更精准的解决方案。在此基础上,海康开放平台逐渐形成 1 个数智底座＋5 层开放能力的开放体系,围绕设备、平台、数据、应用、基础多个维度建成一系列实体开放平台,提供 4 个开发框架、1 500 多个开放接口、1 100 多个共性组件,以及包括基础软件、通用软件和行业软件在内的共 278 个软件平台产品。其中应用能力开放包括综合安防管理平台、智能应用平台、互联网智能应用平台、嵌入式智能应用平台(对应平台名称分别为 iSecure Center/Infovison IoT/Infocloud HYOP/HEOP),平台能力开放包括智能感知联网平台、视频融合赋能平台、一体化运维服务平台、资源管理调度平台、空间信息服务平台、AI 开放平台,数据能力开放主要依靠物信融合数据资源平台,基础能力开放包括云计算平台、云存储平台和大数据基础平台，设备能力开放包括设备集成 API、设备集成 SDK 和设备集成网关。海康威视提供包括总体技术规范、通用技术规范、软件接口规范、物联感知技术规范、智能算法技术规范、大数据治理与服务规范、技术管理规范等近百个相关标准规范，保障生态伙伴的技术成果与海康威视软硬件产品无缝对接。同时，积极参与行业标准的制定，比如海康威视在 PoE 传输技术应用方面不断深耕，作为行业标准白皮书起草单位之一，为传输线缆行业技术的变革和创新发挥了重要作用。海康威视还发布了网络安全白皮书，强调了网络安全的重要性，并在组织架构、流程与标准、安全研发流程、供应链安全等方面做出努力，为安防产业的网络安全标准制定提供了参考和引领。

在此基础上，海康威视持续对外开放融合，从其全球布局策略中可以窥见一斑。从成立之初，海康威视就开始布局国际化业务，通过构建国际化的产业链、价值链，以及营销、服务和技术网络，海康威视在二十余年的发展中逐渐占据了国际市场的重要地位，产品销售遍及全球各大洲，服务范围广泛。技术研发和市场营销的强强结合是海康威视"走出去"的成功经验之一。在 21 世纪初期，中国制造业企业通常以代工厂的角色进入全球产业链条，这导致企业处于"微笑曲线"的中间环节，即附加值相对较低位置。海康威视则掌控住了高附加值的研发和营销环节。研发方面，在海外布局研发中心，包括蒙特利尔研发中心和硅谷研究所等，并与海外机构进行联合研究，如与德州仪器（Texas Instruments）共建了"数字信号处理方案实验室"，与赛灵思（Xilinx）共建了"FPGA 联合实验室"等。营销方面，海康威视在进行海外销售之初就在 100 多个国家进行了"HIKVISION"品牌商标的注册工作，并从 2007 年开始逐步构建自主的海外营销体系，持续推进"一国一策"的本地化策略。其中比较有特色的做法包括：连续多年以特装形式参与国际安防展会，并在国际安防企业展场展现国际形象；以自有品牌亮相各类国际项目，如 G20 杭州峰会、美国费城平安社区、法国戴高乐机场等的重大安保项目。海康威视还采取资本市场运作方式加深对海外市场的嵌入，比如 2016 年收购英国公司 Secure Holdings Limited（SHL）。SHL 旗下拥有英国老牌报警产品 Pyronix。通过这次收购，海康威视不仅能快速将 Pyronix 产品扩充至现有的产品序列，同时可以实现与 Pyronix

在欧洲市场的客户资源和销售渠道的迅速整合。因而,这次收购为海康威视进一步开拓海外市场提供了非常有益的支持。

从开放式创新理论的视角看,海康威视通过整合内部创新资源、积极获取外部知识、构建创新生态系统,实现了持续的技术创新和业务发展,成为安防行业的领军企业。一是内部创新资源整合与开放,开放式创新理论不仅强调外部知识的获取,还注重内部创新资源的整合与开放。海康威视在创新管理实践中,也充分体现了这一点。海康威视拥有一支强大的内部研发团队,涵盖了硬件、软件、算法等多个领域的专业人才。公司注重研发投入,为研发团队提供良好的工作环境和创新条件,鼓励研发人员勇于创新、敢于突破。同时,海康威视还建立了完善的研发管理体系,通过项目管理、质量管理、知识产权管理等手段,提高研发效率和创新质量。内部研发团队的建设为公司的技术创新提供了坚实的基础。海康威视搭建了内部创新平台,鼓励员工提出创新想法和项目。通过内部创新平台,员工可以将自己的创新想法提交给公司,并获得相应的支持和资源。公司对优秀的创新项目进行孵化和推广,将创新成果转化为实际的产品和解决方案。例如,海康威视的"创新之星"评选活动,为员工提供了展示创新成果的平台,激发了员工的创新热情和创造力。内部创新平台的搭建,促进了公司内部创新资源的整合和流动,提高了创新效率和成功率。海康威视重视知识产权管理,通过专利申请、商标注册等方式,保护公司的创新成果。同时,公司也积极开展知识产权合作和开放,与其他企业进行专利交叉许可、技术转让等活动,实现知识产权的价值最大化。例如,海康威视与国内外的同行企业进行专利合作,共同推动安防行业的技术进步。

二是外部知识获取与合作,海康威视在创新管理实践中与外部进行积极合作,体现了开放式创新理论中对外部知识获取的重视。海康威视与高校、科研机构开展广泛的合作。通过与高校的合作,公司能够接触到前沿的学术研究成果和创新思维,为自身的产品研发和技术创新提供新的灵感和方向。例如,在人工智能、大数据等领域,与高校的合作帮助海康威视获取了最新的算法理论和技术突破,加速公司在这些领域的创新进程。与科研机构的合作则有助于海康威视参与国家重大科研项目,提升公司在行业内的技术地位和影响力。同时,科研机构的专业设备和实验条件也为海康威视的技术研发提供了有力支持。海康威视与供应商建立紧密的合作关系,共同进行技术研发和产品创新。供应商作为产业链的重要环节,往往掌握着关键的原材料和零部件技术。通过与供应商的合作,海康威视可以获取更优质的原材料和更先进的零部件,提升产品的性能和质量。例如,在摄像头传感器领域,海康威视与全球领先的传感器供应商合作,共同研发高性能的传感器产品,满足市场对高清、智能摄像头的需求。同时,与供应商的合作还可以降低采购成本,提高供应链的稳定性和可靠性。海康威视高度重视客户需求,积极与客户合作,共同开发满足市场需求的产品和解决方案。通过与客户的深入沟通和合作,公司能够更好地了解客户的实际需求和痛点,为产品创新提供明确的方向。例如,在智能安防领域,海康威视与金融、交通、能源等行业的客户合作,根据不同行业的特点和需求,定制化开发智能安防解决方案,提高客户的安全管理水平和运营效率。同时,客户的反馈和建议也为海康威视的产品改进和创新提供了重要依据。

三是创新生态系统的构建。开放式创新理论认为,企业应积极构建创新生态系统,与合作伙伴共同创造价值。海康威视在创新管理实践中,也致力于构建创新生态系统。海康威视积极参与安防行业的产业联盟和合作组织,与其他企业共同推动行业标准的制定和技术创新。通过产业联盟,公司可以与同行企业进行技术交流和合作,共同应对市场挑战,提高行业的整体竞争力。例如,海康威视参与了中国安防行业协会、国际安防标准化组织等行业组织,为行业的发展作出了积极贡献。海康威视支持创新创业,通过投资、孵化等方式,为初创企业提供资金、技术、市场等方面的支持。公司与初创企业建立合作关系,共同探索新的业务领域和创新模式,实现互利共赢。例如,海康威视设立了创新投资基金,投资了一批具有创新潜力的安防企业和科技初创公司,为公司的创新发展注入了新的活力。海康威视打造了开放的平台,吸引了众多的合作伙伴加入。通过开放平台,合作伙伴可以利用海康威视的技术和产品,开发出各种创新的应用和解决方案。海康威视与合作伙伴共同构建了一个庞大的合作伙伴生态系统,为客户提供更加丰富、全面的服务。例如,海康威视的开放平台吸引了软件开发商、系统集成商、解决方案提供商等各类合作伙伴,共同为客户提供智能安防、智慧城市等领域的解决方案。

### 三、3M 公司：全员创新的企业文化

3M 公司是一家以创新和产品多元化而闻名全球的公司。自 1902 年在明尼苏达州圣保罗市成立以来，3M 公司一直将科技创新置于企业精神的核心位置，不仅坚持可持续发展的理念，更通过不断的创新实践，推动了各行各业的发展。3M 公司的产品线涵盖了口罩、磁带、投影仪、即时贴、高速公路反光标识等近七万种产品，这些产品广泛应用于家庭、医疗、运输、建筑、商业、教育以及电子通信等多个领域。目前，3M 公司在全球拥有九万余名员工，并联合世界各地八千余名科学家和研究人员，共同推动科技进步，构建全球化的创新网络，在全球三十余个国家和地区设立了生产基地和物流中心，并在近五十个国家和地区建立了实验室和工程中心，产品畅销两百多个国家和地区。在百余年的发展历程中，3M 公司的创新管理至少经历了早期探索、系统化、开放化、平台化四个阶段。

3M 公司全名为明尼苏达矿业与制造公司（Minnesota Mining and Manufacturing Company），成立最初的业务是开采一种名为"刚玉"（corundum）的矿石，用来制造砂纸。然而，由于开采的矿石质量不佳，无法达到工业应用的标准，公司经营陷入困境，最初的投资者也损失惨重。在最初探索的失败后，3M 决定进行转型，将焦点转向砂纸制造。1914 年，3M 推出了首个独家产品 Three-M-ite 研磨砂布，并在 1916 年实现盈利。为了对早期砂纸产品质量进行改进，3M 公司与客户密切合作，在 1920 年代推出了第一个取得重大成功的创新产品——Wetordry 砂纸。这是一种以人造矿石为基础的新型砂纸，是世界上第一种带有防水涂层磨料，可以用水润湿后使用，有效减少了打磨过程中的粉尘。这一创新的成功为公司带来了稳定的收入，不仅巩固了 3M 在砂纸市场的地位，还帮助公司建立了早期的创新文化，即通过解决客户实际问题来推动产品创新。在砂纸取得成功后，3M 公司开始探索其他工业产品领域，力图降低对单一产品的依赖。在这一过程中，公司开发了多种新产品，其中最著名的是 Scotch 透明胶带。1925 年，3M 公司的年轻职员 Richard Drew 发明了第一款纸基胶带，用于汽车喷漆过程中遮盖不需要喷涂的部分。这个发明大大提升了喷漆作业效率，迅速获得市场认可。1930 年，Richard Drew 进一步发

明了 Scotch 透明胶带,这一产品广泛应用于家庭、办公室和工业领域,为公司带来了新的收入来源。随着胶带产品的成功,3M 继续在胶水、涂料和磨具等领域进行创新,并不断进入新的市场。这一时期,3M 开始建立更为正式的研发部门,培养创新人才,鼓励员工提出新的产品想法,并将之付诸实践。到 20 世纪40 年代,经历过早期探索和多元化的 3M 公司逐渐形成了重视研发和创新的企业文化。公司管理层意识到,如果要保持持续的创新能力,仅依靠个人的灵感和小规模的研发团队是远远不够的。为了支持不断增长的研发需求,公司决定大力投资内部研究与开发,建立专门的内部实验室,致力于基础研究和新产品开发,并鼓励员工在解决客户问题的过程中为新产品提出技术创意。通过建立内部实验室,3M 公司创造了集中且系统化的创新环境,研究人员可以专注于长远的技术开发。这种做法不仅提高了公司的创新效率,还确保了技术进步能够更快地转化为市场上的新产品。

在这一阶段,3M 公司提出了著名的"15% 规则"。这一规则起源于 1948年,由时任 3M 公司 CEO 的威廉·麦克奈特(William McKnight)提出,旨在激发员工的创新精神和个人潜能。具体来说,"15% 规则"允许研发人员每周拿出15% 的工作时间用于研究自己感兴趣的项目,无须事先得到管理层的批准,这些项目可以与公司的直接商业利益无关。这一规则背后的理念是,给予员工一定的自由和空间,可以促进创造力的发挥,推动公司的长期发展。3M 公司认为,创新不仅仅是技术革新,而是包括有效的技术应用、改良和管理调整在内的一系列活动。通过"15% 规则",员工可以在日常工作之外,主动贴近客户需求,发现新的需求并形成创新的解决方案。"15% 规则"不仅促进了许多新产品的开发,还在公司内部培养了一种鼓励冒险和包容失败的创新文化。这种文化不仅赋予了员工探索新技术和组建特殊兴趣小组的自由,还激发了他们创造性地思考和挑战现状的能力。3M 的组织文化就是始于此。威廉·麦克奈特强调"聘用出众人才,然后给他们自由。分配任务并鼓励员工发挥主观能动性"。这种管理理念促进了员工在日常工作中进行创新,同时确保了他们的核心职责得到有效执行。此外,《3M 的脑神经管理》一书中提到,"15% 规则"并非简单地划分工作时间,而是确保创新、创意与执行的有效结合,这一过程始终没有脱离对于客户需求的把握。这意味着员工在进行日常工作的同时,也被鼓励去发现和满足客户的潜在需求,从而推动公司的创新发展。"15%规则"并非一个严格的数值规定,而是一种文化象征,代表着公司对员工创新精神的支持和鼓励。在不影响正常工作的前提下,员工可以自由地探索和尝试,有时甚至可以使用超过 15%的时间进行个人项目的研究和开发。在实施"15%规则"的过程中,3M公司还建立了一系列的支持机制,比如为员工提供资金支持的"起源基金"和"发现基金",以及鼓励跨部门合作的组织结构等,这些机制共同构成了 3M 创新生态系统的重要组成部分。通过这种独特的创新文化和管理机制,3M 公司成功地开发出了包括便利贴、防水喷雾剂、微孔医用胶带等在内的众多知名产品,这些产品不仅满足了市场需求,也为公司带来了巨大的商业成功。其中 Scotchgard 防水喷雾剂就是一个典型例子。这个产品的诞生正是得益于系统化的创新管理和"15%规则"。Scotchgard 的发明者 Patsy Sherman 在偶然情况下发现了一种防水材料,并利用 15%的自由时间进行深入研究,最终形成了广泛应用于纺织品、防护服等领域的防水喷雾剂产品。这一成功案例展示了 3M 系统化创新管理的力量,也证明了鼓励个人创新和系统支持的结合能够带来巨大的商业回报。

到 20 世纪 60 年代末,3M 公司已经成功地将创新管理系统化。在创新管理系统化的过程中,3M 公司得到的一个经验是:跨部门协作对于推动综合性创新至关重要,尤其是在产品开发的早期阶段,需要确保研发、生产、市场营销等各个环节紧密配合。因而,3M 公司通过建立跨部门的项目团队来鼓励跨部门合作,从而更快地将创新从概念推向市场。跨部门团队通常由来自不同专业领域的人员组成,确保新产品不仅在技术上可行,而且能够满足市场需求,还易于制造。进而,3M 公司内部形成了强调长期技术投资、个人创新自由和跨部门协作的创新文化,使得 3M 公司在面对市场变化和技术挑战时能够保持高度的灵活性和创新力。为了更好地管理和评估创新项目,3M 公司在此阶段逐步引入了一系列标准化的创新管理流程。这些流程涵盖了从创意产生、项目选择、资源分配到产品上市的各个环节,确保每个创新项目都有清晰的目标和衡量标准。通过标准化流程,3M 公司能够更加有效地管理创新风险,优先支持那些最有潜力的项目。此外,标准化流程还帮助公司在全球范围内更好地协调不同地区的研发活动,确保创新成果能够在整个企业内部共享和应用。系统化的创新管理使得 3M 能够持续不断地为市场带来创新产品,并在激烈的竞争中脱颖而出。这一阶段,3M 的创新管理实践成为众多其他企业学习的榜样,也为公司未来的持续成功打下了坚实的基础。

在系统化创新管理逐步成熟的过程中,3M 公司逐渐发展成为全球性的跨国公司,其创新管理不仅帮助公司推出了大量成功的新产品,还奠定了公司在全球市场上的领导地位。20 世纪 70 年代,3M 公司开始意识到在不同国家和地区进行本地化研发和生产的重要性,并在欧洲、亚洲和拉丁美洲等地建立了分支机构和研发中心,旨在更好地满足各个区域市场的需求。这种本地化策略不仅帮助 3M 公司更快地进入新市场,也使得公司能够更好地适应不同国家的文化和法规要求,从多样化的国际市场中汲取灵感,不断拓展业务范围,进入电子、消费等新领域,并在全球市场占据更重要地位。例如,3M 公司在日本设立研发中心,研究如何改进产品以满足日本消费者的高质量标准。在欧洲,3M 公司应不同国家的法规要求,开发出更加环保的产品。这些举措帮助 3M 公司在全球范围内建立了良好的市场声誉。在全球扩张的同时,3M 公司逐渐意识到仅依靠内部创新不足以满足快速变化的市场需求。因此,公司开始引入开放式创新的理念,积极寻求与外部合作伙伴、大学、研究机构甚至竞争对手的合作。开放式创新的实践使得 3M 能够更广泛地获取外部的创新资源,随着全球业务的扩展,3M 公司逐渐建立起一个跨国的研发网络,形成了一个全球化的创新生态系统。例如,3M 公司与麻省理工学院等顶尖学府合作,共同研究新材料和新技术。这些合作不仅加速了新技术的研发,还帮助 3M 公司从多样化的视角看待技术和市场的发展趋势。3M 公司在这一阶段还收购了多家在特殊材料、医疗科技等领域具有领先技术的公司,以增强其在这些领域的竞争力。这些外部资源的引入极大地丰富了 3M 公司的技术储备,并推动了新产品的开发。Post-it 便签的成功是 3M 公司在全球扩张与开放创新阶段的典型案例。这个产品最初由 3M 公司的科学家 Art Fry 在“15% 规则”下开发出来,最早在美国市场推出并大获成功。随后,3M 公司迅速将这一产品推广到全球市场。Post-it 便签在全球范围内的成功不仅依赖其创新的产品设计,还得益于 3M 公司的全球营销网络和本地化推广策略。在每个新的市场,3M 公司都会根据当地的文化和办公习惯,调整产品包装和推广方式,使得 Post-it 便签迅速成为办公室的必备品。为了有效管理日益扩展的全球业务,3M 公司在这一阶段加强了全球知识共享管理。公司引入了统一的全球管理体系,通过标准化的流程和工具,确保不同地区的业务和研发活动能够协同运作。此外,3M 还建立了全球知识共享平台,使得各地的研发团队能够分享创新成果和最佳实践。这一平台帮助 3M 在全球范围内更快地推广成功的创新产品,缩短了新产品的上市时间。在全球扩张过程中,3M 公司不仅关注技术和市场的全球化,还致力于在企业文化上实现全球融合。公司通过一系列培训和文化交流活动,确保不同地区的员工能够认同并践行 3M 的核心价值观。这种全球化的文化融合,不仅帮助公司在不同市场中保持一致的企业形象,也促进了跨文化的创新合作。通过全球范围内的文化融合,3M 公司成功打造了一个多元化、包容性强的企业环境,使得来自不同背景的员工能够在一个共同的创新平台上协同工作。

到了 20 世纪 90 年代,3M 公司遇到了创新瓶颈——公司将大部分的精力都用在了对现有产品的改进方面,使得现有产品的改进成为公司发展的主要动力,而新创产品对公司的贡献越来越小。为了扭转这种趋势,3M 公司制定了新的目标:销售额的 30% 来源于 4 年内新创的产品。3M 公司的研究人员因此而进行了先导用户法的实践。3M 公司的这些成功实践,为其他企业提供了宝贵的经验和启示。先导用户法是产品创新的关键策略之一,强调与那些走在市场趋势之前的用户进行深入交流,从而挖掘潜在的创新机会。这种方法将创新活动转变为一种系统性任务,即"确认先导用户并向他们学习"。3M 公司通过组织专题讨论会,让研发团队与先导用户深入交流,了解他们对现有产品和竞争产品的看法,从而获得开发创新性产品的灵感。先导用户法在 3M 公司中的应用非常成功,它帮助公司识别和理解了那些尚未被广泛认识到的客户需求。3M 公司通过这种方法,能够开发出真正创新的产品,这些产品不仅满足了市场的需求,而且在很多情况下,还引领了市场的趋势。3M 公司在实施先导用户法时,采取了一系列措施来确保与用户的沟通是有效和深入的。首先,通过组织专题讨论会,让来自研发、市场和生产部门的项目团队成员与先导用户进行深入交流,了解他们对现有产品和竞争产品的看法,从而获得开发创新性产品的灵感。这种交流不仅限于面对面的会议,还包括通过电话、邮件等方式与目标市场前沿用户建立联系网络,以便更有效地跟踪先导用户并收集他们的想法和需求。此外,3M公司在实施先导用户法的过程中,还特别建立了3M客户创新中心,被誉为3M的"创新摇篮",集中展示了3M公司的核心科技和多元化市场应用,通过新奇有趣的互动体验带领每位用户进入3M公司的创新世界。3M公司还意识到,真正的先导用户可能在意想不到的领域,因此他们在寻找先导用户时不局限于自己的目标市场,而是拓宽视野,从其他市场中寻找可能的创新者。例如,在寻求手术薄膜创新突破时,3M公司的项目团队从兽医和好莱坞化妆师等看似不相关的领域中寻找灵感。通过这些措施,3M公司能够确保与用户的沟通是深入和有效的,从而为公司的创新活动提供强有力的支持。在3M公司,先导用户法的应用不仅限于产品开发,它还与公司的其他创新机制相结合,形成了更加完善的综合型创新管理体系。例如,3M公司采用的"逆向战略计划法"与先导用户法相结合,使得公司能够从技术出发,寻找和创造市场需求,从而开发出具有前瞻性和创新性的产品。通过这种结合,3M公司能够不断地推动技术创新和产品创新,保持其在全球市场的领先地位。

进入21世纪后,面对数字化革命和全球市场的剧烈变化,3M公司开启了数字化转型与平台驱动创新阶段。随着互联网、大数据、人工智能和物联网等新兴技术的发展,3M公司认识到必须进行数字化转型,以适应快速变化的市场需求和技术环境。数字化转型的核心愿景是利用数字技术增强研发、生产、销售和客户服务的各个环节,提高效率、减少成本,并加速产品的上市时间。3M公司的数字化转型不仅涉及技术升级,还包括业务模式的创新和企业文化的转型。公司希望通过数字化手段,更好地理解客户需求,提供个性化解决方案,并在全球市场中保持灵活和敏捷。在研发领域,3M公司投资于数字化技术,如大数据分析、机器学习和仿真技术,以加速新材料和新产品的开发。通过引入数字化工具,3M能够更快地分析大量数据,识别出潜在的技术趋势和市场需求,从而优化研发决策。例如,3M公司利用人工智能技术来加速新材料的发现过程。通过分析大量的实验数据和文献,人工智能技术可以预测哪些材料组合可能具有特定的性能,从而大大缩短实验周期。这使得3M公司能够更快速地推出新产品,满足市场的动态需求。3M公司还开发了数字化设计和仿真工具,使得工程师能够在虚拟环境中测试和优化产品设计,从而减少物理样品的制作和测试成本。这种数字化研发方式有效地提升了研发速度,降低了新产品开发风险。在生产制造方面,3M 公司积极推进智能制造的应用,采用物联网技术来优化生产流程。通过将传感器和智能设备连接到工厂网络中,实时监控生产过程中的各项参数,进行数据采集和分析,从而提高生产线的效率和质量控制水平。此外,3M 公司还使用预测性维护技术,通过分析设备的运行数据,预测并预防设备故障,从而降低维修成本。智能制造的应用不仅提高了生产效率,还使得 3M 公司能够更灵活地响应市场需求的变化。例如,当市场需求发生波动时,3M 公司的智能制造系统能够快速调整生产计划,以满足新的需求,这为公司在竞争激烈的市场中保持了高度的灵活性。随着数字化技术的发展,客户期望得到更快速、更个性化的服务响应。为此,3M 公司在客户体验方面进行了全面的数字化升级。公司开发了多个数字平台,帮助客户更方便地访问产品信息、进行在线采购以及获取技术支持。例如,3M 公司推出了在线配置工具,允许客户根据自己的需求定制产品解决方案。这些工具不仅提高了客户的参与感,也帮助 3M 公司更好地收集和分析客户偏好数据,从而进一步优化产品和服务。此外,3M 公司通过大数据分析,深入了解客户行为和偏好,提供更加精准的个性化推荐和服务。这种个性化的客户体验提升了客户满意度,同时也为公司带来了更高的客户忠诚度。

在数字化转型过程中,数据驱动决策成为 3M 公司运营的重要特征。公司通过收集和分析来自各个业务环节的数据,优化决策流程,提高运营效率。例如,3M 公司在供应链管理中采用了先进的数据分析技术,以优化库存管理和物流安排。通过实时监控全球供应链的运行情况,3M 公司能够快速响应供应链中的任何变化,减少库存积压和物流成本。数据驱动的运营不仅提高了 3M 公司的效率,还增强了公司的市场反应能力。当市场需求或供应链发生变化时,3M 公司能够快速调整其运营策略,确保产品能够及时交付给客户。在这一阶段,3M 公司不仅继续推动开放创新,还进一步发展了基于数字平台的创新生态系统。公司创建了多个开放式创新平台,邀请全球的创新者、合作伙伴和客户共同参与产品开发和技术创新。这些平台不仅使得 3M 公司能够从外部获取新的创意和技术,还促进了跨领域的协作。例如,3M 公司推出了一个面向创业公司的加速器项目,帮助初创公司将其技术和创意转化为实际产品。通过与初创公司合作,3M 公司能够接触到前沿的技术和市场趋势,从而增强其创新能力。此外，3M 公司还建立了多个行业合作联盟，与其他领先企业、学术机构和政府机构合作，共同开发新技术和新标准。这些合作进一步扩大了 3M 的创新网络，使其能够在多个领域保持技术领先地位。

3M 公司各个发展阶段的创新管理都体现了开放式创新理论的不同方面。从早期的"外部知识引入"到后来的"全球化开放创新"，再到"数字化平台驱动"，3M 公司通过不断扩展和深化其开放式创新策略，成功保持了在全球市场中的创新领导地位。这一历程不仅展示了开放式创新的强大力量，也为其他企业提供了宝贵的实践经验。在早期探索和多元化阶段，3M 公司的创新主要集中在内部研发和实验，同时开放式创新的早期萌芽已经出现。虽然当时的开放性并不如后来的阶段明显，但公司在创新中逐渐表现出愿意接受外部知识的态度。例如，3M 公司通过与外部专家和供应商合作，获得了关键的原材料和技术支持。这是开放式创新理论中的"外部知识引入"概念的早期表现，这些外部资源的引入为 3M 公司成功开发砂纸、胶带等产品奠定了基础。在创新管理系统化阶段，3M 公司建立了内部研发实验室和"15% 规则"制度，进一步推动了员工自由探索的氛围，培养了一种内外部协同的创新文化。尽管这个阶段的创新仍然主要依赖于内部资源，但公司通过鼓励跨部门合作和建立标准化创新流程，实际上已经开始引入开放式创新的概念。"15% 规则"制度鼓励了员工自主创新，这种内部开放性实际上为后来的外部开放做了铺垫，并且这种内部创新文化的培育深刻影响了 3M 公司的整个发展历程，是其取得成功最为关键的影响因素之一。跨部门协作和知识共享的做法也体现了开放式创新中的"内部创新网络化"理念，逐渐形成了公司内部的创新生态系统。在开放化阶段，3M 公司充分利用了开放式创新的理念，通过跨国研发网络、外部合作、技术收购等方式，将全球各地的知识和创新资源整合起来。公司积极与外部合作伙伴、大学、研究机构以及其他企业建立合作，不断拓宽合作的创新边界，不再仅仅依赖内部资源进行创新。在这一阶段，可以说 3M 公司全面采用了开放式创新模式。公司通过"全球扩张"将外部知识、技术和市场需求整合到自己的创新体系中。这种全球化的创新合作是开放式创新理论中"外部知识获取"理念的深入践行。到了平台化阶段，3M 公司通过数字化手段和开放创新平台，进一步扩展了其开放式创新的深度和广度。公司通过大数据、人工智能、物联网等技术加速内部创新,并通过开放式平台吸引全球的初创公司、合作伙伴和客户共同参与创新。这不仅提升了 3M 公司的技术创新能力,还加速了新产品的开发和市场化进程。3M 公司在这一阶段通过数字化工具和平台,将开放式创新推向了新高度。公司的创新已经不再仅仅依赖于内部或有限的外部合作,而是通过"平台驱动"的模式,构建了一个全球性的创新网络,利用协作平台和共创网络实现持续创新。这种数字化和平台化的创新模式使得 3M 公司能够持续引领市场,是开放式创新理论中"网络化创新"和"创新生态系统构建"的具体实践体现。

## 第二节　企业开放式创新实践中的外部合作

### 一、小米:与生态链企业互联互补

小米公司成立于 2010 年,是一家以智能手机和智能家居产品为核心的科技型企业。小米在成立的第四年就实现了手机销量 6 112 万台,在国内位于行业前列,并成为全球领先的消费电子企业之一。到 2016 年遭遇低谷后,小米凭借类平台模式从生态链产品中获取大量收益,并从传统企业向生态企业转型。小米的早期崛起与用户共创式的开放式创新有关,这样的早期实践为小米奠定了开放式创新生态系统构建的基础。小米的八位联合创始人中有六位工程师、两位设计师,整个创始人团队都对消费电子设备具备极大的开发热情。在创业之初,小米的创始人团队凭借自身的软件开发背景,基于安卓心态开发第三方手机操作系统米柚。米柚系统每周进行一次版本更新,许多功能和优化建议直接来源于用户反馈。小米以用户为导向的软件开发模式,使得米柚系统在版本不断更新迭代的过程中,赢得了一批安卓用户的拥趸。当时国内手机市场正处在断层状态,价格高冷的智能机和功能为王的山寨机之间缺少中间层。小米抓住了这次机会,为喜爱米柚系统的用户量身打造了高性价比的小米手机。小米手机的硬件研发团队主要来自摩托罗拉,并在创业之初就与高通总部研发团队进行联调开发,这使得小米拥有过硬的技术支持。在 2011 年 10 月,小米手机在互联网一经发售就被抢购一空,到 2014 年小米营收增长 135%,已经高达

743 亿元。在此期间,小米引领了诸多受用户高度关注的手机功能创新,包括 Type-C 接口的应用、GaN 氮化镓技术在充电技术领域的应用、全面屏的应用、不锈钢以及全陶瓷机身工艺等。然而,由于小米产品迭代过快,供应链难以跟上,且强有力的市场竞争者相继出现,从 2015 年开始小米的手机销量逐渐被其他市场参与者超越。到 2016 年,小米手机业务的营收下降幅度达 23%。此时,小米开始拓展线下零售渠道,并通过生态链战略,拓展产品品类。

自 2013 年开始,小米在手机业务迅速扩张的背景下,就已经正式启动了生态链战略。小米创始人雷军提出"复制 100 个小米"的构想,即通过投资和扶持创业企业,以"极致性价比"的产品布局智能硬件市场。这一战略的核心在于,通过投资占股、供应链共享和基础赋能的方式,迅速建立一套覆盖广泛的产品生态系统。小米在生态链的起步阶段,投资了多家初创企业,例如华米科技(可穿戴设备)和紫米科技(充电设备)。这些公司在小米渠道的支持下,实现了快速发展。例如,小米手环的供应商华米科技于 2014 年推出首代产品,仅三年时间累计销量便突破 4 000 万只,小米渠道贡献了其中的 90%。这种深度的渠道赋能,帮助生态链企业迅速打开市场并提升销量。到 2016 年,小米生态链开始涌现出多款爆品,如米家扫地机器人和小米空气净化器。这些产品不仅在国内市场取得成功,还成为所在品类的全球销量冠军。2018 年,小米生态链的营收达到 438 亿元,占集团总收入的 25%,展示了巨大的市场潜力。随着部分生态链企业的产品和业务逐渐成熟,小米支持它们通过自有品牌进行市场扩展。例如,华米科技推出 Amazfit 品牌智能手表,并于 2019 年成功在美国上市。同时,小米逐步推动生态链企业向自有渠道转型,以减少对小米商城的依赖。这一阶段的另一显著特征是,小米生态链企业开始在资本市场上崭露头角。华米科技和石头科技等公司的成功上市,进一步提升了小米的投资收益。2020 年,小米通过所投企业的股权收益,实现了 270 亿元的利润,甚至超过了当年的总净利润。近年来,小米将生态链战略延伸至智能汽车、机器人等新兴领域,向智能出行与新产业扩展。2021 年,小米宣布进军电动汽车市场,并与政府及高校建立合作,推动智能汽车研发和基础设施建设。此外,小米还利用生态链模式,与智能出行设备企业展开合作,丰富其产品组合。

小米对生态链企业赋能采取的手段非常符合典型的风险投资行为,即在生态链企业的创业阶段对其进行股权投资,并提供投后增值服务。小米创始人雷军本就既是连续创业者,也是天使投资人。小米先后投资的生态链企业接近四百家,其中有近 30 家企业成功上市,就风险投资行业的平均水平而言,已经取得了非常显眼的成绩。在进行股权投资时,小米对被投资企业进行了严格筛选,筛选的首要条件是具备足够过硬的技术储备,使得大幅超越竞争对手成为可能。此外,主要关注企业的市场、产品和客户群。在市场方面,要求被投资企业所在的市场容量相对较大,能够通过高性价比产品的大规模销量实现相对合适的营收和利润。在产品方面,要求市面上现存产品具有较大提升空间,使得被投资企业具备足够的产品优势。在客户群方面,要求被投资企业的目标客户画像与小米高度重叠,使得其能够融入小米产品生态之中。在进行股权投资时,小米及其关联公司一般股权占比为 20% 左右,不主导被投资公司的运营和决策。在股权投资之后,小米采取品牌背书、渠道提供、合作研发等方式提供增值服务。一方面,生态链企业得以共享小米的品牌声誉,与大公司和国际市场建立联系。比如,润米科技通过小米的支持,与英特尔达成合作,推出智能跑鞋。纳恩博在小米帮助下完成了对平衡车鼻祖 Segway 的收购,成功进入国际市场。另一方面,小米及其关联公司,如顺为资本,为生态链企业提供的资金支持,使得这些企业更容易获得资本市场的青睐。例如,2018 年上市的石头科技、华米科技等多家公司均有小米资本的深度介入。此外,小米还对生态链企业的产品开发进行支持。在开发项目立项后,小米的产品经理和项目经理会参与项目开发全过程,覆盖面从产品设计到供应链管理,确保产品品质和市场成功率。例如,趣睡科技创始人表示,小米在营销、供应链和商业理念上的帮助,是其快速成长的关键。

生态链企业的成功,使得小米构建起了半开放式的创新生态系统,为小米自身带来了生态系统核心企业的优势。由于生态链企业具备几乎覆盖全部家电品类的产品,小米线下销售渠道"小米之家"得到了有效支撑,不仅使得线下经营成本得到分摊,还有效吸引更多顾客流量,让小米手机的销量被生态链企业产品带动起来。然而,随着生态链企业的发展壮大,小米所构建的生态系统对参与其中的企业产生了约束。小米所主张的高性价比经营模式使得生态链企业,尤其是技术创新能力强的企业,难以在产品定价等方面自由量裁,对企业的进一步开拓产生了负向效应。这使得部分企业着手实施"去小米化"。为了应对这样的局面,小米从生态链战略逐渐转向生态圈战略,将业务重心从手机转向手机＋智能物联网,实现双引擎带动企业发展。在实际操作层面,以"小爱同学"为枢纽,搭建人工智能产品平台,并使用 IOT(Internet of Things,物联网)开发者平台,面向开发者开放硬件接入和控制、应用场景、新零售渠道等资源,涉及家居、家电、可穿戴设备、出行等领域。生态圈战略的愿景是,任意两件产品都能在智能物联网的连接下,形成面向特定场景的智慧解决方案,促使小米的发展模式升级为产业赋能平台,通过 AI 技术激活所有参与者的物联网属性,为生态圈内的企业产品带来巨大价值。也就是说,这一战略所面向的不仅限于小米生态链企业,还向第三方企业甚至竞争对手开放。2023 年 10 月,小米从"手机×AIoT"扩展到"人车家全生态",并发布了历时七年打造的小米"澎湃OS"操作系统,统一合并底层系统,进一步强化了其生态系统的融合性和开放性。小米的产品线已涵盖智能手机、平板电脑、笔记本电脑、智能穿戴设备及智能家居设备等多个领域,通过这些产品的相互连接和协同工作,小米的"澎湃"系统正构建一个覆盖用户日常生活各方面的智能生态系统,已连接超 8.2 亿设备。小米积极与各行业合作伙伴建立合作关系,共同推动"人车家全生态"的发展。随着小米汽车的亮相,小米"人车家全生态"战略正式闭环,全面打通人、车、家场景,实现智能互联和深度融合。在这个生态系统中,硬件设备实时协同,人、设备、智能服务之间相互协作、共同进化,最终为用户提供一个更加智能、便捷的生活体验。

小米早期在通过社区收集用户意见,将他们的需求融入产品开发流程中,实现以用户共创推动企业短时间内的迅速崛起。其后,生态链战略的成功体现了小米对"开放式创新"的深刻理解。通过资金、渠道、品牌和技术支持,小米成功扶持了数百家初创企业,并在多个品类中打造了全球领先的产品。然而,这种模式也存在一定挑战,如部分生态链企业过于依赖小米品牌和渠道,以及在独立运营后的市场竞争力问题等。小米的应对措施是向生态圈战略转型,自身从半开放式的类平台转向完全开放的产品赋能平台,在生态系统中引进第三方企业,为其生态链注入更多活力。这些举措不仅增强了小米自身的竞争力,也为同类型企业探索开放式创新提供了宝贵经验。

## 二、宝洁：与用户共同开拓创新

宝洁（Procter & Gamble，简称 P&G）成立于 1837 年，由英国移民威廉·宝克特（William Procter）和蜡烛制造商詹姆斯·甘布尔（James Gamble）在美国俄亥俄州辛辛那提市共同创建。最初，这家公司专注于肥皂和蜡烛生产，在美国内战期间为联邦军队提供产品而积累了品牌知名度。1882 年，"象牙肥皂"的研制开启了宝洁的研发创新活动。1890 年，宝洁正式转型为股份公司，开始在美国境外扩展业务，同时建立了公司实验室。在 20 世纪初，公司通过纵向整合控制了供应链上游，并扩展产品组合。此时，宝洁仍专注于家用护理和卫生用品，逐步推出了牙膏、洗衣皂等新品。在当时，宝洁的广告策略深入人心，通过在广播节目中植入广告内容，发明了"肥皂剧（Soap Opera）"这一广告形式。到第二次世界大战后期，宝洁迅速向更多消费品领域扩张，并在欧洲和拉丁美洲建立了业务部门。在此期间，宝洁推出了世界上第一款含氟牙膏，奠定了公司在个人护理领域的领导地位；发布了全球首款一次性纸尿裤，彻底改变了婴幼儿护理市场。公司自此进入产品多元化的快车道，不仅覆盖家庭护理和个人卫生领域，还进入了化妆品和食品领域。在产品多元化的背后，宝洁建立了严密的研发体系，并拥有众多科技人才。与 IBM 公司相似，宝洁在当时采取的创新模式是封闭式的，并且形成了"技术革新应当基于公司内部"的创新文化和观念。20 世纪 80 年代，宝洁通过并购扩大其市场份额，于 1985 年收购了香皂和化妆品公司 Richardson-Vicks，获得了 Vicks、Olay 等品牌，为其日后在个人护理市场的拓展奠定了基础。20 世纪 90 年代初，宝洁进一步开拓新市场，在亚洲和非洲市场占据一席之地。但由于过度扩张，到了 20 世纪 90 年代末期，宝洁的业绩开始下滑，在三个月内损失一半市值，创新乏力，内部效率低下，企业陷入危机。2000 年，雷富礼（Lafley）接任宝洁 CEO，开始推动宝洁的变革。变革发生之前，宝洁拥有 7 500 名科学家，每年投入超过 20 亿美元的研发费用。然而，快速消费品行业的市场需求多元化、消费者行为转变速度快、竞争对手迅速崛起等现实，使得宝洁意识到，即使公司内部拥有如此庞大的研发体系，也无法满足市场的全部创新需求。在这样的情况下，必须把外部资源和消费者想法引入到产品中来。

在此次温和变革的过程中,宝洁的组织文化得到重塑,运作模式包括创新模式也发生了前所未有的变化。从细节上看,宝洁总部相互隔离的高管工作区被打通,公司高管与员工之间、部门与部门之间在空间上实现共享。会议室的方桌被替换成圆桌,会议沟通更加无拘无束。在创新管理方面,宝洁开始向开放式创新转型。这实际上对应着宝洁内部组织架构的调整。宝洁原先的部门划分以产品品类为导向,使得不同部门之间协作困难,信息孤岛现象严重,内部开发流程也十分缓慢。2005 年,宝洁内部组织架构向矩阵式转变,产品研发团队由研发、市场、供应链等跨职能成员组成。速易洁(Swiffer)清洁系统就是一个很好的例子,它的核心技术由来自意大利的外部合作伙伴开发,同时由宝洁内部的产品团队、营销团队和消费者洞察小组协同完成,使其能迅速从概念变成市场产品。在此基础上,雷富礼提出了从研发(Research & Develop)向联发(Connect ＋ Develop)的理念转变,直言"必须找到外部的聪明人合作"。比如,佳洁士(Crest)美白牙贴的关键美白技术来自一家外部公司。宝洁迅速将其引入,并结合自身的市场能力推出对应产品。这款产品一经推出便广受欢迎,成为牙齿美白市场的标杆。为了使得"联发"理念在公司内部产生实际效果,宝洁调整了绩效考核与激励机制,将外部创新引入、消费者共创两种活动的成效纳入考核。消费者共创是宝洁最具特色的开放创新方式之一。

在宝洁向开放式创新转型的过程中,以及其后数十年的开放式创新实践中,与消费者共创成为公司非常重要的创新方式。21 世纪初,伊卡璐(Herbal Essences)品牌销量下滑严重,宝洁决定通过消费者共创重塑这一品牌。在品牌重塑的过程中,公司在社交媒体上发起投票和意见征集,邀请消费者在Instagram 和 Facebook 上投票选择香型组合,了解用户偏好。根据投票结果,宝洁研发团队进行配方开发,推出限量版香型,测试市场反应。这样就相当于让消费者选择了新配方和香型。同时,宝洁并让消费者参与包装设计,整个产品都不乏消费者参与。最终,宝洁成功推出了一系列备受欢迎的产品,使得品牌在市场上重新崛起。

开放范式的推行使得宝洁走出危机,并在未来的十年间成长为市值 2 000亿美元的行业巨头。2010 年前后,宝洁的开放式创新模式逐渐成熟,形成了相对完整的创新网络,包括外部供应商、研发机构、消费者以及公司内部的跨职能团队,创新门户收集着来自全球的创新方案和想法。比如在研发玉兰油抗衰老系列的过程中,宝洁通过在线问卷和访谈,获取不同地区消费者对护肤需求的反馈,并与皮肤科学专家共同研究抗衰老成分。根据消费者反馈,宝洁在产品配方中增加了氨基酸肽等成分,以提高抗衰老效果。同时,通过用户调研,改进了瓶盖设计,使其更易开启。消费者感受到自身对产品开发的直接影响,大幅增加了用户对品牌的忠诚度。

然而,在此之后,宝洁的光辉并没有延续,反而再次陷入了增长乏力,直到2013年宝洁瘦身之后才又恢复。从创新管理视角看,宝洁进入了完全开放模式,大约有超过50%的创新来自企业外部,创新参与者多元化程度过高,且对创新的全过程均有参与,使得企业对外技术依赖严重,且内部研发能力被大幅削弱。在市场波动性较强的情况下,这种过度开放并不有利于企业的发展。因而,2013年雷富礼再次临危受命时,选择了与20世纪初期大举兼并收购相反的方式,即大刀阔斧为宝洁实行"瘦身",最终保留了80个左右的品牌,这些品牌为公司贡献了95%的利润。此后,面对快速变化的市场和电子商务的崛起,宝洁引入了敏捷开发模式。公司不再依赖于传统的大型开发项目,而是采用"小步快跑"的方式,将创新分解为多个短周期,推出最小可行产品(MVP)并快速迭代。在敏捷开发模式中,宝洁能够迅速响应消费者需求,使其产品更贴近市场趋势。这样一来,消费者共创显得更为重要。帮宝适(Pampers)纸尿裤的改进就是一个例子。宝洁在消费者共创中收集了大量父母的反馈,发现消费者希望纸尿裤更加轻薄且高效吸水。公司采用敏捷开发模式,迅速推出新配方的小规模试验版,并根据消费者反馈不断优化,最终推出了改进后的纸尿裤系列。

近年来,随着数字技术的发展,宝洁进一步推动其创新体系的数字化与平台化,深化消费者的参与度。一方面,通过大数据和人工智能技术,宝洁得以分析消费者的行为与偏好,将洞察转化为创新机会。另一方面,借助社交媒体和电子商务平台,宝洁直接与消费者互动,共同开发和改进产品。吉利剃须刀项目就是在这样的情境下发生的宝洁与消费者共创实践。吉列推出了"Razor Maker"项目,让消费者通过在线平台自定义剃须刀。用户可以选择刀片数量、刀架设计以及个性化雕刻等选项。吉列采用3D打印技术制作用户定制的刀架,满足个性化需求。与此同时,得到的消费者选择数据被用来分析产品流行趋势,并推出热门设计作为常规产品。在这个案例中,消费者通过参与定制,获得独特且专属的剃须刀。这种互动增强了消费者与品牌的情感联系。此外,宝洁加速了数字化转型。公司利用大数据和人工智能技术提升产品开发效率,并与消费者进行更多互动。例如,玉兰油品牌引入了 AI 护肤建议平台,实现了产品的个性化推荐。未来,宝洁仍将持续保持管理层和员工对开放式创新的认同和支持。

宝洁与消费者的共创过程,本质上是运用用户需求指导公司创新方向,即采取了市场导向型创新。在宝洁近二十年的创新转型中,与消费者共创理念得到了深刻践行。在与消费者共创的实践中,宝洁将用户融入产品开发和创新的关键环节,不仅使得宝洁开放式创新模式得到深化,也为其品牌重塑和市场竞争提升提供了强大支撑。从上文中对宝洁开放式创新历程的梳理中可以看到,宝洁与用户之间的合作创新模式十分多元化,且随着自身开放式创新实践的阶段性变化而不同。在实施开放式创新的早期阶段,宝洁主要是通过与外部技术团队进行合作,将合作重点放在产品研发和技术引进上,例如,通过外部技术开发新型包装材料和家用产品。在这个阶段,用户参与度较低,更多是在产品测试和市场反馈阶段才引入消费者共创。当宝洁的开放式创新模式逐步趋向成熟后,技术创新网络资源利用效率难以得到更多提升,技术导向型创新遇到瓶颈,消费者能够带来的创意变得更为重要。外部环境也在该阶段促进了消费者对创新的参与。在 2010 年之后,社交媒体迅速发展使得消费者与品牌的互动日趋频繁。宝洁意识到与消费者的实时沟通能提高产品创新的针对性,于是开始在营销和产品设计中融入更多的用户反馈机制,主动邀请消费者加入产品创新的更多环节之中。这样的做法使得消费者在产品定义和测试中的角色显著增强,并逐步转向主动参与品牌共创的模式,例如提出产品设计建议和改进意见。这一阶段的共创主要依托社交媒体平台和在线社区。当宝洁重新调整创新开放程度并全面转向数字化时,其主导的创新模式是敏捷开发模式,以此来缩短产品迭代周期并提高市场响应速度。在该阶段,宝洁通过数字化平台实现精准共创,利用大数据和人工智能技术捕捉用户需求,共创的深度和频率进一步提升,用户不仅参与产品设计和测试,还在个性化产品开发中扮演关键角色。到了这个阶段,用户已经与供应商和技术伙伴一起,深度嵌入到宝洁的开放式创新生态系统之中。此时,宝洁与消费者共创开始超越产品层面,向企业运营方向拓展。总的来说,宝洁与消费者共创模式从边缘走向核心,并逐步融入宝洁的产品研发、营销策略和企业运营中。宝洁在不同阶段的用户共创实践表明,随着市场环境与用户需求的变化,企业必须持续调整其共创模式和创新管理体系,通过适度的开放合作和与消费者共创,不仅能够实现企业创新能力的提升,还能增强品牌的市场竞争力和社会影响力。

## 第三节　企业开放式创新生态系统的构建

### 一、特斯拉:推动行业的兴起与发展

特斯拉汽车(Tesla Motors)由马丁·艾伯哈德(Martin Eberhard)和马克·塔彭宁(Marc Tarpenning)于 2003 年共同创立,公司以塞尔维亚裔美国发明家尼古拉·特斯拉(Nikola Tesla)的名字命名,旨在开发一款电动跑车。埃隆·马斯克(Elon Musk)在 2004 年参与了 A 轮融资,成为公司的最大股东及董事会主席,并在 2008 年接任了公司 CEO。特斯拉早期的愿景是通过高性能电动汽车颠覆传统汽车行业,因而可以说公司成立之初就以实现颠覆式创新为目标。特斯拉的第一款产品 Tesla Roadster 于 2008 年发布,在单次充电下能够行驶 245 英里(约 394 千米),这在当时是前所未有的续航能力。它的性能可以与许多燃油驱动的跑车相媲美,从 0 加速到 60 英里/小时仅需不到 4 秒,最高时速可达 125 英里(约 200 千米)。Roadster 的车身由碳纤维制成,不产生尾气排放,并且效率相当于每加仑汽油可行驶 135 英里(约 57 千米/升)。尽管 Roadster 售价高达 10.9 万美元,但凭借其创新性和性能,它为特斯拉在电动汽车领域奠定了基础。特斯拉的两位创新人艾伯哈德和塔彭宁本就是对电动汽车技术充满热情的专业人士,他们的专业知识背景为特斯拉的技术研发提供了支撑。在早期发展阶段,特斯拉采用敏捷开发和快速迭代的方法,及时响应技术挑战和市场需求,持续优化产品性能,通过跨部门团队合作,促进技术交流和知识共享,加快研发进程。在内部创新管理方面,特斯拉在早期探索阶段采取

垂直整合的创新管理策略,尽量控制关键技术和核心部件的生产,减少对外部供应商的依赖,提高创新效率和产品质量。尽管如此,在首款产品 Tesla Roadster 的开发过程中,特斯拉公司仍然选择了与多家企业进行合作。在基础平台方面,特斯拉选择与英国莲花汽车(Lotus)合作,基于莲花 Elise 的底盘开发 Roadster。这种合作加快了产品开发进度,并利用了莲花的轻量化设计和制造工艺。在电池技术方面,Roadster 定位为高性能电动跑车,目标是实现电动车在加速、续航和驾驶体验上的优越性。因而,特斯拉与松下(Panasonic)合作,采用高密度锂离子电池,提高能量密度和续航能力。通过与松下的合作,特斯拉在电池制造和技术优化方面取得了显著进展。此外,特斯拉还与多家供应商建立合作,确保关键零部件的供应和质量控制,提升产品可靠性。在这个阶段,电动车市场尚不成熟,消费者对电动车的接受度和购买意愿存在不确定性,而电动汽车研发和生产需要大量资金,特斯拉需要不断通过融资来支持其研发和扩张。特斯拉在 2009 年获得了美国能源部提供的 4.65 亿美元贷款,这笔贷款是根据先进技术车辆制造贷款计划(ATVM)提供的,旨在支持美国国内先进技术车辆和合格部件的生产制造。特斯拉利用这笔贷款加速了 Model S 的生产,并在 2013 年提前偿还了贷款,展示了公司在电动汽车行业的领导地位和健康的财务状况。此外,特斯拉通过建立战略合作伙伴关系来获得融资和其他支持。2009 年,戴姆勒决定投资 5 000 万美元收购特斯拉约 10% 的股份,并与特斯拉达成战略合作伙伴关系,指定特斯拉为 1 000 辆奔驰电动汽车的动力电池供应商,包括奔驰 Smart Fortwo ED、奔驰 B-Class EV。同年,丰田也以每股 17 美元的价格斥资 5 000 万美元收购了特斯拉 10% 的股份,并且与特斯拉合作,涉及丰田 RAV4 EV 的电力传动装置和电池组的供应。通过与丰田的合作,特斯拉得以使用 4 200 万美元购买丰田之前关闭的弗里蒙特工厂的土地和部分建筑物,从而获得了重要的生产场地和设施。战略合作伙伴关系的建立不仅为特斯拉带来了资金,还为其带来了市场的认可和信任,为其后续的快速成长和产品创新奠定了坚实的基础。

Roadster 的推出激发了市场对电动汽车的兴趣,推动了整个电动车行业的发展,促使其他汽车制造商加大对电动汽车技术的投入,特斯拉公司进入产品化与市场开拓时期,这也是公司从初创企业发展为电动汽车行业领导者的关键时期。在这个阶段,特斯拉通过推出一系列具有市场影响力的产品和创新的市场策略,成功实现了从小众高端市场向大众市场的扩展,实现了市场创新。特斯拉于 2012 年和 2015 年相继推出了高性能、长续航豪华电动汽车 Model S 和面向家庭用户市场的电动 SUV 汽车 Model X。在生产规模化和供应链管理方面,特斯拉持续采取垂直整合策略,控制了从电池制造到整车装配的多个关键环节。这种整合不仅提高了生产效率,还增强了公司对供应链的控制力,减少了对外部供应商的依赖。为了支持大规模生产并降低电池成本,特斯拉与松下合作,在内华达州建设了首个超级工厂。这个工厂专注于锂离子电池和电动车零部件的生产,是特斯拉实现大规模生产和成本控制的核心设施。在生产过程中,特斯拉采用了精益生产方法,持续优化生产流程,提高生产效率和产品质量。特斯拉的生产线具有高度的柔性,可以根据市场需求快速调整生产节奏和切换车型,满足不同市场的需求。在 Model S 和 Model X 的开发和生产过程中,高额的研发投入和生产扩展带来了现金流压力,特斯拉面临着巨大的资金需求。不过,特斯拉通过持续的融资和资本市场操作,成功应对了这些挑战。2010 年,特斯拉成功在纳斯达克上市,成为首家公开上市的电动汽车制造商。通过 IPO,特斯拉募集了大量资金,用于支持后续的研发、生产和市场扩展。

在市场策略方面,特斯拉选择了直接销售模式,对销售渠道进行了创新。特斯拉打破了传统汽车行业依赖经销商网络的销售模式,选择通过直营店和在线平台直接向消费者销售车辆。这种模式不仅简化了销售流程,还减少了中间环节的成本,提高了消费者的购买体验。特斯拉在全球范围内开设了直营店和体验中心,消费者可以直接试驾车辆并获得产品咨询。这些体验中心通常设立在高端购物中心或城市核心区域,帮助特斯拉接触更多潜在客户并提升品牌形象。此外,特斯拉进行在线定制化直销。特斯拉的在线销售平台允许消费者在网上直接定制车辆配置,选择电池容量、颜色、内饰等选项,然后直接下订单。这种在线直销模式为消费者提供了更多的透明度和便利性。在市场教育与品牌建设方面,特斯拉采取了颠覆性的广告策略。特斯拉基本不使用传统的电视广告或户外广告,而是通过口碑营销和社交媒体传播来吸引客户。特斯拉的市场推广重点之一是强调车辆的高科技属性和环保价值。公司通过展示其领先的电动技术和自动驾驶功能,以及其对可持续发展的承诺,吸引了对技术感兴趣和有环保意识的消费者。特斯拉车主往往成为品牌的忠实拥趸,主动宣传车辆的优点,帮助公司在消费者中建立了良好的口碑。特斯拉定期举办产品发布会和技术展示活动,吸引了大量媒体和公众的关注。每次发布会不仅是新车型和新技术的亮相时刻,也是提升品牌知名度和影响力的重要手段。在客户体验与售后服务方面,特斯拉通过线上平台提供了一站式的购车体验,从选车、定制、支付到交付都可以在线完成。此外,公司通过 OTA(Over-The-Air)软件更新,持续为车主提供新功能和改进,增强了客户体验。特斯拉的售后服务采用直营模式,车主可以直接与特斯拉联系,享受快速的维护和支持,这种模式提高了服务效率和客户满意度。为了满足电车的充电需求,特斯拉广泛建立超级充电站网络,为车主提供便捷的长途旅行充电服务。这些充电站通常位于高速公路沿线和城市枢纽,极大地方便了电动车主的出行。此外,特斯拉还为车主提供家用充电桩安装服务,使得充电变得更加便捷和灵活。特斯拉在美国市场成功后,积极拓展国际市场。公司在欧洲和中国建立了销售网络和服务中心,并为这些市场推出了适应当地法规和消费者需求的车型版本。特斯拉在全球市场扩展过程中,充分利用了各国政府对电动车的补贴政策与各国政府、企业和能源公司建立了合作关系,共同推广电动车的普及和充电基础设施的建设,降低了消费者购买电动车的门槛,提升了市场接受度。这些合作为特斯拉在全球市场的推广提供了重要支持。随着电动车市场的扩大,特斯拉面临越来越多的竞争对手挑战。为了保持领先地位,特斯拉不断加大技术研发投入,并通过持续的产品更新和新车型发布,巩固市场地位。

2017 年左右,特斯拉在中国上海建设了首座海外超级工厂,标志着公司全球生产布局的开始,进入全球研发网络构建与规模化生产阶段。在这个阶段,特斯拉通过一系列战略举措和技术创新,成功将自己从一个创新的电动汽车制造商发展成为全球汽车市场的重要参与者。在技术和服务方面,特斯拉继续推进其自动驾驶技术的发展,推出了更高级的自动驾驶仪(Autopilot)功能和全自动驾驶(Full Self-Driving,FSD)选项。这些技术使车辆能够在不同驾驶条件下实现更高程度的自动化。特斯拉在电池技术方面持续创新,包括开发新的电池化学成分、提高能量密度和降低成本、探索固态电池技术。超级充电网络的建设也是特斯拉全球扩张战略的重要组成部分。除了电动汽车,特斯拉还扩展了其能源产品线,包括太阳能屋顶和家用储能系统。这些产品的推出标志着特斯拉在能源领域的进一步拓展。在海外布局方面,特斯拉采取本地化策略,建立全球超级工厂,工厂分布如表 2-1 所示。本地化生产不仅降低了特斯拉的生产和物流成本,还规避了贸易壁垒,提升了在海外市场的竞争力,进而实现了国际市场的扩展和生产能力的提升,使得业务快速增长,市场份额显著提升。例如,2019 年,特斯拉在欧洲市场推出 Model 3。这款车型针对中端市场进行设计,具有更高的性价比,旨在吸引更广泛的消费者群体。这段时期,特斯拉在德国柏林附近选址建立了超级工厂(Gigafactory Berlin),以便更好地服务欧洲市场。该工厂大幅提升特斯拉在欧洲市场的生产能力,并减少了进口税和物流成本。特斯拉在生产流程中大量采用自动化和智能化技术,包括机器人焊接、自动化装配和数据驱动的质量控制。这些技术的应用提高了生产效率,降低了生产成本,并提高了产品质量。与此同时,特斯拉建立了全球供应链管理体系,确保关键零部件的供应和生产的连续性。公司与供应商建立了紧密的合作关系,通过供应链整合提升生产效率和成本控制。这些举措使得特斯拉在这一阶段实现了连续几个季度的盈利,标志着公司从初创阶段走向成熟阶段。这一阶段的成功不仅巩固了特斯拉在电动汽车行业的领导地位,也对全球汽车行业产生了深远的影响,使得全球汽车行业向电动化和可持续发展转变。

表 2-1 特斯拉公司超级工厂建设概况

| 超级工厂序号(地址) | 情况简介 |
| --- | --- |
| Gigafactory 1(内华达州) | 主要生产锂离子电池和电池组,为特斯拉的电动汽车提供核心组件。该工厂的建设大幅提升了电池的生产能力,并帮助降低了电池成本。随着电动车市场需求的增长,Gigafactory 1 不断扩展生产能力,并增加了更多的生产线和设施 |
| Gigafactory 2(纽约州) | Gigafactory 2 主要生产太阳能面板和太阳能屋顶,标志着特斯拉在能源产品领域的扩展 |

（续表）

| 超级工厂序号（地址） | 情况简介 |
|---|---|
| Gigafactory 3（上海） | 特斯拉在海外的首个超级工厂，旨在满足中国市场对 Model 3 和 Model Y 的需求。该工厂的建设和运营显著提升了特斯拉在中国市场的生产能力，并助力公司进一步拓展市场份额 |
| Gigafactory 4（德国柏林） | 旨在服务欧洲市场，生产 Model Y 和 Model 3。该工厂的建设将大幅提升特斯拉在欧洲市场的生产能力，并减少对进口的依赖 |
| Gigafactory 5（得克萨斯州奥斯汀） | 主要用于生产特斯拉 Cybertruck 和其他车型。该工厂的建设不仅增强了特斯拉的生产能力，还帮助公司在皮卡市场和其他新兴市场领域拓展业务 |

特斯拉的成功为其他电动车制造商提供了重要的参考。在整个发展过程中，特斯拉持续贯彻开放式创新的理念，整合内外部资源，推动技术进步和市场拓展。在早期探索阶段，特斯拉进行了技术引进与合作研发。特斯拉引进了原有电动车的技术和理念（例如从电池、电机到充电系统），并在此基础上进行改进。马斯克曾多次提到，特斯拉在早期借鉴了其他公司在电动车领域的技术经验。同时，公司与多个合作伙伴共同进行技术研发。比如，公司与松下合作开发了高性能的锂离子电池。这种合作关系不仅带来了技术支持，还帮助特斯拉克服了电池技术的挑战。并且，特斯拉的早期技术探索是基于市场需求的，特斯拉通过对电动汽车市场的调研，发现了市场上对高性能电动车的需求，进而决定开发高端电动汽车，基于市场需求的技术探索是开放式创新的重要特点。在产品化与市场开拓阶段，特斯拉进行了大规模的内部研发，包括电池技术、驱动系统和智能化功能的开发。公司结合市场反馈和用户需求，推出了 Model S 和 Model X，展示了其在产品开发中的开放式创新实践。在产品开发过程中，特斯拉邀请用户参与测试，以便获取真实的使用反馈并进行优化，并通过社交媒体和线上社区与用户进行互动，获取他们对产品的反馈。这种方式帮助公司更好地理解用户需求，改进产品设计。在这一阶段，特斯拉于 2014 年宣布将其

电动汽车相关专利向外界开放，这一举措鼓励了其他企业在电动汽车领域的创新和发展。这种开放式创新的策略帮助公司提升了整个电动车生态系统的合作与发展。在数字化转型与平台驱动创新阶段，特斯拉利用车载数据和用户反馈，推动了自动驾驶技术的进步。公司通过不断收集和分析用户数据，优化了自动驾驶算法和车辆功能，通过 Over-the-Air（OTA）技术向车辆推送软件更新，持续改进车辆性能和功能。这种方式使公司能够迅速响应用户需求和技术变化。在平台化战略方面，特斯拉构建了强大的软件平台，包括自动驾驶系统、娱乐系统和能源管理系统。通过软件平台，公司能够整合不同技术模块，实现系统的高效协同。特斯拉不仅关注电动汽车，还涉及太阳能、储能和智能家居等领域。公司通过构建多元化的创新生态系统，推动不同业务模块之间的协同创新。与此同时，特斯拉与各类合作伙伴建立了广泛的合作关系，包括技术公司、能源公司和政府机构。通过开放合作，公司能够整合外部资源，推动技术创新和市场拓展。特斯拉积极参与电动汽车和可再生能源社区的建设，与其他企业和组织共同推动行业的发展。总体而言，特斯拉公司在企业初创与早期探索阶段通过技术合作和市场洞察进行创新；在产品化与市场开拓阶段通过用户参与和开放专利推动技术进步；在全球扩张与规模化生产阶段，通过全球合作、开放生态系统和大规模生产实现了业务的快速增长；在平台驱动创新阶段，通过数据驱动、软件平台和开放合作进一步推动了公司的技术和业务发展。这些开放合作、知识共享和行业协作的实践，促进了以特斯拉公司为核心的整个创新生态系统的演化和进步。

## 二、海尔：打造嵌套内外生态的创新平台

海尔公司将"以无界生态共创无限可能"作为最新的品牌口号，力图打造物联网生态品牌。本小节聚焦海尔公司的实践案例，介绍核心企业如何通过平台化转型，塑造开放式创新生态系统。海尔自 1984 年开始创业，经历了名牌化战略、多元化战略、国际化战略、全球化品牌战略、网络化战略，以及自 2019 年至今的生态品牌战略六个阶段。在名牌化阶段，海尔通过与德国利勃海尔公司合作，引进亚洲第一条四星级电冰箱生产线，强化质量意识，在国内市场获得认可，并通过国际招标和获得国际认证等方式为走上国际市场道路奠定基础。到

1991 年,海尔集团正式成立,海尔进入多元化战略阶段。在这个阶段,海尔建立了第一个工业园,通过 ISO9001 国际质量体系认证,并在上交所挂牌上市。此后,海尔通过兼并收购等方式,实现了规模扩张和多元化经营,并开启了国际化战略。1998 年,海尔进入英国《金融时报》"亚太地区最具信誉的企业"第七位。2000 年 3 月,第一台美国制造的海尔冰箱下线。2001 年 6 月,海尔集团并购意大利迈尼盖蒂公司的一家冰箱厂,这是中国白色家电企业首次实现跨国并购,继美国海尔之后,海尔在欧洲也实现了设计、制造、营销"三位一体"的本土化经营。随后,海尔在全球市场的成功拓展使得其品牌能够实现全球化,并从全球招揽创新人才为品牌服务。2010 年前后,海尔意识到互联网时代的制造模式正在从大规模制造向大规模定制转变,家电行业过去的标准化工业产品正在被彰显个性的产品替代,商业模式随之发生转变,从原先的分工式向共创共赢的分布式转变,因此海尔持续打造"人单合一"的双赢文化,"人"指海尔员工,"单"指用户价值,"人单合一"即每个员工都有自己的价值,激发员工自我驱动、自主创新,使员工的价值实现与所创造的用户价值合一。这样的内部治理结构变化使得海尔迈向了开放式创新的道路。海尔自 2009 年开始搭建开放创新平台——HOPE(Haier Open Partnership Ecosystem)平台。2013 年 10 月,海尔集团上线了 HOPE 平台,致力于建设全球化无边界的创新生态系统和全流程创新交互社区。同年,海尔宣布正式进入网络化战略阶段,企业开始向平台型服务组织转型,为创客提供资源服务。HOPE 平台先后经历了多次升级,从最初的线上版开放创新中心,迅速转变为具备创新新闻发布和创新社区交流功能的双向沟通平台,此后又在 2015 年提出创新合伙人理念,将参与创新的单元从机构细化到个人,从创新需求发布功能迈向资源匹配功能。2019 年后,连通性成为海尔的战略核心,海尔从产品品牌迈向生态品牌。根据海尔 2022 年欧洲发布会数据,海尔在全球拥有十几万名员工,进入了一百六十多个国家或地区的市场,在全球拥有 1.15 亿注册用户,这意味着有 1.15 亿个家庭使用了海尔的智能产品。海尔的品牌组合也十分丰富,比如拥有全球化高端品牌卡萨帝(Casarte)、在北美打造的本土品牌 Fisher&Paykel 以及在欧洲市场拥有品牌 CANDY。海尔在全球冰箱、洗衣机等多种家电市场上占有率均超过五分之一。到 2024 年,海尔已经在全球设立了 10 大研发中心、71 个研究院、35 个工业园、143 个制造中心和 23 万个销售网络。

如今,海尔的企业使命是成为生态经济的引领者,借助于平台的无边界性和网络的快速延展性,海尔的创新生态系统发展迅速,海尔通过 HOPE 平台服务行业包括家电、能源、健康、日化、汽车、烟草、材料、智慧家居、生活家电等二十多个大的领域,覆盖了 100 余个核心技术领域,为创新生态系统接入社群专家超 12 万名,全球可触达创新资源超过 100 万个,为系统内数万个参与主体提供创新服务,孵化出了诸多估值过亿的小微企业。与一般的企业主导型开放式创新生态系统相比,海尔所构建的创新生态系统具有以下两个特点:

第一,核心企业内部治理高度契合开放式创新生态系统的构建。一般而言,嵌入到开放式创新生态系统中的企业是一个独立的个体,被视作一个封闭的节点,核心企业作为生态系统的中心节点也是如此。然而,海尔通过调整内部治理,在企业内部先行构建了一个内部创新生态系统,这使得海尔在采取开放式创新范式时,能够更加深度嵌入外部创新生态系统。在治理结构方面,首先,海尔将自身转变为平台型组织,在 HOPE 平台(技术资源交互平台)上线之后,海尔先后搭建了 COSMOPlat(智能制造平台)、U+(智能家居信息共享平台)等平台。其次,海尔将传统的职能部门、附属公司等都转化为拥有高度自治权、自负盈亏的小微企业,整个企业变成了由近 4 000 个小微企业构成的"精英舰队",小微企业成为内部创新生态系统的独立节点。因而,一方面,海尔作为核心主体,是自身所打造的创新生态系统中的主要参与者。另一方面,海尔自身内部也是一个生态系统,企业内部的部门和小微可以作为独立主体参与外部创新生态系统的活动,形成了平台式生态系统嵌套的现象。在治理机制方面,一是采用内部竞争机制,海尔通过引入内部市场链和内部交易对赌等手段,使得内部机构或企业之间依靠契约制度进行联系,内部资源分配遵循市场交易原则而不依靠权威分配。例如,海尔的研发部门有偿为生产线解决产品技术问题,双方依据合同进行交易。如果研发部门所提供的服务比不上外部创新生态系统中的其他企业,生产线可以选择与其他企业合作来控制自己的运营成本。二是采用科层生态治理机制,海尔自身对内部创新生态系统的成员实行基于科层权威的生态治理。比如,冰箱产业线的小微企业作为独立个体可以自由参与外部创新生态系统活动,但海尔同时通过分级接口人等制度对其活动进行治理和控制。同时冰箱产业线的小微企业是外部创新生态系统的成员,海尔鼓励内外部生态环境的互通,实现双重身份下的嵌套协同。

第二,核心企业打造加深内外部创新生态系统嵌套的创新平台。海尔利用HOPE 平台构建了一个融合内部与外部资源的开放式创新生态系统。在这一系统中,参与者被划分为两大类别:用户和技术(产品/服务)供应商,他们能够通过海尔搭建的交流平台进行互动与合作。海尔的创新生态系统中,价值创造主要通过三种途径实现:用户和技术供应商通过海尔的平台直接互动,共同创造价值;用户、技术供应商与海尔共同合作,由海尔的内部部门执行具体活动,以促进价值的产生;内部生态系统的参与者,主要是小微组织,根据自身的发展需求,直接与用户或供应商合作,以实现价值创造。为确保系统的高效运作,海尔建立了一套内外部供需匹配机制。在技术需求方面,海尔建立了一个专门的信息库,用于收集来自内外部生态的技术需求。外部需求通过建立领先用户社群等方式被引入,而内部需求则通过内部交易机制被纳入需求库。在技术供给方面,海尔拥有一套完善的技术资源收集和处理体系。HOPE 平台和超前研发中心负责管理组织内部的技术资源,同时为不同属性的外部技术资源设立了专门的流入渠道。新颖的产品、服务创意或前沿技术信息将被送至超前研发中心进行验证,而成熟技术则直接进入 HOPE 平台的技术资源库,供生态系统内的各方使用。HOPE 平台由三个核心团队组成:GRI 团队负责全球技术资源的搜索和对接;Agent 团队负责全球创新合伙人网络的建设,对接科学家资源;TTM团队负责了解产业线及其他生态主体的需求,进行技术匹配和资源分配。这些供需匹配系统使得海尔的内外部生态能够协同运作,聚集了大量需求和技术供给资源,显著扩展了创新合作网络,并实现了创新要素和资源的高效利用。通过这种创新的治理和运营模式,海尔集团不仅提升了自身的创新能力,也为整个行业的发展树立了新的标杆。

在 HOPE 平台之外,海尔还于 2014 年 5 月设立了海创汇平台,进行科技与创业孵化,实现融合创新。海创汇平台是孵化创客的创业平台,是一个开放的分享式创业平台,海创汇创立之初只面向海尔的内部员工,后期不断地进行资源整合与服务扩展。平台上先后涌现出雷神科技、小帅影院、海融易、易冲无线、涂鸦智能等明星项目。截至 2024 年 6 月,海创汇平台已经孵化 12 家上市公司，107家瞪羚企业和175家专精特新"小巨人"。海创汇作为海尔集团旗下的创新创业平台，秉持开放共享的理念，全面开放海尔的研发体系、供应链体系、销售网络、物流系统及全方位服务资源，旨在为创客群体提供深度且全面的产业资源对接服务。比如，海尔通过开放其先进的供应链资源，直接为创客降低生产成本至少30%，显著提升了创业项目的市场竞争力。同时，海尔还开放了庞大的线上线下销售渠道，包括3万家实体门店和30万家线上微店，为创客迅速打开市场、扩大品牌影响力提供了强有力的支持。在物流方面，海尔已构建的覆盖全国的24小时送达物流网络能力，为创业者提供了高效、准确的物流服务，确保了产品能够迅速、安全地送达消费者手中。此外，海尔遍布全国的服务网点，更是使得创业企业能够提供即时响应的上门服务，大大提升了客户满意度和品牌忠诚度。海创汇深刻洞察创客群体的多元化需求，围绕创新创业的全过程，精心打造了分享服务、产业服务和生活服务三大板块。分享服务方面，海创汇通过设立创客学院、创客金融、创客空间和创客服务中心，为创客提供从知识学习到资金支持，再到办公空间和工作服务的全方位支持。产业服务则涵盖了创新技术引入、创客工厂支持、渠道拓展和营销策略制定等关键环节，助力创客实现从创意到产品的快速转化。生活服务领域，海创汇依托向日葵来了、全掌柜和U＋智慧平台，为创业者及其家庭提供基于物联网技术的O2O育儿、养老、家政服务以及保险规划服务，同时通过U＋智慧生活平台，为物联网时代的智慧家庭提供全场景生态解决方案，展现了海尔在智能家居领域的深厚积累和前瞻布局。在此基础上，海创汇创新性地构建了三种创客孵化模式。第一，集团内部孵化团队模式。这种模式鼓励海尔集团内部员工基于集团业务进行创新创业，既促进了内部创新，又保持了业务连续性。比如，"日日顺乐家"即是海尔内部员工创业的案例，从"人＋柜/店＋服务"的社区服务生态和互联农场生态切入，通过便宜、便捷、诚信，将社区做成社群，经过多年发展，日日顺乐家已在全国96个城市拥有6万个社区小管家网络（快递柜、社区店和小管家），覆盖会员用户9 100多万。第二，离群孵化模式。这种模式为离开海尔但仍怀揣创业梦想的前员工提供了机会，他们可以利用海创汇的资源进行创业，并在达到一定标准后被海尔集团回购，实现了人才与资源的有效循环。第三，众筹孵化模式。这种模式通过与众筹平台、创业者和投资者等合作伙伴的合作，根据市场需求精准匹配创业项目,将用户转化为合伙人,共同推动项目成长。这些孵化模式均全面开放创新创业资源,帮助创新者将前沿技术转化为市场化产品,最终助力其成长为成功的创业家和企业家。无论是 HOPE 平台还是海创汇,都是海尔"10+N"创新生态体系中的一环。"10"是指海尔的 10 大全球研发中心。"N"则是由创新中心和创新合伙人构成的一个个创新网络节点。海尔通过散布在全球的研发中心不断加深与世界各地专家和创新伙伴的联系,使得创新输入端能够不断产生新的创意和可供孵化的项目。在输出端,通过将用户打造成生态中的创造者,使得用户自主参与到创新应用过程中,最终实现所有创新节点融合,为用户创造价值,共享增值。

# 第四节　企业开放式创新典型案例的经验启示

通过对企业开放式创新实践的典型案例分析,可以得到如下启示。

第一,在宏观机会方面,随着信息技术的飞速发展和全球经济一体化发展的不断深化,产品和技术的复杂度不断提升,知识技术离散化、多元化和专有性不断加剧,需要注意企业的创新不再是单个组织的任务,而是横跨多个组织构成的创新生态系统的任务。与此同时,开放自身的创新过程在软件、电子、电信、医药、生物技术、装备制造等高技术产业中已经越来越流行,同时批发、零售、贸易、服务等低技术产业中的大批企业也在利用开放式创新,因此开放式创新已经不是某些企业的"专有权",而是当前的普遍性、常态化的现象。在开放式创新的实践过程中,强调对组织内部和外部的资源以及市场化渠道的同时利用,这并非零和博弈,而是将整个系统的"蛋糕做大",从而促进系统内的主体共同受益。因此,企业应该加速尝试构建和健全以自身为核心的开放式创新生态系统。

第二,在实践开放式创新的过程中,必然经历多个阶段。核心企业的初始禀赋和目标决定了创新模式发展所处的具体阶段。当核心企业还处于技术跟随状态时,其采取的开放式创新模式一般以内部依赖为主,在面临技术困境时以一定程度的技术吸收能力获取互补型企业的技术资源。从开放式创新生态系统的视角看,此时仅是系统的萌芽阶段。当核心企业具备较强的技术水平和吸收能力时,其采取的开放式创新模式一般以主导参与为主,此阶段是开放式创新生态系统基础框架搭建阶段。当核心企业逐渐具备平台能力时,其采用社群共创的开放式创新模式,以其为主导的开放式创新生态系统进入系统整合阶段。

第三,创新生态系统的结构并不是一成不变的,尽管大部分企业都将自身看成是系统中一个封闭的节点,但也有像海尔那样为了构建开放式创新系统而将组织架构向平台型转变的企业。组织架构向平台型转变确实可以从一定程度上加大核心企业的开放程度,但也十分考验核心企业的治理能力。因为开放也意味着组织边界更为模糊,削弱了开放式创新生态系统中核心企业的合法性地位。比如,宝洁就是一个反面例子。因而,开放式创新的实践实际上是资源互补与自我发展之间微妙平衡的艺术,必须要在合适的情境下采用恰当的开放式创新模式。

# 第三章

# 国有企业视角下的开放式创新

本章回答"为什么要践行开放式创新"的问题。本章首先梳理国有企业,尤其是中央企业在国家创新战略实施和国家创新体系建设中肩负的使命任务,并从深化多链融合、争创世界一流、承担社会责任等层面阐述了国有企业施行开放式创新的必要性。同时,本章将目光聚集能源央企,分析了能源央企创新活动面临的制度、技术和市场环境。在制度环境方面,与激发创新活力不相适应的制度正在发生改变,不论是国资监管还是公司治理,国有企业创新都得到了越来越多的支持。从能源行业自身看,全球能源向绿色低碳转型,国内新型能源体系建设落脚于新型电力系统的构建,对能源电力央企提出了创新要求。最后,全球技术变革和创新网络连通性的增强,使得能源央企越来越有必要和有可能践行开放式创新。

## 第一节 国资央企肩负的使命任务

### 一、国家创新战略与国资央企定位

党的十八大以来,创新作为引领发展的第一动力受到高度重视,被摆在国家发展全局的核心位置。十八大报告明确提出,科技创新是提高社会生产力和综合国力的战略支撑,要实施创新驱动发展战略。2016年,中共中央、国务院印发《国家创新驱动发展战略纲要》,提出"创新强则国运昌,创新弱则国运殆",明确国家力量的核心支撑是科技创新能力,实现中华民族伟大复兴的中国梦必须用好科学技术这一革命力量和有力杠杆,并将国家创新战略长期目标设定为到2050年,建成世界科技创新强国,成为世界主要科学中心和创新高地。国家创新驱动发展战略涵盖了多方面内容。产业技术体系创新方面,要推动工业化和信息化深度融合,发展新一代信息网络技术,智能绿色制造技术,以及推动制造业向价值链高端攀升;原始创新方面,要加强基础研究前瞻布局,实现关键核心技术安全、自主、可控,并大力支持自由探索的基础研究,建设一批支撑高水平创新的基础设施和平台;区域创新布局方面,要构建各具特色的区域创新发展格局,构建跨区域创新网络,整合跨区域创新资源,等等。其中,特别提到了要壮大创新主体,明确各类创新主体功能定位,通过培育世界一流的创新型企业、建设世界一流的大学和学科、建设高水平的科研院所,来不断培育具备高水平创新实力的创新主体。作为创新主体之一,企业在科技创新中的作用越来越受到重视。在国家创新战略的实施过程中,《财政部 国家税务总局 科技部关于完善研究开发费用税前加计扣除政策的通知》《科技部 财政部 国家税务总局关于修订印发〈高新技术企业认定管理办法〉的通知》等政策文件不断推动企业研发费用加计扣除、高新技术企业税收优惠等普惠性政策落地,引导企业加强关键核心技术攻关,建立企业常态化参与国家科技创新决策的机制。2017年,党的十九大报告中再次提到要加强建设创新型国家,并指出创新是建设现代化经济体系的战略支撑,要深化科技体制改革,建立以企业为主体、市场为导向、产学研深度融合的技术创新体系,加强对中小企业创新的支持,促进科技成果转化;并提出要以"一带一路"建设为重点,坚持引进来和走出去并重,遵循共商共建共享原则,加强创新能力开放合作,形成陆海内外联动、东西双向互济的开放格局。近年来,随着基础研究和原始创新不断加强,一些关键核心技术实现突破,战略性新兴产业发展壮大,我国进入创新型国家行列。

在党的二十大报告中,擘画了全面建成社会主义现代化强国、以中国式现代化全面推进中华民族伟大复兴的宏伟蓝图,并在新的历史起点上指出要"完善科技创新体系,坚持创新在我国现代化建设全局中的核心地位,健全新型举国体制,强化国家战略科技力量,提升国家创新体系整体效能,形成具有全球竞争力的开放创新生态"。同时,党的二十大报告还提出要加快实施创新驱动发展战略,坚持四个面向(面向世界科技前沿、面向经济主战场、面向国家重大需求、面向人民生命健康),加快实现高水平自立自强;加强企业主导的产学研深度融合,强化目标导向,提高科技成果转化和产业化水平。强化企业科技创新主体地位,发挥科技型骨干企业引领支撑作用,营造有利于科技型中小微企业成长的良好环境,推动创新链产业链资金链人才链深度融合。企业作为科技创新的"出题人""阅卷人""答题人",主体地位持续得到彰显。党的二十届中央全面深化改革委员会第一次会议审议通过了《关于强化企业科技创新主体地位的意见》,强调推动形成企业为主体、产学研高效协同深度融合的创新体系,进一步明晰了企业在高水平科技自立自强中的重要地位作用。截至2023年年底,在401.5万件国内发明专利中,企业有效发明专利占比首次超七成;2023年企业发明专利产业化率首次超过50%。2024年7月,党的二十届三中全会将"强化企业科技创新主体地位"列为"深化科技体制改革"的重要内容并提出明确要求。

国有企业作为国之重器,是推动新质生产力发展的主力军,国有企业创新能力的提升对于推动整个国家的科技进步和产业升级起到重要作用。近年来,国有企业的总体规模呈现持续扩张的态势。根据国务院国资委全国国有及国有控股企业经济运行情况数据显示,2024年1－6月全国国有企业营业总收入达408 330.1亿元,增长1.9%。然而,利润情况却表现出一定的波动性。部分传统行业的国有企业在面临市场竞争加剧和成本上升的压力下,利润有所下滑;而一些新兴领域和具有核心竞争力的国有企业,利润则保持了良好的增长态势。综合来看,国有企业的效益水平仍有待进一步提高,增长趋势也需要更加稳定和可持续。国有企业在众多行业中均有广泛分布,涵盖了能源、交通、通信、金融、制造业等关键领域。在能源行业,国有企业在石油、煤炭、电力等方面占据主导地位,为国家能源安全提供了有力保障。交通领域,铁路、公路、航空等基础设施建设中,国有企业发挥着重要作用。金融行业中,国有银行和大型金融机构在稳定金融市场、支持实体经济方面表现突出。制造业方面,国有企业在高端装备制造、航空航天等重点领域不断取得突破。但在一些充分竞争的行业,如消费品制造等,国有企业的市场份额相对较小。重点领域的发展现状方面,新兴产业如新能源、新材料等领域,国有企业正加大投入,但在技术创新和市场响应速度上仍面临挑战;传统制造业的转型升级任务艰巨,需要进一步提高生产效率和产品质量。

党的二十大作出"深化国资国企改革,加快国有经济布局优化和结构调整,推动国有资本和国有企业做强做优做大,提升企业核心竞争力""完善中国特色现代企业制度,弘扬企业家精神,加快建设世界一流企业"等重大部署。习近平总书记高度重视新时代国有企业改革,亲自谋划、部署和推动国企改革1+N政策体系和国企改革三年行动方案。2022年12月15日,习近平总书记在中央经济工作会议上的重要讲话中指出,我国经营性国有资产规模大,一些企业资产收益率不高、创新能力不足,同国有资本和国有企业做强做优做大、发挥国有经济战略支撑作用的要求不相适应。因而,国有企业创新能力提升是新一轮国资国企改革的重点内容。

为了全面贯彻党的二十大精神和中央经济工作会议部署,国务院国资委党委书记、主任张玉卓在国有企业对标开展世界一流企业价值创造行动启动会议中指出,用好提升核心竞争力和增强核心功能这两个途径,以价值创造为关键抓手,扎实推动企业高质量发展,加快建成世界一流企业,为服务构建新发展格局、全面推进中国式现代化提供坚实基础和战略支撑。从战略支撑角度看,国有企业作为国家经济的重要支柱,承担着保障国家经济安全、推动国家重大战略实施的使命,要深度融入国家创新体系,推动国家创新发展战略加快实施。从资源整合角度来说,国有企业通常拥有较好的金融资源、先进的技术设备以及丰富的人才资源,在创新过程中能够有效地整合各方资源,搭建创新平台,促进产学研深度融合。正因如此,强化国有企业的创新主体地位,有助于将科技研发能力转化为经济发展实力,提升国家在全球科技竞争中的地位,对国家长期发展具有重大而深远的意义。2022年2月28日,中央全面深化改革委员会第二十四次会议审议通过了《关于推进国有企业打造原创技术策源地的指导意见》,对国有企业科技创新能力提升提出要求,强调要提升国有企业原创技术需求牵引、源头供给、资源配置、转化应用能力,打造原创技术策源地。2023年6月,国务院国资委印发《国有企业改革深化提升行动方案(2023—2025年)》,特别强调了此次"新三年行动"中,要突出抓好以更好服务国家战略为导向的功能性改革。一是完善科技创新机制,更好服务实现高水平科技自立自强;二是优化国有经济布局,更好促进现代化产业体系建设;三是强化重点领域保障,更好支撑国家战略安全。并明确提出完善国有企业科技创新机制,加快实现高水平自立自强;聚焦国家重大需求,建设50家左右由国有科技领军企业牵头的体系化任务型创新联合体,引导完善利益分配和风险防控机制,通过择优定向委托、"揭榜挂帅"等方式承担国家和行业重大科技项目。党的二十届三中全会审议通过的《中共中央关于进一步全面深化改革、推进中国式现代化的决定》对深化国资国企改革进行了全方位部署,专门提出"健全国有企业推进原始创新制度安排"。央企作为国有企业中的重点和骨干企业,更应当积极推进改革创新。能源关系着国计民生,能源央企面对新一轮技术革命,更是要担当起国民经济的压舱石和顶梁柱,要进一步聚焦科技创新、产业控制、安全支撑等功能,在建设中国式现代化征程中发挥领头羊作用。

## 二、深化多链融合与开放创新

党的二十大报告对推动创新链、产业链、资金链、人才链的多链融合提出了要求,并将其作为加快实施创新驱动发展战略的新路径。从创新体系构建的角度看,创新链、产业链、资金链、人才链多链融合就是要加快知识、技术、资金、人才等创新要素的聚集融合和相互作用。创新型企业、科研院所、政府和生产性服务业机构等主体的交流合作,体现了多链融合的本质,在中观和宏观层面构成区域创新生态系统和国家创新生态系统。党的二十大报告同时提出了要"构建出中国特色国家创新体系""提升国家创新体系整体效能"。这既要求国家创新体系具有较高的投入产出绩效,也要求体系结构和模式不断得到优化完善。在国家创新体系中,创新政策和市场环境构成软要素,创新主体和创新支撑机构之间的交互活动,促进创新要素流动和四链整合,推动体系运行。因而,创新主体的重要性无须多言。企业是国家创新体系中的核心创新主体。创新链是从基础研究到成果转化的全过程,企业一般承担科技成果转化和推广应用角色。产业链是产品从要素生产到消费应用的全过程,企业以市场需求为导向,通过产品供给进行职能分工、技术关联和信息交换。资金链是资金周转运行和参与创新投入的全过程,企业通过价值增值实现对创新投入的加大。人才链是人力资源培育、引进、实践的全过程,企业提供人才培养的平台。

要持续推动多链深度融合,需要发挥好龙头企业的带动作用,围绕产业链部署创新链、围绕创新链布局产业链,优化资金链、完善人才链。近年来,央企打造原创技术策源地、发挥现代产业链链长作用,已经在积极整合资源,加强在科技创新中的引领支撑作用。央企通常在产业链中扮演核心角色,为了更好体现其具备的独特优势,有必要在强化创新主体地位的前提下,关注开放创新生态的培育,加强与其他企业、行业、地方政府等各方的跨界合作与交流。比如,中国建材构建新材料产业创新发展联盟,吸引了不少行业领军企业和高校院所;中国华能创新研发合作模式,设立首只 10 亿元规模科创基金,组建 650 摄氏度高温材料等 4 个创新联合体;等等。中央企业在集聚创新要素、深化创新协同、促进成果转化、优化创新生态上持续下功夫,充分发挥自身优势,才能促进"四链"深度融合,快速形成新质生产力,推动经济高质量发展。只有不断加强科技创新、优化产业布局、充分利用金融资源、建立人才培养与引进机制、加强跨界合作,中央企业才能在全球经济竞争中保持领先地位,为国家经济发展注入新的动力和活力。

### 三、争创世界一流与开放创新

党的二十大报告提出要"完善中国特色现代企业制度,弘扬企业家精神,加快建设世界一流企业",并将其作为构建高水平社会主义市场经济体制的重要任务。党的二十届三中全会进一步明确,要"完善中国特色现代企业制度,弘扬企业家精神,支持和引导各类企业提高资源要素利用效率和经营管理水平、履行社会责任,加快建设更多世界一流企业"。自 2018 年起,国务院国资委就遴选基础条件较好、主营业务突出、竞争优势明显的一批中央企业,开展创建世界一流示范企业工作。2023 年国务院国资委组织中央企业和地方国资委同步开展创建世界一流示范企业和专精特新示范企业"双示范"行动,两百余家国有企业入选"双示范"名单。在此过程中,国资央企围绕改革深化、自主创新、开放合作等方面,不断提高核心竞争力和增强核心功能。

在世界一流企业推动产业高质量发展道路上,国资央企勇扛使命、勇闯新路、勇当先锋,奋力打造新时代"世界一流企业"新标杆。

第一，以国之大者的站位，深刻领会打造新标杆的政治内涵。站在"两个一百年"奋斗目标的历史交汇点，世界一流企业对我国科技孵化和产业赋能等方面探索实践具有高度的示范引领作用。国有企业必须坚决贯彻中央重大决策部署，胸怀"国之大者"，做到"两个维护"，把打造"世界一流企业"新标杆作为检验政治判断力、产业领悟力、资本执行力的重要标准。

第二，以当仁不让的姿态，切实把握打造新标杆的历史机遇。随着深入开展对标世界一流企业管理提升行动，凝聚起"谋变图强"的强大领军企业力量，对标管理功能已进入"爬坡过坎"到"蓄势突破"的新阶段，呈现出良好的发展态势。国有企业有条件也有责任在对标管理行动中率先破题突围，努力成为"示范中的示范、标杆中的标杆"。

第三，以清醒有为的担当，矢志践行打造新标杆的初心使命。进入新时代，国有企业与其他所有制资本相比，领先优势逐步弱化，一定程度上制约了产业高质量发展。抓住对标世界一流管理提升行动重大契机，坚持需求导向、问题导向，积极争取难以实现的管理模式创新，着力解决过去难以解决的存量治理瓶颈，让企业红利更多惠及产业发展，奋力开拓世界一流企业推动高质量发展新境界。"世界一流企业"是有话语权、有声誉和有持续性成就的企业，形成难以超越的领先竞争力和"要么第一、要么唯一"的企业辨识度，对产业发展、技术创新、国家经济增长和社会进步等方面能做出突出贡献，可以从"十个突出"来理解世界一流。一是突出规模效应，具备合理的经营规模与良好的经济效益，推动长期平均成本不断下降。二是突出核心功能，全面提升专业整合能力、产业链整合能力、融资能力、战略联盟能力和集团化建设能力。三是突出行业引领，不断追求卓越和高质量发展，在所属行业中具有国际标准制定话语权并引领产业发展方向。四是突出社会责任，更好满足人民日益增长的美好生活需要，在为社会创造财富中获取利益，在构建商业秩序中塑造商业文明。五是突出效益效率，加快转变发展方式，有针对性地抓好提质增效稳增长，切实提高资产回报水平。六是突出创新驱动，提升基础研究能力，加大关键核心技术攻关力度，促进科技与产业有效对接，进一步提高科技投入产出效率。七是突出产业升级，加快布局价值创造的新领域新赛道，加快战略性新兴产业布局，加快传统产业转型升级，更好推进新型工业化。八是突出国家战略，积极对接区域重大战略和区域协调发展战略,巩固在关系国家安全和国民经济命脉重要行业领域的控制地位。九是突出文化凝聚,坚守中华文化底色、汲取国际先进理念、注重多元文化融合,彰显独特的品牌文化,为社会贡献基于"中国方案"的管理思想和价值理念。十是突出全球辐射,积极对接"一带一路"共建国家发展战略,开展多方位、多层次、跨领域的国际合作,提升全球资源配置能力、资本运作能力、供应链管理能力。

从央企自身发展来说,践行开放式创新是争创世界一流的重要举措。中央深改委第二十四次会议提出了"产品卓越、品牌卓著、创新领先、治理现代"的十六字方针,既是建设世界一流企业的标准,也为做强做优做大国有企业设置了目标。世界一流企业需要在全球产业链重要环节保持影响力,并在全球范围内获得行业认可。具体而言,首先,世界一流企业是全球产业链中的领军企业,它们具备顶尖的科研与产品开发实力,不仅引领着行业的发展方向,而且在上下游产业的演进中扮演着至关重要的角色。其次,这些企业在全球市场占有显著份额,通过持续的产品创新与升级,驱动产业升级,进而主导全球市场的动态。此外,这些企业拥有强大的品牌影响力,通过精心打造的品牌战略,不仅维持了竞争优势,还不断巩固和提升了在全球产业链与供应链中的地位,引领着全球行业的进步。最后,它们展现出卓越的价值创造能力,通过自身的发展,为配套企业及同行业伙伴提供了优化供应链、实现产品产业升级的路径,有力地推动了全球产业的升级进程。从世界一流企业的特征中可以看出,企业深度嵌入全球创新网络之中,并占据较高的网络位置。国资央企要争创世界一流企业,必须在坚持科技自立自强的前提下,培育出以自身为核心的开放式创新生态,贯彻长期主义发展理念。

## 四、勇担社会责任与开放创新

在可持续发展的背景下,企业社会责任的实践越来越受到重视。通过这些实践行动,企业不断提升自身的可持续发展能力,同时也为社会和环境带来积极影响,是企业实现长远发展的必然选择。2024 年 6 月,国务院国资委发布《关于新时代中央企业高标准履行社会责任的指导意见》,明确要求中央企业在经营管理全过程中高标准履行社会责任,并指出将 ESG(环境、社会和治理)工作纳入社会责任工作统筹管理。企业社会责任作为企业行为的重要组成部分，强调企业在追求经济目标的同时，主动承担对员工、客户、供应商、社区及环境等多方面的责任。ESG 是综合评估企业可持续发展的新标准，它涵盖了企业在环境保护、社会责任和公司治理三方面的表现。这一标准不仅要求企业关注经济效益，更强调企业在减少环境影响、促进社会福祉和提升治理水平方面的努力。通过 ESG 评价，投资者可以更全面地了解企业的真实价值，从而做出更加明智的投资决策。加强高水平 ESG 信息披露，不断提高 ESG 治理能力和绩效水平，可以增强央企在资本市场的价值认同。推动海外经营机构在海外经营管理、重大项目实施中将 ESG 工作作为重要内容，使得央企有渠道主动适应所在国家、地区 ESG 规范要求，强化 ESG 治理、实践和信息披露，持续提升国际市场竞争力，实现更高程度的开放。国资央企在社会责任履行方面已取得显著成果。以能源行业为例，中央企业是我国能源供应的主力军，承担全国 90% 以上的油气供应，60% 以上的电力供应，25% 以上的煤炭供应，建成覆盖全国的大电网、电信网络。中央企业不计代价稳产增供、稳市稳价，发电企业确保用电高峰发得出、顶得上，煤炭企业带头执行电煤长协机制、全力增产量，电网企业加大跨区余缺互济力度、保用电稳定，石油石化和管网企业积极调度协调、加大油气资源获取力度，确保经济社会发展用能需求。央企在公用事业领域发挥着关键作用，确保了居民生活的基本需求得到满足。

国资央企创新成果能够有力地推动社会责任的进一步履行。一方面，技术创新可以提高资源利用效率，减少环境污染。例如，中冶赛迪集团自主研发的全球首台应用 IGBT 直流电源的超级电炉投入使用，不仅提高了经济指标，还降低了能源消耗和环境污染，为推进节能减排做出了贡献。另一方面，产品创新可以满足社会的多样化需求，特别是在公共服务和民生领域。比如国家石油天然气管网集团有限公司将科技创新应用于绿色经营，推动了供应链的绿色发展，减少了碳排放，履行了环境责任。此外，管理创新能够优化企业的运营流程，提高效率，降低成本，从而使企业有更多的资源投入到社会责任活动中。同时，创新还能为企业带来更多的经济效益，增强企业履行社会责任的能力，形成良性循环。例如中国生物制药在创新转型过程中，制定了 ESG 愿景和治理策略，通过创新推动了公司在疾病治疗、药物可及、环境友好、共赢关系等方面社会责任的履行。

社会责任的履行，要求国有企业进行组织边界重塑，这与国有企业实践开放式创新模式是并行不悖的，很容易就可以观察到二者之间存在相互促进的关系。履行社会责任要求央企与利益相关方进行更多的资源共享和合作。这种合作不仅限于传统的产业链上下游，还可能涉及跨行业、跨领域的协同创新。开放式创新正是通过打破组织边界，实现创新资源的有效整合和利用，从而推动企业和社会的发展。央企积极履行社会责任，通过承担对环境、社区、消费者、员工等利益相关者的责任，促进了信息交流与资源共享，使得企业与各利益相关者建立了良好的合作关系，拓宽了创新的渠道和资源，能够为开放式创新创造有利条件。开放式创新的模式为央企更好地履行社会责任提供了新的途径和动力。通过与外部创新源的合作，央企能够获取更多先进的技术和管理经验，提升自身的创新能力和竞争力，从而有更多的资源和能力去履行社会责任。同时，开放式创新过程中的用户参与和反馈，也促使央企更加关注消费者需求，提供更优质、更符合社会需求的产品和服务，进而履行对消费者的责任。因而，在社会责任视角下，可以从中观层面理解央企所肩负的创新使命任务，并且能够从实践落地层面理解央企创新的模式选择应当逐渐走向开放。比如，央企可以建立双向开放式创新平台（引自全国政协常委、中国核学会理事长王寿君观点），"一方面，国有企业要深入挖掘自身技术创新实际需求，推行'揭榜挂帅'，不管科研人员是企业内部的还是外部的，都可以向他们广泛征集科技成果；另一方面，国有企业要重视自身先进技术成果的积累与梳理，并将适用技术成果转移到其他企业和行业中，带动国内相关企业向产业链价值链的高端汇聚，充分发挥国有企业社会责任"。也就是说，央企采取开放式创新模式，不仅能够促进企业内部与外部的创新资源对接和共享，加速科技成果的转化和应用，还能够通过向其他企业和行业转移适用技术成果，带动整个产业链的发展，实现更广泛的社会效益。这既是央企在企业创新管理层面的进步，也是央企承担任务使命、实现社会责任的必经之路。

## 第二节 国资制度变革带来的机会

### 一、企业创新支持政策概览

针对企业科技创新活动,中央给予高度重视并先后发布多项支持政策。2022 年 8 月 5 日,科技部、财政部印发《企业技术创新能力提升行动方案(2022—2023 年)》,明确了总体要求和行动内容,包括推动惠企创新政策扎实落地、建立企业常态化参与国家科技创新决策的机制、引导企业加强关键核心技术攻关等。2023 年 3 月 29 日,国务院办公厅发布《促进创业投资高质量发展的若干政策措施》,旨在促进创业投资高质量发展,支持创业投资做大做强,强化企业创新主体地位,促进科技型企业成长。2023 年 8 月 9 日,市场监管总局发布《标准创新型企业梯度培育管理办法(试行)》,旨在激发企业在标准、技术、服务及管理互动发展方面的创新活力,培育一批以标准引领高质量发展的先导型、创新型行业标杆企业。2024 年 2 月 2 日,中央经济工作会议指出,要以科技创新引领现代化产业体系建设,强化企业科技创新主体地位,传递出加强科技创新与产业创新融合的重要信号。

现有关于支持企业创新的政策主要可以分为以下几类。一是创新主体培育政策,旨在培育和发展具有创新能力的企业,使其成为技术创新的主体。这类政策通过提供资金支持、税收优惠、研发费用补贴等方式,鼓励企业增加研发投入,提升自主创新能力。比如,《企业技术创新能力提升行动方案(2022—2023 年)》提出,要推动研发费用加计扣除、高新技术企业税收优惠等普惠性政策"应享尽享",加快落实和推广中关村新一轮先行先试改革措施,进一步放大支持企业创新的政策效应。

二是创新环境优化政策,通过改善创新环境,包括法律法规、市场环境、服务体系等,促进企业创新。这类政策致力于打破制约创新的行业垄断和市场分割,改进新技术新产品新商业模式的准入管理,健全产业技术政策和管理制度。比如,《关于创新政府配置资源方式的指导意见》提出,要推进市场化改革,大幅度减少政府对资源的直接配置,创新配置方式,更多引入市场机制和市场化手段,提高资源配置的效率和效益。

三是科技成果转化政策,促进科技成果向实际生产力转化,通过建立科技成果转移转化机制,提高科技成果的转化率和实施效率。比如《企业技术创新能力提升行动方案(2022—2023年)》中提到,要开展促进科技成果转化专项行动,推动各类科技成果转化项目库向企业开放,加快各级科技计划等成果在企业转化和产业化。

四是创新国际化政策,推动企业在全球范围内进行技术创新和合作的政策,这类政策鼓励企业"走出去",参与国际科技合作与竞争,提升国际影响力。比如,《企业技术创新能力提升行动方案(2022—2023年)》提出,支持企业建设海外科技创新中心、离岸创新创业中心等基地,支持有条件的企业牵头成立产业创新领域的国际性社会组织,参与制定国际标准。

五是金融支持创新政策,通过金融手段支持企业创新活动,通过风险投资、银行信贷、债券、保险等金融工具,为企业提供创新资金支持。比如《关于扎实做好科技金融大文章的工作方案》中提出,要引导金融资本投早、投小、投长期、投硬科技,为金融活水浇灌科技创新指明方向。

六是人才引育类政策,旨在促进人才的培养、引进和使用。比如《关于加强新时代高技能人才队伍建设的意见》,提出要完善技能导向的使用制度,建立高技能人才表彰激励机制,并加强多方面政策支持。

此外,产业政策在企业的创新发展中起着关键的引导和约束作用。例如,国家重点扶持的战略性新兴产业政策,引导企业将资源向新能源、高端装备制造、新材料等领域倾斜,推动产业结构的优化升级。这不仅有助于企业提前布局未来具有潜力的产业,还能增强国家在关键领域的竞争力。然而,产业政策也可能对企业形成一定的限制。例如,对于一些产能过剩的传统行业,产业政策可能会限制企业的新增投资和规模扩张,促使其进行转型升级或淘汰落后产能。这对于部分依赖传统业务的企业来说,可能意味着短期内的经营压力和业务调整的挑战。税收政策直接影响着企业的成本。税收优惠政策可以降低企业的税负,增加企业的净利润,从而为企业的发展提供更多的资金支持。例如,对于研发投入较大的企业,税收优惠可以鼓励其加大创新力度。金融政策则影响着企业的资金获取和投资决策。宽松的货币政策和信贷政策可以使企业更容易获得低成本的资金，从而扩大投资规模。相反，紧缩的金融政策可能导致资金获取难度增加，迫使企业更加谨慎地进行投资决策。

除了以上类型的政策外，还有一部分政策与国有企业创新活动紧密相关，这类政策不仅有效支持了国有企业创新活动，还对其他企业的创新实践起到引导作用。近年来，随着国有企业创新工作的重要程度不断提升，这类政策持续涌现。在中央企业层面，国务院国资委将科技创新作为"头号任务"，把中央企业坚决打造成为国家战略科技力量。在具体政策方面，2018年5月国资委与科技部共同印发《关于进一步推进中央企业创新发展的意见》鼓励中央企业参与国家重大科技项目，增加研发投入，发挥创新主体作用，打造协同创新平台，共同推动科技人才队伍建设，深入开展双创工作。同年开启"双百行动"，共选取百余户中央企业子企业和百余户地方国有骨干企业，在2018—2020年期间，全面落实"1＋N"系列文件要求，深入推进综合性改革，在改革重点领域和关键环节率先取得突破。2020年2月，国资委与国家知识产权局联合印发《关于推进中央企业知识产权工作高质量发展的指导意见》，以高质量发展为主线，以提升自主创新能力为根本，以保护企业合法权益为基础，以促进科技成果转化为重点，以激发企业家和科研人员创新创造活力为导向，巩固和增强中央企业知识产权创造、运用、管理能力，不断完善知识产权保护体系，健全体制机制，更好发挥知识产权对中央企业创新发展的支撑作用，为建设知识产权强国作出积极贡献。2020年8月国资委出台《关于加快推进国有企业数字化转型工作的通知》深化国有企业对数字化转型艰巨性、长期性和系统性的认识，强化数据驱动、集成创新、合作共赢等数字化转型理念，营造勇于、乐于、善于数字化转型的氛围。积极推进技术赋能，开展新型基础设施建设，加快关键核心技术攻关，全面推动数字产业化发展，打造制造类、能源类、建筑类、服务类企业数字化转型示范样板。2022年中央全面深化改革委员会第二十四次会议审议通过《关于推进国有企业打造原创技术策源地的指导意见》，指出要推动国有企业完善创新体系、增强创新能力、激发创新活力，促进产业链创新链深度融合，提升国有企业原创技术需求牵引、源头供给、资源配置、转化应用能力，打造原创技术策源地。为落实指导意见，国务院国资委积极开展中央企业原创技术策源地布局建设，截至

2024年4月末,在量子信息、类脑智能、生物制造等多个领域,先后分两批由58家中央企业承建97个原创技术策源地。

## 二、国资监管强调科技思维

深化国资国企改革是国资央企创新支持政策的原点。从国资监管的逻辑看,国有企业创新工作在宏观层面与国有资本布局规划息息相关,在微观层面受到国有企业内部治理机制的深度影响。国资监管制度的改革历程中,国企创新模式也不断发生变化。新中国成立后,我国采取计划经济体制,初步形成了中央高度集中,地方管理为辅,并按照行业设置管理机构的国营企业管理体系,其间经历了收权、放权的多番轮回。改革开放以来,随着计划经济体制向市场经济体制转轨,国资监管逐渐向政企分开、政资分开方向转变。1988年,国有资产管理局成立,作为国务院国资委前身,首次明晰了国有资产的产权概念。但是,出资人职责仍然由多个行政部门分割行使。2002年11月,党的十六大报告中提出要建立管资产和管人、管事相结合的国有资产管理体制。此后,国资监管的新一轮改革拉开了序幕。从2003年至2012年,国资监管构建了集中统一监管模式。2003年,国务院国资委正式挂牌成立,作为代表国务院履行出资人职责和国有资产监管职责的国务院直属特设机构。2003年12月,国务院国资委开始与中央企业负责人签订年度及任期经营业绩责任书,初步构建起"考核层层落实、责任层层传递、激励层层连接"的国有资产保值增值责任体系,形成了"重业绩、讲回报、强激励、硬约束"的国有资产经营管理机制。到2012年,基本形成了以《企业国有资产法》为龙头,以《企业国有资产监督管理暂行条例》为基础的国有资产监管基本框架,以国务院国资委制定的规章、规范性文件及地方国资委制定的规范性文件为具体内容的国有资产监管法规体系,为实现国有资产管理制度创新、推动国有企业改革发展提供了制度保障。

从2013年至2022年,是以管资本为主推进国资监管职能转变的阶段。党的十八大之后,我国进入了市场经济体制的全面深化阶段。2013年11月,党的十八届三中全会提出,完善国有资产管理体制,以管资本为主加强国有资产监管,改革国有资本授权经营体制,组建若干国有资本运营公司,支持有条件的国有企业改组为国有资本投资公司。国资委职能从管资产和管人、管事相结合,开始向管资本转变。2015 年,党中央、国务院印发《关于深化国有企业改革的指导意见》,从分类推进国有企业改革、完善现代企业制度、完善国有资产管理体制、发展混合所有制经济、强化监督、加强党的领导等多个方面提出了继续推进国有企业改革的相关意见,并随后形成了"1＋N"国企改革政策体系,为国资委职能转变和国资国企深化改革打下了坚实基础。

国资委通过构建和完善国有资本授权经营体制等方式,持续推动国资监管职能向管资本为主转变。2014 年,国务院国资委分 3 批在 21 家中央企业开展了国有资本投资、运营公司试点;2017 年,国务院办公厅转发了《国务院国资委以管资本为主推进职能转变方案》;2019 年,国务院国资委印发了《国务院国资委关于以管资本为主加快国有资产监管职能转变的实施意见》。在此后的改革中,国资委不断优化监管方式,动态调整权责清单,加大授权放权力度,通过法人治理结构履行出资人职责,维护企业法人财产权和经营自主权,更好地促进和保障国有企业成为独立的市场主体。随着监管体制的转变,国有资本进一步聚焦重点产业,激发国有企业技术创新活力。在以管资本为主的国资监管体制下,技术创新活力激发的宏观路径表现为国有资本投资方向选择。在具体实践方面,主要由国有资本投资、运营公司(简称"两类公司")改革,来推动国有资本配置和运营效率的提升。

在国资产业布局调整过程中,国有资本投资、运营公司合理分工促进国资向重点领域流动,产业集团与之团结协作发挥基石作用,促使国资聚焦重点发展领域,为产业升级奠定坚实基础。两类公司与产业集团作为三个节点协调合作,形成国有资本投资运作与经营的有序循环,推进国有资本产业布局的调整和优化。首先,产业集团从事具体生产经营活动,是国有资本投资、运营公司经营运作的基石所在。其次,国有资本投资公司承担产业发展使命,实施产业整合,重塑产业结构,引导产业投资,在战略性新兴产业及产业链中高端环节超前布局,为国有资本运营公司提供优秀标的企业,为产业集团提供新的发展方向。比如,宝武集团开展国有资本投资公司试点后,以"共建高质量钢铁生态圈"为使命,打造以绿色精品智慧的钢铁制造业为基础,新材料产业、智慧服务业、资源环境业、产业园区业、产业金融业等相关产业协同发展的格局。再次,国有资本运营公司通过聚焦布局优化功能,对不特定产业、不特定领域的国有资本进行管理和运作,以"资本＋产业"推动国有资本合理流动和保值增值,为产业集团和国有资本投资公司提升资金融通能力。比如,中国国新开展国有资本运营公司试点后,构建完善"资本＋人才＋技术"轻资产运营模式,逐步形成了基金投资、金融服务、资产管理、股权运作、境外投资、直接投资等业务板块,并建立了央企专职外部董事服务保障平台。这样的运作模式,实际已经在国资央企内部形成了开放合作的氛围和条件。然而,国资监管始终围绕保值增值展开,在一定程度上对国有企业科技创新的引导作用有所欠缺。

2022年,在国企改革三年行动已见成效的更高起点上,国资央企被赋予新使命新任务,正着眼加快实现产业体系升级发展,深入推进国有资本布局优化和结构调整,聚焦战略安全、产业引领、国计民生、公共服务等功能。国务院国资委引导推动中央企业大力布局发展战略性新兴产业,启动了央企产业焕新行动和未来产业启航行动,取得积极成效。2023年,中央企业完成战略性新兴产业投资2.18万亿元,全年央企战略性新兴产业营业收入首次突破10万亿元。国资监管方式也应随之转变,更加强调产业思维、科技思维。在国务院国资委党委署名发表在《旗帜》杂志的文章中提到,要"健全国资监管机构职能配置和机构设置,在引导企业强化科技创新、发展战略性新兴产业、服务国家重大战略等方面建立体系化、常态化工作机制,健全精准化、差异化、长周期的科技创新和产业创新考核评价体系、政策支持体系,探索建立更加包容审慎的新产业新业态新模式国资监管体系,加强新领域新赛道制度供给,支持国有企业大胆试错,着力当好发展实体经济的长期资本、耐心资本、战略资本"。同时,文章还指出,要构建支持国有企业全面创新的有效机制,支持国有企业深度融入国家创新体系。正是在这样的国资监管制度变革下,国资央企的创新活动愈加得到有力支撑。

### 三、内部治理优化创新管理

国有企业是经营性国有资产的具体载体和依托形式,对国有资产的监管最终具象为对国有企业的监管。国资监管制度的变革影响着国有企业内部治理结构,国有企业内部治理中的创新管理的提升,能够有效激发国有企业创新活力。企业的治理结构与所有利益相关者都有密切联系,是所有利益相关者在权责对等基础上长期合作的产物。国务院和地方政府履行出资人职责机构,作为国有企业股东,代表"全民"享有出资人权益。也就是说,国有企业的利益相关者中不仅有管理层、职工、合作商、政府,还有被出资人机构代表的"全民"股东。因此,国有企业的治理结构设计不仅需要考虑到企业本身的经济效益目标,更需要考虑到"全民"的利益。公司治理的核心问题是对治理主体权、责、利的有效制衡。因而,要坚持规范治理主体履职,强化权利责任对等,以中国特色模式,坚持治理主体间的高度融合。

在这样的逻辑下,中国国有企业的代理问题与西方公司治理中所强调的代理问题并不相同。在治理结构上,国有企业党组织作为政治组织,置身于国有企业内部,可以有效帮助国有企业把握发展方向,敦促国有企业负起社会责任。2016 年全国国有企业党的工作会议指出,要"发挥企业党组织的领导核心和政治核心作用"。党的十九大对《中国共产党章程》作部分修改,进一步明确了"国有企业党委(党组)发挥领导作用"。因而,中国特色现代企业制度中存在党组织、出资人(股东)、董事会、经理层、职代会等治理主体。2004 年 6 月,国务院国资委印发《关于中央企业建立和完善国有独资公司董事会试点工作的通知》,选择宝钢、神华集团等 7 家企业进行建立和完善董事会试点。2005 年 10 月 17日,宝钢集团有限公司董事会成为中央企业中第一家外部董事全部到位且超过半数的董事会。我国中央企业中第一家规范的国有独资公司董事会开始正式运作,中央企业建立和完善董事会迈出了新步伐。截至 2012 年底,中央企业建设规范董事会试点扩大到 51 户。规范化董事会建立后,初步建立出资人机构与董事之间的联络机制。试点企业开始由过去的"一把手负责制"转变为董事会决策、经理层执行、监事会监督的公司法人治理模式,董事会的运作更加规范、决策更加科学,国有企业的法人治理水平不断提高。

国有企业内部治理机制不断完善,为企业创新管理能力提升提供了必备基础和条件,进而为企业科技创新赋能。比如,国务院国资委召开中央企业董事会建设工作推进会,提出在承担战略性新兴产业和未来产业发展任务的部分企业,探索选聘科技领军人才担任外部董事。同时,央企以增强企业核心功能和提升核心竞争力为目标,不断完善企业创新体系,通常在设立科技管理部门的基础上,以总部研究院或总部研发中心为核心,搭建多层次科技创新组织。比如,在二级集团设立研发中心,专注产品开发;在基层企业设立技术开发部门,促进技术创新应用。在具体的管理机制方面,三项制度改革是提升国有企业创新能力的关键措施,劳动、人事、分配制度的改革使得国有企业能够更好地激励员工,吸引和留住人才。在绩效考核方面,实施分类考核,根据不同行业、不同企业的特点,实施差异化的考核和激励政策,重点激励承担前瞻性、战略性、基础性等重点研发任务的科技人才。在分配激励方面,充分发挥市场在薪酬分配中的决定性作用,科学评价科技人才贡献,按贡献决定科技人才报酬,更加科学地运用市场化手段做好科技人才薪酬分配。同时,探索股权型激励、现金型激励和创新型激励等多种激励方式,如股票增值权、限制性股票、股票期权、任期激励收入、岗位分红等,以激发科技人才的创新活力。此外,在容错机制方面,国务院国资委在国有企业改革深化提升行动 2024 年第三次专题推进会上提出,可考虑以科技创新作为切入点,强化创新包容,对创新没有达到预期目标的,即使只证明此路不通,也应予以肯定。这样的政策导向有利于国资央企内部创新氛围培育,也为企业创新管理注入了新的活力。

## 四、外部合作转向联合创新

习近平总书记多次指出,要发挥企业出题者作用,推进重点项目协同和研发活动一体化,加快构建龙头企业牵头、高校院所支撑、各创新主体相互协同的创新联合体。国资央企积极响应落实中央政策要求,围绕国家战略,凝练并承担国家重大任务,完善运行机制,深化产学研用协同创新和从基础研究到产业化全链条创新。随着中央企业未来产业启航行动的开展,截至 2024 年 6 月末,第三批中央企业创新联合体建设正式启动,此后,中央企业创新联合体密集亮相。7 月 4 日,中铝集团牵头的中央企业高端有色金属材料创新联合体启动;7 月 10 日,中国联通牵头 10 家央企成立下一代互联网创新联合体;7 月 15 日,中交集团等 10 家行业领军的海洋工程中央企业组建了中央企业海洋工程技术创新联合体;7 月 30 日,国家电网公司、南方电网公司共同牵头组建的中央企业新型储能创新联合体启动;8 月 2 日,中国电建牵头的中央企业 BIM 软件创新联合体启动。完成第三批布局后,将有 21 家未来产业牵头央企,牵头建设 24 个创新联合体,涉及工业软件、工业母机、算力网络、新能源、先进材料、二氧化碳捕集利用等技术方向。

创新联合体多次在中央政策文件中出现，并被写入 2021 版《中华人民共和国科学技术进步法》："国家鼓励企业、科学技术研究开发机构、高等学校和其他组织建立优势互补、分工明确、成果共享、风险共担的合作机制，按照市场机制联合组建研究开发平台、技术创新联盟、创新联合体等，协同推进研究开发与科技成果转化，提高科技成果转移转化成效。"各地积极响应中央号召，出台了一系列创新联合体建设政策，如表 3-1 所示。不少地区在政策中提到了创新联合体建设目标，如北京市"到 2025 年，优先在新一代信息技术、医药健康、智能制造与装备、集成电路、智能网联汽车等高精尖产业领域，布局培育 20 个左右具有国际影响力的创新联合体"；上海市"到 2025 年，围绕全市战略性新兴产业布局和临港新片区前沿产业领域，培育组建不少于 10 个创新联合体，促进新技术的产业化、规模化应用，带动创新链产业链融通发展"。

表 3-1　地方创新联合体建设政策汇总

| 地区名称 | 文件名称 |
| --- | --- |
| 北京 | 《北京市创新联合体组建工作指引》(京科发〔2022〕20 号) |
| 上海 | 《中国(上海)自由贸易试验区临港新片区推进创新联合体建设和发展的实施方案》《中国(上海)自由贸易试验区临港新片区支持创新联合体建设和发展的若干政策》(沪自贸临管规范〔2022〕2 号) |
| 浙江 | 《浙江省科学技术厅关于组织开展 2022 年省级创新联合体组建与申报工作的通知》《浙江省创新联合体建设工作指引(试行)》 |
| 江苏 | 《江苏省科技厅关于组织开展 2023 年江苏省创新联合体建设试点工作的通知》(苏科高发〔2023〕110 号) |
| 湖北 | 《湖北省科技厅关于推进湖北省产业技术创新联合体建设的指导意见(试行)》(鄂科技发重〔2022〕11 号) |
| 江西 | 《江西省产业链科技创新联合体建设方案》(赣府厅字〔2021〕87 号) |

在地方实践过程中，根据组织方式不同，出现了不同类型的创新联合体。比如《北京市创新联合体组建工作指引》中将创新联合体区分为领军企业牵头、

创新平台支撑、任务场景驱动、专利标准聚合和其他(如基金纽带)五个类型。无论是哪种类型的创新联合体,通常都以企业、高校院所等主体联合组建的研究院、联盟、工程中心、技术中心或实验室等形式存在,创新联合体中不同创新主体在组织建设过程中发挥的不同作用,各个创新主体合力推动了创新联合体运作机制的构建。也就是说,在理论内涵方面创新联合体建设具备稳定的核心特征。

新一轮技术革命与产业变革深化,使得世界竞争格局迅速调整,国际竞争态势愈加严峻。发达国家面对后发国家的赶超采取了一系列非公平的行政干预手段。比如,美国通过"301调查"大幅加征中国进口产品关税,发布14105号总统行政令限制人工智能行业的对外投资等。"逆全球化"趋势下国家/地区自主创新能力变得尤为重要。我国的国内创新资源散布于产学研各界,要"努力成为世界主要科学中心和创新高地",就要深度融合各界创新资源。在这样的背景下,创新联合体概念被提出。在中国科学院第二十次院士大会、中国工程院第十五次院士大会、中国科协第十次全国代表大会上,习近平总书记强调,"要发挥企业出题者作用,推进重点项目协同和研发活动一体化,加快构建龙头企业牵头、高校院所支撑、各创新主体相互协同的创新联合体,发展高效强大的共性技术供给体系,提高科技成果转移转化成效"。

创新联合体概念与既有的产学研联盟、技术创新联盟等概念既有相似之处也有所区别。以创新联合体和产学研联盟两个概念间关系为例,两者都是由企业、高校院所等组织构成,以提升技术创新能力为核心目标,承担重大科技研发任务的组织单元。两者的不同点在于,产学研联盟旨在提升整个产业的技术创新能力,而创新联合体以企业为核心主体,更加注重领军企业"出题人""答题人""阅卷人"作用的发挥。一方面,领军企业在参与全球竞争的过程中能够敏锐捕捉产业的前沿技术需求;另一方面,领军企业通过创新组织方式,以股权关系等方式形成创新主体关系更为紧密的联合体。同时,创新联合体的建设离不开政府的支持鼓励,以国家重大科技项目为依托进行关键核心技术攻关,而产学研联盟组建的动力更多是出于市场需求和经济规则。因而,领军企业牵头组建的创新联合体,更加有利于创新链和产业链深度融合,也对强化国家战略科技力量有较大的正向影响。

创新生态系统理论从生态学视角描述创新活动的演化和发展,系统内企业、高校院所,以及参与创新成果转化的用户等主体之间合作联动,在创意产生、研究开发、试验、生产到市场化的各个环节,形成了松散或紧密的创新网络,促使整个系统不断演化。根据研究层次的不同,可以将创新生态系统分为宏观层面的国家创新系统、中观层面的行业和地区创新生态系统以及微观层面的企业创新生态系统。创新联合体由领军企业牵头建设,高校院所支撑,其他创新主体相互协同,可以被看作是创新生态系统的构建实践。就领军企业自身来说,这样的创新联合体形成了以企业为核心的创新生态系统,创新要素在领军企业周边聚集,围绕企业的科技创新需求进行重新配置。

企业的科技创新需求存在市场导向和技术导向两种目标导向:在市场导向下企业为满足市场需求而进行创新,这类创新多为渐进式创新;在技术导向下企业根据技术前沿方向引导市场需求,这类创新多为突破式创新。在市场竞争日益激烈的环境下,领军企业更倾向将科技创新需求目标从市场导向往市场和技术相结合转变。在这样的情况下,领军企业牵头建设创新联合体,不仅实现了领军企业自身发展的需要,还能够切实起到推动创新链布局优化,实现价值创造和价值增值的作用。从中观和宏观层面看,创新联合体的建设使得创新要素得以更好地跨组织流动,从而改变了行业或地区的创新生态结构。

企业牵头设立创新联合体是适应新一轮科技革命的新型组织形式,目前仍然处于经验积累和路径探索阶段,对国资央企来说尤是如此。根据产业特点和创新目标不同,目前已经出现了市场驱动型、平台支撑型、战略引领型三种各具特色的创新联合体发展模式,可以供国资央企参考。市场驱动型是相对成熟系统且使用最多的模式,它侧重强调龙头企业要承担起科技创新"出题者""答题者"和"应用者"的多重职责,并积极牵引其他相关主体协同创新。例如,苏州市单克隆抗体研发和产业化创新联合体属于市场驱动型,其在龙头企业信达生物的牵头下,由多家知名医疗机构、上下游企业和高校等按照"风险共担、利益共享"的市场化原则开展定点技术攻关。随后,联合体围绕抗体分子结构凝练出四个方向的技术课题,分别为用于早期靶点筛选同位素示踪分子影像技术攻关、用于药效评价和药物安全性检测等新药研发及病人个体化精准治疗的类器官技术攻关、单克隆抗体高通量工艺开发和过程控制设备技术攻关、单克隆抗体产业化关键耗材技术攻关。且每个方向由信达生物提需求、定标准、供场景，最终依托创新联合体将各个技术难题逐个击破，并优先将技术成果整合应用到信达生物的产业链上，以加快实现关键技术和关键材料国产替代。平台支撑型主要通过搭建的创新平台协调各方展开联合创新，一般适用于尚无领军企业诞生且发展不充分或细分领域过多、链条过短的产业。

平台支撑型主要瞄准战略新兴或未来产业，由高能级载体搭建协同创新平台，开放创新资源，支撑细分领域关键技术攻关。例如，苏州市氢能产业创新联合体由包括苏州市氢能产业创新中心在内的 8 家单位联合发起，主要针对尚处发展初期的氢能产业展开布局，围绕制氢、储氢、运氢、氢燃料电池 4 大环节建立 4 个研发联合体，为未来产业发展奠定平台基础。其中，苏州市氢能产业创新中心属于国资平台公司下属企业，其三大股东张家港市悦丰金创投资有限公司、苏州市科技创新创业投资有限公司、张家港市金城投资发展有限公司均为国有资本运营平台。

战略引领型则以国家重大科技战略突破为导向，聚焦国家安全以及在国际竞争、产业发展上存在"断链"风险的领域，致力于攻克制约国家持续发展的"卡脖子"难题。例如，中国船舶集团旗下沪东中华造船(集团)有限公司与中国船舶第七一一研究所携手上海阿波罗机械股份有限公司牵头组成创新联合体，并签订了《LNG 产业链装备研发合作协议》。该联合体以关键系统国产化配套能力提升为核心，共同开展 LNG 再液化装置、低温泵等核心设备的国产化研制及装船示范应用，提升我国 LNG 产业链关键核心装备的自主配套能力和创新能力，形成产业创新联合体和长效协同运行机制。

无论采取哪种具体模式，创新联合体都是现行制度环境下国有企业实践开放式创新的有效举措。首先，政府层面应把握创新联合体运行机制无定式，但创新组织管理有目标的基本原则，遵循创新联合体发展的客观规律，根据国有企业牵头设立的不同模式创新联合体实施分类管理和支持。其次，实时跟踪创新联合体运行中的痛点和需求，建立"事前—事中—事后"全过程政策倾斜机制。坚持放、管、服相结合，发挥第三方力量做好创新联合体的认定、绩效评估、布局规划、政策创新和服务保障等工作。按照"一类一策"原则，根据创新联合体的发展模式、研究方向准度、科研成果硬度、服务产业效度、人才导入精度、国家战略响应度等制定评估方案,定期开展评估工作,并根据评估结果制定差异化的扶持政策。最后,鼓励创新联合体加大跨区域协同创新合作,充分发挥创新联合体不同于单个组织的主体特色优势,加强对外合作力度,促进国内外优质创新资源向创新联合体集聚。国有企业层面加强企业创新主体作用发挥。第一,鼓励不同类型的国有企业按照不同模式参与创新联合体建设,建议科技型中小国企围绕行业内龙头企业共同建立市场驱动型创新联合体;建议平台型国有企业依托国有平台优势集聚行业内科创资源统筹建立平台型创新联合体;建议龙头型国有企业围绕"卡脖子"技术联合建立战略引领型创新联合体。第二,支持国有企业牵头的,特别是平台支撑型的创新联合体积极探索以"揭榜挂帅"形式组织产业关键核心技术攻关和重大科技成果转化。创新项目考核评估方式,建立容错纠错机制,鼓励更多企业与高校院所参与"揭榜挂帅",引导更多社会资金等支持"揭榜"项目。第三,充分发挥国有资本投资运营公司的产业布局功能优势,聚焦科技股权投资、科技债权融资和投融资服务,积极打造涵盖天使基金、种子基金、VC 基金、PE 基金的全周期创投体系,推动创新链、资金链深度融合,激发创新联合体发展活力。吸引撬动各类社会资本设立市场化基金,同步构建完善的进出机制,畅通科技成果转化循环,提升科技成果转化效率。

创新生态层面完善创新联合体配套体系。第一,完善创新人才支撑体系。整合现有高校、科研院所资源,充分利用发挥其人才培养和输出功能,提供稳定科技人才储备。建议通过双向挂职、短期工作、项目合作等方式,支持鼓励龙头企业人才在高校担任"产业导师",推动校企人才双向流动,共同培育满足行业需求的紧缺人才。第二,建立健全知识产权利益分配、成果共享机制。明确知识产权在联合体内外的共享规则,对内按照成员贡献程度分配专利权益,对外明确技术转让费和使用费标准;鼓励联合体通过科技成果路演等宣传手段,促进相关技术扩散和应用。第三,构建集"基础研究—技术攻关—成果产业化—科技金融—产业服务"于一体的全产业链创新生态体系,以科创载体建设为重要抓手,推动空间载体共建共享,持续优化营商环境,破除制约创新联合体发展的机制障碍。

# 第三节  能源行业发展带来的机会

## 一、能源行业前沿趋势概览

能源是支撑经济社会发展的重要物质基础,能源的稳定供应和高效利用是实现经济社会可持续发展的关键,对于提高生产效率、改善生活质量、推动经济发展具有不可替代的作用。随着全球经济的不断增长和人口的不断增加,能源需求正在持续增长。当今全球面临着前所未有的气候变化、能源供应与需求不平衡、能源安全问题等严重挑战,这些挑战不仅对经济发展造成了巨大压力,也给人类社会的可持续发展带来了巨大的威胁。在这样的背景下,许多国家开始加强能源领域的技术创新和转型升级,以实现能源系统的高效安全运行和低碳绿色转型。在新一轮科技革命和产业变革中,能源技术创新高度活跃,新兴技术成果不断涌现,世界能源格局持续发生改变。化石能源相关技术方面,非常规油气勘探开发技术、海洋油气勘探开发技术、整体煤气化联合循环技术、碳捕捉与封存技术、增压富氧燃烧等技术快速发展。清洁能源相关技术方面,主要核电国家加速第四代核电技术研发部署,已有约 80 种先进核反应堆设计;储氢、制氢技术连续取得突破;太阳能电池组件效率不断提高。储能技术的发展也为新能源的广泛应用提供了保障。先进的电池技术使得电能的存储更加高效、稳定。环保技术方面,废水处理和废气净化技术不断创新,提高了污染物的去除效率,减少了对环境的污染。绿色低碳是能源技术创新的主要方向,清洁能源技术的发展正以前所未有的速度开展着。全球范围内,太阳能和风能的增长尤为显著。根据国际能源署(IEA)的数据,2023 年全球可再生能源装机容量达到了 2500GW,同比增长 20%。其中,太阳能和风能的增长分别达到了 30%和 25%。这表明各国政府对可再生能源的支持政策取得了显著成效,同时技术进步和成本下降也为可再生能源的普及提供了有力保障。

除了向绿色化方向发展外,能源技术与新兴技术的交融也在不断加强。随着技术复杂性程度加大,目前全球技术创新都呈现出跨领域融合的态势。当前,新一代信息技术、生物技术、新能源技术等成为技术变革的核心领域。新一代信息技术呈现出数字化、智能化、融合化的特点。5G技术的快速发展推动了万物互联的进程,人工智能技术在图像识别、语音处理等方面取得了显著成果,大数据技术为决策提供了更精准的支持。新一代信息技术与能源技术的融合,给能源行业带来了多方面的变革,包括效率提升、成本降低和安全性增强等。例如,电网技术与信息技术融合不断深化,使得电网结构和运行模式都发生重大变化。生物技术的发展对医药、医疗、农业、工业等领域产生广泛影响,在能源领域主要表现为生物质能技术的发展,持续推动能源行业的绿色化转型。总体而言,跨领域技术融合为能源技术发展赋能,加速了能源行业的结构调整和优化升级。

能源技术是新一轮科技革命和产业革命的突破口,世界主要经济体对能源技术发展均十分关注,积极研究和出台了一系列政策法规和发展规划,采取行动加快能源科技创新。根据国际能源署(IEA)的数据显示,截至2021年,全球已有180个国家和地区宣布或承诺实施清洁能源目标,其中约30个国家和地区制定了100%可再生能源目标。这些技术的应用将推动全球能源体系朝着更加安全、可靠、可持续和绿色的方向发展,为人类的可持续发展注入新的活力。欧盟在能源绿色转型方面的探索一直走在世界前列,通过"战略能源技术计划"统筹能源技术研发创新,支持开发清洁、高效和具有成本竞争力的战略性能源技术,打造可持续、弹性的能源未来。2023年欧盟对"战略能源技术计划"进行修订,确保计划与"欧洲绿色协议""绿色协议产业计划"等的目标协调一致。美国通过《全面能源战略》《氢能发展规划》《通胀削减法案》等战略政策推动国内能源转型,激励太阳能、风能、碳捕获等清洁能源技术国内生产,并建立美国清洁能源供应链。近年来美国能源部制定的《太阳能攻关计划》和《能源攻关计划》明确了能源领域未来关键技术的集中攻关方向。日本发布《能源环境技术创新战略2050》等战略计划,强调要兼顾日本经济发展以及全球气候变化问题,并提出了重点推进的五大技术创新领域,包括能源系统集成、节能、储能、可再生能源发电以及碳固定与利用。近期,日本发布《第六期能源基本计划》,力求在积极导入可再生能源之外最大限度地利用核能。中国也提出了能源安全新战略,如国家能源局等相关部门先后发布的《能源技术革命创新行动计划

(2016—2030年)《"十四五"能源领域科技创新规划》等,围绕可能产生重大影响的革命性能源技术创新和对建设现代能源体系具有重要支撑作用的技术领域,明确今后一段时期我国能源技术创新的工作重点、主攻方向以及重点创新行动的时间表和路线图。目前,中国正在打造新型能源体系,为全球能源转型贡献中国方案。对能源央企来说,能源央企承担着全国90%以上的油气供应、60%以上的电力供应、25%以上的煤炭供应,是保障国家能源安全和人民生活用能的重要力量,在国家能源技术发展和能源转型过程中起到不可替代的作用。

## 二、"双碳"目标与新型能源体系

中国已成为世界上较大的能源消费国之一。根据国家统计局《中华人民共和国2023年国民经济和社会发展统计公报》,2023年能源消费总量为57.2亿吨标准煤,与2022年相比增加5.7%,占全球能源消耗的30%左右。早在2016年9月3日,全国人大常委会就批准中国加入《巴黎气候变化协定》。这是中国全面履行应对气候变化责任的重要举措。在加入协定后,政府提出了一系列减排目标,以促进低碳经济转型、实现可持续发展。其中,将"碳达峰"和"碳中和"作为国家战略目标,并将其纳入了五年规划和长期规划。2020年9月,我国在联合国大会上承诺宣布,"中国将提高国家自主贡献力度,采取更加有力的政策和措施,二氧化碳排放力争于2030年前达到峰值,努力争取2060年前实现碳中和"。实现"双碳"目标是我国应对气候变化、推动经济高质量发展的战略抉择。实现这一目标需要在全社会范围内进行广泛而深入的技术革新和结构性变革,尤其是在能源体系方面。

新中国成立以来,我国能源事业加快发展,成为世界上能源生产大国,一次能源生产总量从1949年的2 374万吨标准煤,提升到2023年的48.3亿吨标准煤,为全面推进中国式现代化提供了充足动能。与此同时,能源转型和新型能源系统构建工作持续推进。一方面,能源效率水平提升,根据国务院新闻办公室在2024年发布的《中国的能源转型》白皮书显示,与2012年相比,中国2023年单位GDP能耗下降幅度超过26%。另一方面,清洁能源迅速发展。由国家统计局数据可知,截至2023年底,我国非化石能源发电装机超过15亿千瓦,历史性超过火电。清洁能源发电量约 3.8 万亿千瓦时,占总发电量将近 40%,比 2013 年提高了约 15 个百分点。近十年来,中国全社会用电增量中,有一半以上是新增清洁能源发电,中国能源的绿色含量不断提升。电能是高效、清洁、便捷的二次能源,在新型能源体系的构建中扮演着重要角色。2023 年 1 月,国家能源局发布《新型电力系统发展蓝皮书(征求意见稿)》,描绘了新型电力系统的内涵特征与发展路径。我国资源禀赋与能源需求呈现逆向分布,为支撑经济社会发展和快速增长的用电需求,我国建成了世界上规模最大、远距离输送能力最强的电力系统。截至 2022 年底,我国各类电源总装机规模 23.8 亿千瓦,西电东送的规模达到 2.9 亿千瓦。煤电一直是我国电力供应安全的重要支撑,但近年来电力绿色低碳转型不断加速,可再生能源装机规模达 12.13 亿千瓦,占比达到 47.3%,首次超过煤电装机规模;其中,风光发电装机 7.58 亿千瓦,累计规模与新增装机多年来持续居世界第一。

### 三、电力系统的转型和重构

电力系统作为能源领域的核心之一,将在实现"双碳"目标中发挥重要作用。自新中国成立以来,我国电力体制经历了多个阶段的改革。1949 年至 1978 年期间,发电、输电、配电、售电等环节均由国家垄断,国家电力管理部门集行业管理与企业生产经营多种职能合一。虽然国家电力管理部门多次调整和变更,但并未脱离高度集中、计划管控的体制框架。1979 年至 1997 年期间,我国电力工业在发电市场引入了新的投资主体,改变了长期以来国家独资办电的格局,"电厂大家办,电网一家管",以集资办电为核心内容的电力投融资体制改革有效解决了电力供给短缺问题,但电力管理体制仍实行政企合一、垂直一体化经营模式。这一阶段,我国通过推行"集资办电",解决电力建设资金不足问题。电力部提出利用部门与地方及部门与部门联合办电、集资办电、利用外资办电等办法来解决电力建设资金不足的问题,并且对集资新建的电力项目按还本付息的原则核定电价水平,打破了单一的电价模式,培育了按照市场规律定价的机制。1997 年 1 月,中国国家电力公司成立,由电力部部长兼任国家电力公司总经理。国家电力公司的成立,标志着我国电力工业管理体制由计划经济向社会主义市场经济的历史性转折。1998 年至 2001 年期间,电力管理体制实行了以政企分开、公司化改组为主要原则的改革,电力改革解决了电力体制政企不分的问题,让电力工业走入市场经济的轨道。不过,国家电力公司仍保持了垂直一体化的经营方式,既是电网的运营者,也是电厂的经营者。2000年10月,国务院办公厅发出《关于电力体制改革有关问题的通知》,明确了电力体制改革协调领导小组的单位组成和牵头单位,对电力体制改革试点内容作了调整,对政企分开、竞价上网及以省为实体试点范围等问题作了明确规定。2001年6月,广东省决定实行电力体制厂网分开改革。8月,原广东省电力集团公司一分为二,变为广电集团公司和粤电集团公司,分别负责电网和电厂的经营管理,这是在全国率先实行的厂网分开改革。紧接着,以"二滩弃水"事件为导火索,拉开了电力行业市场化改革的序幕。2002年2月,国务院下发了《电力体制改革方案》(即电改"五号文")(见表3-2),提出了"厂网分开、主辅分离、输配分开、竞价上网"的16字方针,并规划了改革路径。改革的总体目标是"打破垄断,引入竞争,提高效率,降低成本,健全电价机制,优化资源配置,促进电力发展,推进全国联网,构建政府监督下的政企分开、公平竞争、开放有序、健康发展的电力市场体系"。根据该方案,电力管理体制、厂网分开、电价机制等一系列改革开始推进。

表3-2　国发〔2002〕5号《国务院关于印发电力体制改革方案的通知》要点

| 关键词 | 具体内容 |
| --- | --- |
| 厂网分开 | 将国家电力公司管理的资产按照发电和电网两类业务划分,并分别进行资产、财务和人员的重组。①重组国家电力公司管理的发电资产,按照建立现代企业制度要求组建若干个独立的发电企业。②重组电网资产,设立国家电网公司和南方电网公司 |
| 竞价上网 | 建立电力调度交易中心,实行发电竞价上网。建立电力市场运行规则和政府监管体系,初步建立竞争、开放的区域电力市场。建立合理的电价形成机制,将电价划分为上网电价、输电电价、配电电价和终端销售电价。开展发电企业向大用户直接供电的试点工作,改变电网企业独家购买电力的格局 |
| 输配分开 | "十五"期间,电网企业可暂不进行输配分开的重组,但要逐步对配电业务实行内部财务独立核算 |

（续表）

| 关键词 | 具体内容 |
|---|---|
| 主辅分离 | 对现国家电力公司系统所拥有的辅助性业务单位和"三产"、多种经营企业进行调整重组。经营主业以外的业务要按照规定程序报经国家有关部门批准,并与电网业务分开核算。有关电力设计、修造、施工等辅助性业务单位,要与电网企业脱钩,进行公司化改造,进入市场。医疗和教育单位按国家规定实行属地化管理 |

2002 年的第一轮电改,在诸多方面都取得了显著成效。2002 年 12 月,国家电力公司拆分为 2 个电网公司、5 个全国性独立发电集团公司和 4 家辅业集团公司,即:国家电网公司、南方电网公司,中国华能集团公司、中国大唐集团公司、中国华电集团公司、中国国电集团公司、中国电力投资集团公司、中国电力工程顾问集团公司、中国水电工程顾问集团公司、中国水利水电建设集团公司、中国葛洲坝集团公司,厂网分离顺利完成。广州供电局隶属于南方电网下的广东电网公司,是两个电网公司的组成部分之一。2007 年底,国务院国资委会同国家电网公司、南方电网公司及相关部委共同制定的《电网主辅分离改革及电力设计、施工单位一体化重组方案》出台。2011 年 9 月,国家电网公司与南方电网公司所属的勘测设计企业、施工企业、修造企业,与中国水利水电建设集团公司、中国水电工程顾问集团公司以及中国葛洲坝集团公司、中国电力工程顾问集团公司,分别重组成立中国电力建设集团有限公司、中国能源建设集团有限公司两大电力辅业集团,电力体制改革"主辅分离"取得重要进展。这些改革成果从根本上改变了指令性计划体制和政企不分、厂网不分等问题,促进了电力行业快速发展,提高了电力普遍服务水平,初步建立了电力市场主体多元化竞争机制,推进了大用户与发电企业直接交易、跨省区电能交易,电力市场化交易取得重要进展,电价形成机制逐步完善。然而,输配分开改革进展较慢,2005 年 3 月,国家发改委制定与《电价改革方案》相配套的《上网电价管理暂行办法》《输配电价管理暂行办法》和《销售电价管理暂行办法》三个实施办法。但整体而言,输配分开需要对输电资产和配电资产分别进行独立核算,而我国过去几十年电力工业处于高速发展期,电网资产较难理清,从而较难理顺发、输、配三个

环节的成本与定价逻辑,加之之前一直存在的交叉补贴等现象,电改中输配电价未能实现较好的清晰梳理与核算。由于输配电价改革受到多重因素影响而进度缓慢,发电侧竞价上网的结果也难以准确客观地传导到用电侧,电力交易模式仍然实行电网统购统销。这一阶段国家以燃煤发电标杆上网电价为抓手,形成煤电联动机制,并于 2004 年首次公布了各地的燃煤机组发电统一的上网电价水平。只要电网公司统购统销的模式还主导电力市场,作为电力市场关键因素的电价就无法充分反映市场参与方的真实意愿与供需关系,真正的电力市场就难以形成。

2015 年,随着《巴黎协定》的签订,全球清洁能源发展进一步提速,绿色低碳的能源电力转型成为大趋势。国内供给侧改革对以煤炭为主的火电产业造成一定影响,我国电力工业急需新一轮体系改革与优化。2015 年 3 月,中共中央印发了《关于进一步深化电力体制改革的若干意见》(中发〔2015〕9 号)文件(以下简称"9 号文"),拉开了又一轮电改的大幕。在进一步完善政企分开、厂网分开、主辅分开的基础上,按照管住中间、放开两头的体制架构,有序放开输配以外的竞争性环节电价,有序向社会资本开放配售电业务,有序放开公益性和调节性以外的发用电计划;推进交易机构相对独立,规范运行;继续深化对区域电网建设和适合我国国情的输配体制研究;进一步强化政府监管,进一步强化电力统筹规划,进一步强化电力安全高效运行和可靠供应。9 号文出台后,2015 年底,国家发改委、国家能源局会同有关部门研究制定了《关于推进输配电价改革的实施意见》《关于推进电力市场建设的实施意见》《关于电力交易机构组建和规范运行的实施意见》《关于有序放开发用电计划的实施意见》《关于推进售电侧改革的实施意见》《关于加强和规范燃煤自备电厂监督管理的指导意见》等6 个电力体制改革配套文件,分别从多方面对 9 号文进行了安排与部署,并于当年印发。2015 年电改使得电力市场"中长期+现货"模式正式确立,截至 2023年底我国已有 23 个省份启动电力现货市场试运。截至 2024 年 6 月,山西、广东、山东电力现货市场已转入正式运行状态。2014 年 12 月,输配电价改革首先在深圳电网和蒙西电网"破冰",2015 年上半年,在云南、贵州、安徽、宁夏、湖北五个省级电网开展了第一批试点工作。之后,输配电价改革由点及面、逐步扩大。截至 2017 年,首轮输配电价改革试点已经全面完成,达到 1180 亿元。

2023 年,发改委印发《关于第三监管周期省级电网输配电价及有关事项的通知》,全面理顺各环节电价,电价构成更加清晰,使得输配电价结构全面优化迈出了关键一步。与此同时,发用电计划也从有序放开走向全面放开。发用电计划在我国一直以来起到重要的电力保障与平衡作用,但随着电力市场化的推进和电力能源结构的改变,传统计划模式下的发用电计划难以形成真正合理的市场供给关系与价格。2017 年,发改委、国家能源局联合印发《关于有序放开发用电计划的通知》;2018 年,《全面放开部分重点行业电力用户发用电计划实施方案》正式印发,选择煤炭、钢铁、有色、建材 4 个重点行业,率先全面放开发用电计划试点;2019 年,发改委印发《关于全面放开经营性电力用户发用电计划的通知》,明确除居民、农业、重要公用事业和公益性服务等行业用户之外的其他电力用户均属于经营性电力用户,其发用电计划原则上全部放开。

2015 年电力体制改革后,电力市场建设稳步有序推进,电价已从过去的政府目录电价机制,逐渐向市场化定价模式过渡。整个发电流程中的参与方,也在通过电价的传导机制回收其应得的合理成本,获得合理的收益。伴随电力体制改革和电力市场化改革,电力交易模式也发生了很大变化,从传统的电网统购统销,逐渐向买卖双方竞价/协商交易模式过渡。市场交易方式不断丰富、市场规模不断扩大,多元竞争主体格局初步形成,部分电力现货市场陆续开展了长周期结算试运行,部分电力现货市场开展不间断连续结算试运行,市场交易体系基本形成,电力市场化改革和建设取得了显著成效。但随着改革的不断深入,一些制约我国电力市场良好发展的深层次、根本性问题逐渐凸显,如电力市场体系不完整、功能不完善、交易规则不统一、跨省跨区交易存在市场壁垒等。因此,加快建设全国统一电力市场体系,实现电力资源在更大范围内共享互济和优化配置,提升电力系统稳定性和灵活调节能力,已成为下一步电力改革的重要课题。

2021 年 3 月,面对经济社会发展、能源结构变化等新形势,习近平总书记在中央财经委员会第九次会议上对能源电力发展作出了系统阐述,提出了构建新型电力系统的重要指示,要求通过协调推进清洁能源开发利用、电力体制改革、电力市场建设等方面的工作,推进电力行业的高质量发展。这表明我国在能源领域的政策取向,是以推进"双碳"目标为主线,加快能源转型升级,建设低碳、智能、高效、灵活的新型电力系统。2022年1月18日,国家发改委、国家能源局联合发布《关于加快建设全国统一电力市场体系的指导意见》,正式提出加快建设全国统一电力市场体系。

党的二十大报告强调加快规划建设新型能源体系,为新时代能源电力发展提供了根本遵循。新型电力系统是以确保能源电力安全为基本前提,以满足经济社会高质量发展的电力需求为首要目标,以高比例新能源供给消纳体系建设为主线任务,以源网荷储多向协同、灵活互动为有力支撑,以坚强、智能、柔性电网为枢纽平台,以技术创新和体制机制创新为基础保障的新时代电力系统,是新型能源体系的重要组成部分和实现"双碳"目标的关键载体。面对能源结构持续转型、新型电力系统加速建设的能源电力发展阶段,特高压、配电网、电力辅助服务、虚拟电厂等都具备广阔发展空间,电网企业创新工作是推动新型电力系统加速建设的关键因素。

2023年4月24日,国家能源局进一步发布了关于公开征求《关于加强新型电力系统稳定工作的指导意见(征求意见稿)》意见的通知。报告总结了电力系统健康发展的27个关键点,指出稳定工作是基础,加强稳定工作是新型电力系统的必然要求。报告以习近平新时代中国特色社会主义思想为指导思想,以夯实稳定物理基础、强化稳定管理体系、加强科技创新支撑为总体思路,完善合理的电源结构,构建坚强柔性电网平台,深挖电力负荷侧灵活性等。报告提出了一系列具体措施,包括加强规划、前期设计、装备管理、设备运维保障、市场管理、应急管理、技术标准体系、各方责任等。同时,报告强调攻关新型电力系统稳定基础理论、提升分析、控制、防御能力、加快先进技术示范和推广应用,建立长效机制和加强宣传引导。自此,新型电力系统的建设与发展在中国得到了政策及技术层面的双重支持和重视。

## 四、全球创新网络特征

技术变革已成为当今世界经济增长、社会进步和国际竞争的关键驱动力。在经济领域,新技术的涌现不断催生新的产业和商业模式,推动生产力的大幅提升。例如,人工智能技术在医疗、金融、制造业等行业的应用,不仅提高了生产效率,还创造了新的经济增长点。量子计算的发展则有望为解决复杂的计算问题提供前所未有的能力,为各行业的优化和创新提供强大支持。在社会层面,技术变革改变了人们的生活方式和社交模式,使得信息传播更加迅速,教育、医疗等公共服务更加便捷高效。国际竞争中,拥有先进技术的国家和企业往往能够占据优势地位,技术领先成为提升国际竞争力的核心要素。各国纷纷加大对前沿技术的研发投入,以在全球竞争格局中占据有利位置。与此同时,技术知识的全球扩散促进了全球创新网络(Global Innovation Networks,GINs)的构建。

全球创新网络的形成是经济全球化和技术融合的产物,它通过整合分散的工程应用、产品开发和研发活动,跨越组织和区域边界,促进了知识转移和技术扩散。随着生产和贸易活动的国际化,企业开始在不同地区设立研发中心以适应当地市场需求,同时,本地企业也开始利用外部知识、技术和人力资本来支持自身的创新活动。技术环境的不断变化推动了全球创新网络的形成。随着科技的快速发展,尤其是信息技术、人工智能、生物技术等领域的突破,企业、研究机构和政府部门需要跨越国界,共享知识、技术和资源,以应对日益增长的创新挑战。这种跨领域的合作需求促使了全球创新网络的构建,使得创新活动更加开放和协同。然而,全球创新网络的构建也面临着诸多挑战。技术标准的不同、知识产权保护的差异、文化和语言的障碍等都可能影响网络的有效运作。因此,构建全球创新网络需要各国政府、企业和研究机构之间的密切合作,通过制定共同的技术标准、加强知识产权保护、促进文化交流等措施,来克服这些挑战。全球创新网络的构建有助于加速技术创新的进程。通过全球网络,参与者可以快速获取最新的技术信息,参与到前沿技术的研发中,从而提高研发效率和创新质量。例如,跨国公司通过在全球范围内设立研发中心,可以利用各地的创新资源和人才优势,加速产品的研发和上市。此外,全球创新网络还有助于促进技术转移和商业化。网络中的企业和研究机构可以通过合作,将实验室的研究成果转化为市场上的产品和服务。这种转化不仅需要技术的支持,还需要市场、法律、金融等多方面的协同,全球创新网络提供了这样一个多维度的合作平台。

全球创新网络对全球价值链(Global Value Chains,GVCs)的地位有着显著影响。一个国家在全球创新网络中的整合程度可能会提升其在全球价值链中的地位。这是因为全球创新网络促进了全球创新资源的收集和整合,推动了特定经济体在全球价值链分工中的地位动态升级。例如,构建全球创新系统(Global Innovation System, GIS)有助于发展中国家企业参与全球价值链活动中的国际知识交流和研发合作机会,这对于促进企业在全球价值链分工中的上升至关重要。然而,也有研究指出,发达国家和发展中国家在全球创新网络和全球价值链系统中的不平等地位可能导致不平等的国际创新伙伴关系,从而影响创新合作的价值分配。例如,在苹果产品的全球供应链的创新价值分配中,苹果公司占据了很大一部分价值,而笔记本电脑制造商则从个人电脑创新中获得的价值较小。

当前,全球创新网络的构建和发展趋势显示出一些特点。网络的连通性不断增强,网络的可访问性持续改善,并呈现出无尺度网络特征,其特点是网络中少数节点(称为枢纽或集散节点)拥有大量的连接,而大多数节点则只有少量连接。这种网络结构在自然界和社会中广泛存在,例如互联网、社交网络、生物网络等。无尺度网络的特征对企业创新活动有着重要影响。无尺度网络的稳健性意味着即使部分节点失效,网络仍能保持连通,这为企业提供了在面对技术故障或市场变化时的稳定性。然而,无尺度网络也存在脆弱性,即对攻击或故障的敏感性,特别是对那些高度连接的枢纽节点。这要求企业在创新过程中必须考虑到潜在的风险,并制定相应的应对策略。比如,加强与关键节点的合作,获得更多的资源和信息,加速创新过程;避免过度依赖单一合作伙伴,以减少潜在的风险;通过技术手段和管理策略,增强自身网络的稳健性,确保在面对攻击或故障时能够快速恢复;参与到全球创新网络的治理中,推动网络的健康发展,促进公平竞争和知识共享;通过创新网络结构,如建立小型、专业化的网络集群,来提高创新效率。目前,全球创新网络中的重要节点主要是欧洲和美国等发达国家,节点的极化效应有所减弱。此外,经济因素和技术信息因素与创新网络的相关性最强,而人口因素与创新网络的相关性较弱。

对于中国而言,中国在全球创新网络中的地位逐年提升,作为"中转站"的作用日益突出。中国与其他国家的创新联系逐渐增加,利用结构洞的能力逐渐提高,地理创新关系更加多样化。这些变化表明,中国在全球创新网络中的作用和地位正在逐步增强,这对于中国在全球价值链中的地位提升具有积极意义。在中国融入全球创新网络的过程中,国有企业扮演着重要角色。自改革开放以来,国有企业积极响应并深入实施"走出去"战略,已成功深度嵌入全球产业链与供应链的网络架构之中,扮演起引领中国企业海外投资的核心角色。国有企业在国际市场中的份额逐步扩大,在一些传统行业,如工程建设、电力设备等,国有企业凭借技术和成本优势,在国际市场上具有较强的竞争力。然而,在高端制造业、金融服务等领域,与国际先进企业相比,仍存在技术差距和品牌影响力不足的问题。"一带一路"倡议为国有企业拓展国际市场提供了新契机,共建国家的基础设施建设需求为国有企业带来了大量项目机会。同时,随着技术创新和产业升级,国有企业在新能源、智能制造等领域有望实现突破。以能源央企为例,企业具有较强的资源整合能力和政策执行力,可以通过参与国际合作项目、建立跨国研发联盟等方式,推动全球创新网络的形成和发展。同时,能源央企也需要不断加强自身的技术创新能力,以更好地适应全球创新网络的要求。

## 第四节　能源央企的应对策略

科技的迅猛发展为国有企业带来了前所未有的竞争压力。在全球化的产业分工重组中,资源型产业和低附加值、劳动密集型产业正形成梯度转移态势,而高技术产业化和传统产业升级的步伐加快,新兴产业迅速发展,产品开发周期缩短,经济增长点和企业盈利迅速向高新技术产业转移。在这一背景下,占领技术制高点成为企业竞争制胜的关键因素,市场竞争愈发激烈。然而,国资央企在技术创新方面存在诸多不足,如依赖政府和国家投资,对新技术的敏感度相对较低,反应速度较慢,难以迅速将新技术应用于产品和服务中,尚未充分建立起以企业自身为主导的创新体系。企业内部的创新激励机制不够完善,导致员工缺乏积极参与创新的动力;在技术研发的资源配置上缺乏自主性和灵活性,难以根据市场需求和技术发展趋势及时调整研发方向和重点;在技术创新上存在跟随和模仿的惯性思维,在面临"无人区"挑战时,信心和战略定力有待增强。此外,国资央企在技术引进与消化吸收方面比例相对较低,对先进技术的获取和吸收不足,国产化进程缓慢,且在引进技术时往往只注重硬件设备的引进,而忽视了软件和核心技术的学习,导致对引进技术的依赖程度较高,难以形成自主创新能力。

面对这些挑战,可以采取一系列应对措施。近年来,国资央企不断深化改革,着力打造原创技术策源地,这不仅有助于提升企业自身的核心竞争力,更能在国家科技发展和产业升级中发挥引领作用。为了改进在打造原创技术策源地方面的不足,企业应加强关键核心技术的攻关能力,敢于尝试新的原创性方法,并加快国产化关键核心技术的落地应用。此外,企业需要更深入地分析市场需求,提高需求提出的创造性和引领性,从而更好地挖掘需求的带动能力,推动企业技术创新和产业升级。通过这些举措,国资央企能够在激烈的市场竞争中站稳脚跟,实现高质量发展。因而,在打造原创技术策源地的过程中,央企需要采取开放式创新模式,通过与外部合作伙伴的紧密合作,共同推动科技创新和产业发展。这不仅有助于提升企业的创新能力和市场竞争力,也有助于加快实现高水平科技自立自强,为国家的科技创新和产业升级做出更大的贡献。

从国家层面看,企业的开放式创新已然成为技术攻关利器。回溯过去全球科技发展的几十年,各类协同攻关组织曾多次出现在发达国家科技竞争的关键时刻,并催生出一大批非同凡响的重大科研成果和全球科技领军企业,其重要性和优势是显而易见的。如20世纪80年代,全球半导体竞争空前激烈,日本凭借重大技术创新,快速成为全球半导体产业高地,直接动摇美国霸主地位,并引发了美日两国"半导体大战"。面对来自日本的强竞争,美国支持英特尔、IBM、美光等14家半导体制造公司成立半导体制造技术战略联盟(Sematech),并联动美国国家实验室、高校及产业链上下游企业开展垂直技术突破。最终,美系企业在光刻、熔炉、等离子体蚀刻等制造设备工艺及关键加工技术上取得突破,成功重塑美国半导体产业的国际竞争力。此外,韩国政府凭借敏锐的洞察力,快速推出"超大规模集成电路技术共同开发计划",协调集结三星、现代、LG等本土集成电路巨头,合作成立国家研究开发小组,大力攻关DRAM核心技术。最终,韩国的DRAM存储器技术成功赶超日本,成为新的全球集成电路产业高地。

　　从中观层面看,开放式创新大幅提升科创资源配置效率。由龙头企业参与或主导的开放式创新生态系统具有较强的市场意识,能高效集聚、整合并灵活调配各类资金、信息、人才、平台等创新资源要素,大幅提升科技创新资源配置效率。以开放式创新的联合体模式为例,深圳"科创中国"大湾区联合体配套建立了相关产业发展基金,通过"1 个联合体＋N 个中心＋1 个产业基金"的运营模式,为技术攻关和成果转移转化提供强大资金保障;浙江碳达峰碳中和科技创新联合体通过汇聚 9 家省内高等院校、7 家科研机构和 16 家省级学会,设立囊括近 200 名专家组成的专家库,为深入攻关"卡脖子"技术夯实人才底座;南京智能感知决策技术创新联合体的成员单位可获得行业内全部资源支持,在政府牵头支持下,各方可充分共享利用彼此的重点实验室、工程实验室、企业技术中心、制造业创新中心、检验检测平台、中试平台等载体资源等。

　　从企业层面看,开放式创新生态系统的构建是国资央企强化创新主体地位的必然选择。创新不仅是经济发展的新引擎,更是企业实现差异化发展的重要驱动力。随着国际市场竞争愈加激烈,企业经营环境呈现出产品复杂性加剧、产品生命周期缩短、产品更新速度加快、个性化产品激增等特点。传统封闭式创新面临严峻挑战,技术创新的主流模式转向开放式创新。企业不仅需要汇聚内部资源推进技术创新,更要积极构建创新生态加速创新进程。以电力行业企业为例,随着电力体制改革的纵深推进,输配电价监管政策趋严趋紧,增量配电业务改革提速扩围,电力生产组织方式和电网企业盈利模式正在发生深刻改变。创新生态的建立将不仅有助于电力企业吸纳来自高校、科研院所等的创新思想,保持生命力与竞争力,降低企业创新的风险、缩短产品研发周期、巩固产业链链主地位,还能通过知识交互和共享产生溢出效应,惠及生态圈内的合作伙伴,促进生态体系的良性循环。

# 第四章

# 广州供电局的开放式创新探索

广东电网有限责任公司广州供电局(以下简称广州供电局)隶属于中国南方电网有限责任公司,是能源电力科技创新的重要主体,近年来取得了一系列创新成果和突破。本章通过对广州供电局创新管理实践的梳理,为"国有企业开放式创新怎么做"提供案例参考。本章首先阐述了广州供电局创新活动的背景、环境、历程和效果,然后对广州供电局有组织的开放模式进行分析,最后总结了广州供电局的实践经验带来的启示。

## 第一节 广州供电局创新实践的背景与环境

### 一、区域发展战略的持续开放

2019 年,中共中央、国务院印发《粤港澳大湾区发展规划纲要》,开启了粤港澳三地携手,向国际一流湾区和世界级城市群稳步迈进的建设历程。本次的规划以"创新驱动,改革引领"为首要原则,指出要完善区域协同创新体系,促进各类要素在大湾区便捷流动和优化配置;同时,强调"开放合作,互利共赢",指出要打造高水平开放平台,加快培育国际合作和竞争新优势,创新完善各领域开放合作体制机制。在战略目标中,提出了要建设国际科技创新中心,深入实施创新驱动发展战略，深化粤港澳创新合作，构建开放型融合发展的区域协同创新共同体，集聚国际创新资源，优化创新制度和政策环境，着力提升科技成果转化能力，建设全球科技创新高地和新兴产业重要策源地。具体举措包括构建开放型区域协同创新共同体、打造高水平科技创新载体和平台、优化区域创新环境，重点聚焦在科技创新合作、创新基础能力建设、产学研深度融合以及创新平台和创新环境打造等方面。粤港澳大湾区包括香港特别行政区、澳门特别行政区和珠三角九市，总面积 5.6 万平方千米。其中，广州是区域发展的四大中心城市之一，要充分发挥国家中心城市和综合性门户城市引领作用，全面增强国际商贸中心、综合交通枢纽功能，培育提升科技教育文化中心功能，着力建设国际大都市，作为核心引擎对周边区域发展发挥辐射带动作用。广州南沙是粤港澳全面合作示范区，此次规划支持广州南沙与港澳合作建设中国企业走出去综合服务基地和国际交流平台，建设我国南方重要的对外开放窗口。同时，提出要强化粤港澳联合科技创新，共同将广州南沙打造为华南科技创新成果转化高地。

2022 年 6 月，国务院印发《广州南沙深化面向世界的粤港澳全面合作总体方案》（简称《总体方案》），赋予南沙区"打造成为立足湾区、协同港澳、面向世界的重大战略性平台"的新定位，要将南沙打造成为香港、澳门更好融入国家发展大局的重要载体和有力支撑。《总体方案》所覆盖的范围涵盖广州市南沙区全域，总面积约 803 平方千米，并选取南沙湾、庆盛枢纽、南沙枢纽 3 个区块作为先行启动区，以点带面、循序渐进开展建设。同时，《总体方案》提出两阶段发展目标。与科技创新直接相关的部分包括，到 2025 年，南沙粤港澳联合科技创新体制机制更加完善，产业合作不断深化，区域创新和产业转化体系初步构建；到 2035 年，南沙区域创新和产业转化体系更趋成熟，国际科技成果转移转化能力明显提升。

《总体方案》中特别提出，广州南沙要建设科技创新产业合作基地。

一是要强化粤港澳科技联合创新，推动粤港澳科研机构联合组织实施一批科技创新项目，共同开展关键核心技术攻关，强化基础研究、应用研发及产业化的联动发展，完善知识产权信息公共服务。创新科技合作机制、加强科技成果转化，推动金融与科技、产业深度融合。

二是要打造重大科技创新平台。高水平建设南沙科学城,加快中科院明珠科学园建设,推动海洋科技力量集聚,健全科技成果交易平台,完善科技成果公开交易体系。

三是要培育发展高新技术产业。发展智能制造、数字产业,发挥国家物联网公共标识管理服务平台作用,促进物联网、云计算等新兴产业集聚发展。加快建设南沙(粤港澳)数据服务试验区,建设国际光缆登陆站。建设好国家科技兴海产业示范基地,推动可燃冰、海洋生物资源综合开发技术研发和应用,推动海洋能发电装备、先进储能技术等能源技术产业化。

四是要推动国际化高端人才集聚。创新人才政策体系,实施面向港澳人才的特殊支持措施,在人才引进、股权激励、技术入股、职称评价、职业资格认可、子女教育、商业医疗保险等方面率先取得突破。实施产学研合作培养创新人才模式,加快博士后科研流动站、科研工作站以及博士后创新实践基地等载体建设,鼓励国际高端人才进入南沙。大力发展国际化人力资源服务,搭建国际人才数据库,建设好人力资源服务产业园区,允许符合条件的取得内地永久居留资格的国际人才创办科技型企业、担任科研机构法人代表。

同年9月,广州市委、市政府印发《关于推进广州南沙深化面向世界的粤港澳全面合作实施方案》,提出以更大格局、更宽视野、更高标准,举全市之力把南沙打造成为重大战略性平台,更好支撑广州加快实现老城市新活力、"四个出新出彩"。2023年7月,省市领导挂帅、高规格配置成立广东省广州南沙建设发展工作委员会。在这样的背景下,南方电网通过打造一流用电力营商环境,支撑广州南沙高质量发展。广州供电局作为南方电网系统的市级供电单位,负责广州市的电力供应和电网管理,是大湾区内的重要支撑单位和创新主体,在大湾区发展过程中持续探索,以现代城市电网的引领者为定位,做出积极贡献。2023年,南方电网广东广州供电局制定了《广州南沙供电局协同港澳面向世界综合改革总体方案》,推动南沙用能服务更优质、创新机制更健全、环境应变更灵活、衔接更深入,在南沙区域打造"未来电网企业"改革样板。广州供电局本身也随着粤港澳大湾区的发展,加强了与港澳地区的科技创新合作,拓宽了自身的科技创新对外交流渠道。

## 二、电网公司创新体系的不断完善

南方电网公司董事长、党组书记孟振平署名文章《坚持创新引领 加快实现能源科技自立自强》在 2023 年第 4 期《习近平经济思想研究》刊发，文章提出，作为能源电力领域的国有重要骨干企业，中国南方电网有限责任公司紧紧围绕"总书记和党中央希望我们做什么、我们怎样才能做得更好"，在能源科技自立自强中坚决发挥好国家队、主力军的作用，坚持和加强党对创新工作的全面领导，把创新摆在企业高质量发展全局中的核心位置，强化战略引领作用；坚持机制和人才"双峰并立"，构建开放创新生态；瞄准原创性引领性科技攻关，打造能源电力领域创新高地；构建全面创新体系，一体推进技术创新、管理创新、服务和商业模式创新，努力成为党和人民最可依靠的国家战略科技力量，切实为全面推进中国式现代化建设发挥重要支撑作用。近年来，南方电网不断向"数字电网运营商、能源产业价值链整合商、能源生态系统服务商"转型，紧抓能源转型的发展机遇，聚焦能源电力产业升级方向，以生态思维引领企业未来，明确生态平台构建者、生态价值创造者、生态秩序维护者、生态创新引领者四个发展定位，打造平台连接产业链上下游企业，聚合与协同商业伙伴，逐步构建以用户为核心，以自身为平台的能源生态系统。在公司内部，南方电网围绕"三商"转型和创新型企业建设构建全面创新体系，实施《南方电网公司关于进一步推进创新工作的指导意见》等，构建了如图 4-1 所示的创新体系。

作为南方电网创新体系中执行层生产单位，广州供电局深入学习体会中央深改委《关于推进国有企业打造原创技术策源地的指导意见》、国务院《广州南沙深化面向世界的粤港澳全面合作总体方案》等政策精神，并坚持贯彻执行。在时代的召唤下，广州供电局勇担创新重任，深度融入粤港澳大湾区建设，从"创建国际先进水平供电企业"到"创世界一流 树标杆示范"，用先行实践不断推动自身向开放式创新持续转型。广州供电局在 2023 年正式启动全国领先标杆供电局创建工作，制定并发布了《广州供电局"十四五"创新驱动发展规划》《广州供电局创新管理体系建设"1＋N"系列方案》等正式制度文件。在规划中，广州供电局围绕落实碳达峰碳中和发展目标，承接网省公司"十四五"创新驱动发展规划，按照"四个面向"优化配置创新资源，扎实推动电力关键核心技术攻关，力争率先攻克大容量真空泡"卡脖子"技术,打造首台(套)绿色电工装备、5G＋智能电网、超大城市级规模化虚拟电厂、电氢一体化低碳示范等 15 项重点示范工程,持续加强创新研发经费投入,全力支撑创新规划落地实施。在建设方案中,广州供电局贯彻落实国家创新体系建设与科技体制改革要求,全面承接网省公司和广州市创新工作新理念新思路新举措,强职能、补短板、增活力、创标杆,改革制约创新的体制机制障碍。通过创新组织架构的优化与充实完善,构建横向协同、纵向贯通的整体科技管理格局。建成首批 4 个实体化创新实验室,建立项目、平台、人才、资金一体化配置机制,打造技术研发、成果孵化、人才培养、校企联动的标杆高地。公布人才精准支持名单和支持政策,通过深化创新人才发展体制机制改革,推动人才和机制双峰并立,充分激发创新人才队伍活力。广州供电局历来重视创新、鼓励创新,从职工技术创新工作室到创客中心,再到首批实体化创新实验室,广州供电局内部积淀了深厚的创新文化。与此同时,近年来,广州供电局更是重视合作创新,与广汽集团、华润电力、小鹏汽车等众多企业建立合作关系,为从技术到服务模式的不断创新提供外部支撑。

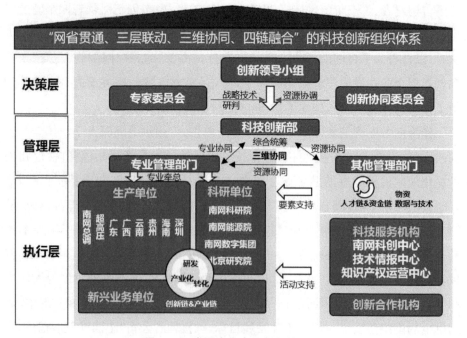

图 4-1　中国南方电网创新体系图

## 第二节　广州供电局创新活动的历程与效果

### 一、创新活动的历程

广州电网是中国最早的区域电网之一,位于广东 500 千伏主环网中部,是南方电网交直流混联运行、西电东送的受端负荷中心,也是全国供电负荷密度最大的城市电网之一。广州供电局负责广州市 11 个区的电力供应与服务,供电面积达 7 434 平方千米,供电客户数达 668 万户,每度电支撑广州 GDP 产出 27.56 元。在 2002 年以市场化为导向的电力体制改革后,中国南方电网公司正式挂牌成立并开始运作,广州供电局隶属于南方电网下的广东电网公司。2012年,广州供电局和深圳供电局改制为南方电网公司直属子公司。2019 年,广州供电局重新被调整为广东电网公司分公司。尽管组织架构经历了先后变更,广州供电局对科技创新和创新管理的探索脚步从未停歇,根据公开资料,可以梳理出广州供电局在的一系列标志性创新活动事件,如表 4 - 1 所示。

表 4 - 1　广州供电局创新生态系统发展里程碑事件线

| 序号 | 年份 | 事件描述 |
| --- | --- | --- |
| 1 | 2002 年 | 中国南方电网公司成立,广州供电局隶属于南方电网下的广东电网公司 |
| 2 | 2008 年 | 广州供电局布局建设全国最大的电能质量监测终端网络 |
| 3 | 2012 年 | 广州供电局获批成为"广东省院士专家企业工作站" |
| 4 | 2013 年 | 广州供电局与南网科研院合作建成南方电网首个智能配电网实验室 |
| 5 | 2013 年 | 广州供电局组建职工技术创新工作室,取得巡检飞行器设备等自主研发成果 |
| 6 | 2014 年 | 广州供电局自行设计开发的备自投自动投退系统在广州电网中投入闭环运行 |

（续表）

| 序号 | 年份 | 事件描述 |
|------|------|----------|
| 7 | 2014 年 | 广州供电局"基于广域信息的保护与控制技术"达到国际先进水平 |
| 8 | 2014 年 | 广州供电局牵头承担首个国家级科技项目"基于大数据分析的输变电设备状态评估系统开发"，拟与清华大学、华中科技大学、华南理工大学、中国科学院深圳先进技术研究院、西安高压电器研究院有限责任公司及南瑞继保等单位一同开展 |
| 9 | 2014 年 | 广州供电局电能质量监测终端网络建设完成，并依托此建立电能质量实验室，与国内外先进机构、大专院校合作 |
| 10 | 2015 年 | 广州供电局与重庆大学、清华大学深圳研究生院签订研究生工作站（实践基地）合作协议 |
| 11 | 2016 年 | 广州供电局成立无人机和机器人两大创客中心。其中机器人创客中心 Power X 的成员都是广州供电局从事一线作业的技术人员，他们平常都在自己部门从事相关业务，对电力行业实践中的需求非常清楚 |
| 12 | 2016 年 | 广州供电局与美国 EATON 公司签署了智能微网项目的谅解备忘录，合作开展南沙高可靠性智能低碳微电网示范项目 |
| 13 | 2016 年 | 广州供电局主动联系南沙港集团，启动了南沙客运港低压港口船舶岸电以及南沙港（一期）集装箱码头高压港口岸电等两个示范项目，围绕防治污染、节能减排进行合作 |
| 14 | 2016 年 | 广州供电局与万力轮胎一起进行电力改造探索 |
| 15 | 2016 年 | 在广州供电局的规划下，从化明珠工业园区开展多元用户互动的配用电系统关键技术研究与示范 |
| 16 | 2017 年 | 广州穗能通综合能源有限责任公司成立，广州供电局通过穗能通、设计院、南方投资集团等深度介入研发、制造、设计、建设、运营等环节，初步形成了电动汽车充电桩产业链 |
| 17 | 2018 年 | 广州供电局与广州电信、华为签订战略合作协议，达成了共建"智能配电网创新实验室"的新型合作机制 |
| 18 | 2019 年 | 穗能通与外部合作伙伴成立合资公司，将广州供电局两栖作业机器人这一科技成果进行产品化、产业化 |

（续表）

| 序号 | 年份 | 事件描述 |
|------|------|----------|
| 19 | 2019 年 | 中国移动与南方电网就已经通力协作,共同推进 5G 国家战略落地,双方选取了电网业务与 5G 技术结合度比较高的 51 类业务,在广州南沙明珠湾区域开展验证测试,涵盖了电力系统发、输、变、配、用各个环节 |
| 20 | 2020 年 | 广州供电局在电网企业中率先成立了氢能源研究中心,将电氢融合作为支撑构建新型电力系统的一个重要突破口,开展了一系列技术攻关、平台建设、示范验证等工作,推动氢能在电力领域的应用 |
| 21 | 2021 年 | 国家重点研发计划"工业园区多元用户互动的配用电系统关键技术研究与示范"项目顺利通过验收 |
| 22 | 2021 年 | 广州供电局联合广州市工业和信息化局开发推出"穗碳计算器"小程序 |
| 23 | 2022 年 | 广州在国内率先攻克大片区停电自动处置技术 |
| 24 | 2022 年 | 广州市南沙区人民政府和南方电网广东广州供电局进一步深化合作,签署《构建新型电力系统 服务南沙深化面向世界的粤港澳全面合作战略合作协议》,双方共同推动构建新型电力系统,打造能源低碳发展样板 |
| 25 | 2022 年 | 广州清远配电网互联互通,广州首个跨市配电网互联互通项目投产运行 |
| 26 | 2022 年 | 中国—芬兰能源合作示范项目——广州南沙"多位一体"微能源网示范工程在广州建成投产 |
| 27 | 2023 年 | 广州供电局在广州南沙完成小虎岛电氢智慧能源站建设 |
| 28 | 2023 年 | 广州供电局牵头"国家能源电氢协同低碳技术研发中心"成功申报"赛马争先"国家能源研发创新平台,中心拥有包括 3 名院士在内的人才队伍,覆盖国家级平台 6 个、省部级及其他实验室平台 7 个、中试线 6 条,涵盖氢制、储、用全产业链,试验基础条件优势明显,产学研用体系完整,近三年主持和参加制定多项国家、行业标准 |
| 29 | 2023 年 | 广州供电局联合广汽埃安打造光储充一体化项目,进行一系列运营商业场景的研究,助力广汽集团打造首个零碳工厂 |

（续表）

| 序号 | 年份 | 事件描述 |
|---|---|---|
| 30 | 2023 年 | 广州供电局与暨南大学刘吉臻院士共建"数字能源电力系统联合实验室"，是"十四五"期间广州供电局首个南方电网联合实验室 |
| 31 | 2023 年 | 首台全国产化 500 千伏植物绝缘油变压器在广州供电局研制成功 |

　　结合组织创新范式的一般演进历程和广州供电局创新活动的历史沿革可知，广州供电局创新活动经历了开放式创新的初始萌芽阶段、快速成长阶段、系统整合阶段，如表 4－2 所示。

表 4－2　广州供电局电力创新生态系统分阶段发展历程

| 阶段 | 初始萌芽阶段 | 快速成长阶段 | 系统整合阶段 |
|---|---|---|---|
| 时间 | 2002 年至 2015 年 | 2016 年至 2019 年 | 2020 年至 2023 年 |
| 目标 | 广州供电局以实现广州"用上电"为目标，完成广州电网基础设施建设的基本工作 | 广州供电局以提升内部创新能力为目标，围绕广州"用好电"的实际需求，完成关键技术方向的选择 | 广州供电局以增强协同创新为目标，利用电网企业的实践场景优势，构建创新平台 |
| 阶段性结果 | 广州供电局通过对国家级科技项目的承担，初步与清华大学、华中科技大学、华南理工大学、中国科学院深圳先进技术研究院等形成了合作关系，夯实了自我业务能力的基础 | 广州供电局在企业内部搭建创新平台，同时在智能化、绿色化方向谋求合作伙伴，初步构建了电动汽车充电桩产业链，南沙大平台雏形初显，广州供电局作为核心企业实现了快速成长 | 广州供电局围绕广州电网用户的实际需求，在技术落地的过程中搭建创新合作平台，整合创新要素，实现以自身为主导的开放式创新生态系统的基本框架的搭建 |

（一）初始萌芽阶段

　　2002 年，《国务院关于印发电力体制改革方案的通知》（国发〔2002〕5 号，下文简称 5 号文）下发，提出了"厂网分开、主辅分离、输配分开、竞价上网"的 16

字方针,并规划了改革路径。根据该方案,厂网分开、主辅分离等一系列改革开始推进,南方电网公司成立,广州供电局就此隶属于南方电网广东电网公司。本阶段的广州供电局还在致力于解决广州电网"用上电"的问题。其中电缆的敷设是电力基础设施建设的关键步骤之一,是保障通信、能源、交通等基础设施建设的重要环节。敷设时如果技术不过关、工作不仔细,会造成"不可逆转的危险"。广州电网所敷设的电缆由日本厂家生产,电缆安装时广州供电局的技术人员只能做副手,必须由生产电缆的日本厂家的专家指导才能安装。广州供电局通过与日本专家的多次合作,凭借自身的知识吸收和转化能力,自主掌握了电网敷设的技术,并且培养出了能够到全国各地参加电缆抢修的人才队伍,夯实了业务能力基础。

在广州电网建设的基础上,广州供电局从 2008 年起开启电能质量监测网的建设,因为"要提高电能质量,首先要知道各个区域目前的供电质量到底是好还是坏"。为此,按照国家标准,广州建 1 000 多个监测点就够了,但广州供电局给自己提出了更高的要求。到 2014 年,广州供电局已经建成了全国最大的电能质量监测终端网络。这一网络可以对广州电网 359 个电能质量监测终端、44 182 个电压质量监测终端、约 70 个地铁和钢厂等污染源进行准实时监测。依托这套电能质量监测网,广州供电局建立了检测规模在全国首屈一指的电能质量实验室,并以此为依托与外部机构开展合作。也正是得益于此,2014 年,广州供电局牵头承担首个国家级科技项目"基于大数据分析的输变电设备状态评估系统开发",与清华大学、华中科技大学、华南理工大学、中国科学院深圳先进技术研究院、西安高压电器研究院有限责任公司及南瑞继保等单位一同开展,就此为广州供电局开放式创新的萌芽奠定了基础。

(二)快速成长阶段

2015 年,《中共中央关于进一步深化电力体制改革的若干意见》(中发〔2015〕9 号)发布,以放开配售电业务为抓手,还原了电力商品属性。在此之前,广州供电局于 2012 年被调整为南方电网公司的直属子公司,在新一轮电力体制改革过程中不断提升自身创新能力。本阶段,广州供电局采取构建创客中心这一内部创新平台,激发内部员工的技术创新热情,曲烽瑞技术能手创新工作室团队从2015年开始自主研发成功的"输电两栖带电作业机器人"是内部创新平台作用发挥的标志性事件。2019年,广州供电局子公司穗能通与外部合作伙伴成立合资公司,将两栖作业机器人这一科技成果进行产品化、产业化。

2016年,广州供电局开始着手建设8个示范区,包括中新知识城、南沙自贸区、琶洲商务区等。示范区的建设与广州城市发展息息相关,在示范区的建设过程中,广州供电局因响应用户需求而逐步磨练了技术,并搭建了合作平台框架。与南沙区的合作开始于南沙客运港对岸电技术的应用需求,广州市加快国际航运中心的打造,积极发展邮轮经济,吸引国际知名邮轮公司在广州开辟国际航线始发和挂靠。这对广州港口的服务能力提出了较高的要求。我国靠港船舶以往通常利用燃油发电机发电,以满足船上冷藏、空调、加热、通讯、照明等电力需求,在消耗燃油的过程中,会排放出空气污染物,影响港口及所在城市的环境质量。广州港南沙港务有限公司希望通过岸电技术使得港口在未来发展中更有竞争力。广州供电局得知南沙港这一需求后,主动联系该集团,启动了南沙客运港低压港口船舶岸电以及南沙港(一期)集装箱码头高压港口岸电等两个示范项目,围绕防治污染、节能减排进行合作。在上述的合作过程中,一方面,广州供电局与多个企业形成深度合作关系,依托项目共同探索将互补型技术相结合的落地实践,初步形成了共建实验室的新型合作机制,确保技术合作能够在确定的机制下有效进行。另一方面,广州供电局在广州电网建设完善的基础上,寻找到了符合电力行业发展的智能化、绿色化的技术方向。

（三）系统整合阶段

2020年,经过组织架构调整,广州供电局成为广东电网公司分公司,继续在智能化、绿色化技术方向发力,并且将对技术的探索从输配电向储电延伸。2020年,广州供电局氢能源研究项目成功获批国家重点研发计划,相关规划也纳入了《广州市氢能产业发展规划》,广州供电局专门成立氢能源研究中心,负责开展氢能产业关键技术研发、推动成立高级别联合实验室,储备自主知识产权,构建推动建设贯穿氢能全产业链的示范项目,建立和完善氢能设备入网评价、技术标准、运维体系等配套制度,孵化氢能产业相关产品等。经过三年多的研发和示范工程建设,南沙小虎岛电氢智慧能源站于2023年3月25日投运,在国内首次实现了固态氢能发电并网,同时具备给燃料电池汽车加氢能力,建成了国内首个基于固态储供氢技术的电网侧储能型加氢站。固态储氢开发项目的研发汇聚了国内相关科研机构和高校,是广州供电局与高校合作研发、拓展创新链的有益尝试,在此过程中也为广州供电局整合创新资源,围绕自身技术发展路径,"以我为主"搭建了开放式创新生态系统的基本框架。

## 二、创新活动的效益成果

近年来,广州供电局通过建立资源优化配置、运转协同的创新体制机制,形成产学研用相互结合的开放式创新格局,掌握了一批具有国际先进水平与自主知识产权的核心技术,在国家科技项目、核心技术应用、知识产权数量和质量、专利实施许可、创新平台等方面取得了显著提升和明显成效。一是科技投入不断增强。广州供电局近五年的年度研发经费投入增长 216%,创新投资水平达历史最高。2022 年广州供电局全年研发经费投入强度为 1.2%,创新项目投入强度为 0.43%,均超额完成考核任务。二是创新能力加速提升。截至 2022 年末,广州供电局累计有效授权专利数达 2 221 件,其中发明专利 954 件。2022 年新增授权发明专利 240 件,其中有效发明专利占比 42.76%。"十三五"至 2022 年末,累计牵头和参与国家级创新项目 12 项,2022 年新增 3 项;累计牵头和参与国际标准 4 项,成为国际标准的重要参与者和制定者。三是体制机制持续变革。广州供电局承接网公司科技体制改革三年攻坚方案落地示范工作,持续加强创新体制机制变革。将科研主体单位创新绩效权重占比提升到 30% 以上,充分发挥考核指挥棒作用。同时,充分运用"揭榜挂帅"新型科研组织模式,激发科研工作者创新活力。四是创新生态逐步形成。广州供电局坚决贯彻习近平总书记关于创新的系列重要论述精神,奋力开辟企业创新发展高地。广州供电局全面应用 ISO 56000 创新管理系列国际标准工具,建立健全创新价值观与评价、成果转化应用、创新资金与人才、实验室体系、数字化等资源保障机制。成功申报国家能源电氢协同低碳技术研发中心、广东省工程技术研究中心,以"两平台(南沙大合作平台、网公司联合实验室)一体系(创新实验室体系)"培育协同创新生态环境,承接引入院士团队,牵头组建南方电网联合实验室—南方电网数字能源电力系统联合实验室。与清华大学、重庆大学、南网科研院、西安交通大学签订了战略合作协议,并联合行业优势单位构建"产学研用"创新联合体。积极构建全员创新氛围,认定职工创新工作室 68 个,5 个工作室获评广东省劳模和工匠人才创新工作室,7 个工作室获评广州市劳模和工匠人才创新工作室。聚焦核心技术攻关,牵头或参加国家 863 项目、国家重点研发计划项目 8 项,广东省重大科技专项 2 项,在新型电力系统、新型储能、电力大数据等领域取得多项原创成果,获广东省科技进步奖等省部级科技奖励 10 余项。拥有有效发明专利超过 2 000 件,建立了成果孵化、转化和收益分红机制,与 7 家受让方完成 112 项成果转化,带动上下游产业产值过亿元。五是供电保障能力和客户服务水平持续提高。广州供电局坚持以世界一流为目标,供电可靠性连续十四年在全国地市级供电企业排名前十,供电服务满意度在广东省和广州市公共服务调查中实现十四连冠和二十二连冠。广州"获得电力"指标在 2019、2020 年中国营商环境评价中均位居第一梯队前列,"四办"(主动办、线上办、联席办、一次办)服务举措成为优秀创新案例在全国范围内推广。

## 第三节 广州供电局的有组织开放模式

### 一、内部创新体系的建立

广州供电局创新活动的一大特点是业务创新和技术创新并存。广州供电局主要从事广州电网的投资、建设与运营,既作为标杆供电局承担技术创新任务,也因为直面需求端而需不断做出业务创新突破。因而,广州供电局在科技引领、业务支撑、产业创新三个层面进行科研布局。从部门设置看,广州供电局内部从供电业务出发设立专业部门,对应输、变电业务设立资产管理部、基建部,对应配电业务设立配网管理部,对应用电业务设立市场营销部,对应调度业务设立系统部、电力调度控制中心,对应应急业务设立安监部等。与此同时,设立电科院、科技创新中心等部门对全局科技创新进行全面支撑。从创新路径看,广州供电局历来重视由新需求引发的业务创新,不断尝试职工技术创新工作室、创客中心等多种创新组织方式,要求生产运行单位重点围绕作业流程改进、作业方法改进、设备与工器具改进等生产运行环节提出创新需求,从生产经营一线需求出发,培育原创科技、职工创新项目,快速解决生产经营一线痛点、难点问题。

近年来,随着自身技术能力的不断提升,由新技术引发的技术创新愈发变得重要。广州供电局积极组织高级别创新项目申报与实施,并且打破组织边界,以实体化实验室、联合实验室等形式,策划特色优势关键技术研发需求,引领与支撑相关专业的创新工作。比如在氢能研发方向,大力推进南方电网新能源联合实验室建设,网内协同云南电网公司、南网科技公司等单位的创新能力,网外联合产学研用优势单位布局核心方向开展技术攻关,解决面向电氢协同低碳技术发展和成果应用的关键问题。

在开放式创新视域下,广州供电局通过调整科技创新组织体系、创新项目管理、加大成果转化力度、加强科技开放合作、精准支持人才发展等举措,持续推动科技创新水平提升。一是有序调整科创体系。依循中国南方电网公司"网省贯通、三层联动、三维协同、四链融合"(三层指决策层、管理层、执行层,三维指创新管理部门、专业管理部门和其他管理部门,四链指创新链、产业链、资金链、人才链)科技创新组织体系,结合广州供电局全国领先标杆供电局特点,广州供电局内部完整建立了创新领导小组决策、科技创新部统筹、专家委智囊、科技创新中心支撑、专业部门专业把关、创新主体和实验室实体机构等承担具体研发、学会协会营造创新生态的创新组织架构体系。与此同时,广州供电局广纳高校、科研院所、行业组织、合作企业和用户单位,作为科技创新合作伙伴,使得以广州供电局为核心的创新生态系统初具雏形,如图 4-2 所示。

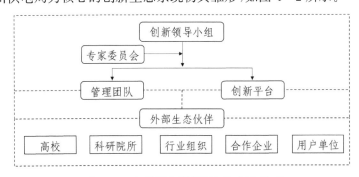

图 4-2　广州供电局创新组织架构体系

二是持续完善投入机制。首先,研发经费投入增大。广州供电局近五年的年度研发经费投入增长 216%,创新投资水平达历史最高。其次,不断完善项目管理机制,编制并落实项目全生命周期管理方案,深入推进"揭榜制""挂帅制""赛马制"等新型项目组织方式,优化研发经费投入规模及投入结构。同时,精准支持人才发展。公布人才精准支持名单和支持政策,通过深化创新人才发展体制机制改革,推动人才和机制双峰并立,充分激发创新人才队伍活力。

三是加大成果转化力度。一方面,积极推进优势技术落地应用。广州供电局关注的技术方向主要包括智能电网、绿色电网等方向,并且已经积累起一定的技术优势,比如,广州供电局成功申报 2022 年国家重点研发计划"氢能技术"专项"固体氧化物电解水蒸气制氢系统与电解堆技术"项目,在广州南沙完成小虎岛电氢智慧能源站建设,是国内首个应用固态储供氢技术的电网侧储能型加氢站。另一方面,持续推动技术要素向外流动。通过举办广州供电局创新成果交易大会、与广州市知识产权发展联合会共同主办高价值专利培育与专利奖申报技术交流专题论坛等活动,推动内部技术成果转化。

四是强化科技开放合作。在内外联动的创新组织架构下,广州供电局专家委员会通过主任委员、名誉主任委员、副主任委员、专职委员和兼职委员相结合的方式,打造了一支内外联动专家队伍,作为重要创新议事机构。同时,广州供电局不断探索创新资源投入的最佳方式,建成首批 4 个实体化创新实验室,建立项目、平台、人才、资金一体化配置机制,打造技术研发、成果孵化、人才培养、校企联动的标杆高地。

## 二、创新生态系统的构建

### (一)创新生态系统主体识别

广州供电局负责广州电网的投资、建设与运营,构建了电力创新生态圈,如图 4-3 所示。广州供电局以保障广州电力能源为核心,在国家能源局、广州市及各区政府、南方电网公司、广东电网公司的支持下,联合南网科研院、清华大学、华中科技大学、华南理工大学、中国科学院深圳先进技术研究院、西安高压电器研究院、南瑞继保、重庆大学、清华大学深圳研究生院、暨南大学刘吉臻院士,协同美国 EATON 公司、芬兰多家公司、广州移动、广州电信、华为公司、清远供电局、老挝国家电力公司等技术合作伙伴,联动南沙港集团、万力轮胎、从化明珠工业园区、广汽埃安等用户,依托"基于大数据分析的输变电设备状态评估系统开发""工业园区多元用户互动的配用电系统关键技术研究与示范"等国家级项目,共同搭建了电能质量实验室、智能配电网创新实验室、国家能源电氢协同低碳技术研发中心、数字能源电力系统联合实验室等多个创新平台,通过技术引进、联合研发、技术联盟、现场培训等多种方式促进生态圈内的技术、人才、资金、信息等的高效流动,最终促使电力创新生态圈内的相关主体共同受益。

在广州供电局创新生态系统中,根据主体要素的生态位不同,可以将其分为生产者、消费者和分解者三个身份。一般认为科研院所和研发型中小企业是创新的生产者,大型企业是创新的消费者,中介机构等是创新的分解者。在创新生态系统演化的不同阶段,各个主体要素的身份也会据实有所转变。在广州供电局创新生态系统的发展现阶段,清华大学、华中科技大学、暨南大学等科研院所,广州移动、华为公司、外资公司等上下游企业,它们与广州供电局一同作为创新生态系统的生产者,为系统内的其他主体带来创新创意。南沙港集团、万力轮胎、广汽埃安等组织通过吸收生产者的创新成果更快地实现自我创新过程,是电力创新生态系统的消费者。而广州市知识产权发展联合会等对创新资源配置具有优化作用的组织,在电力创新生态系统中充当着分解者的角色,其开展的技术交流和培训等活动,有助于知识成果的保护和运用。

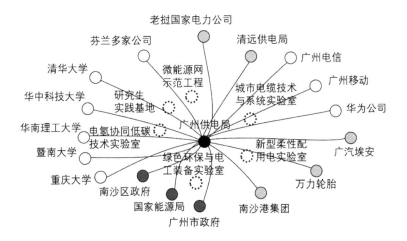

图 4 - 3　广州供电局创新生态系统构建主体要素识别

（二）功能要素流动机制识别

创新管理理论认为，构建开放式创新生态系统的主要目的是实现跨组织边界的功能要素互补。因而开放式创新生态系统中必然存在功能要素的流动依附于主体要素而存在，对功能要素的分析离不开对主体创新活动的分析。广州供电局开放式创新生态系统构成要素如图 4−4 所示，对功能要素流动机制的分析依然可以从技术要素、人力要素、资金要素、信息要素和平台要素五个方面着手。

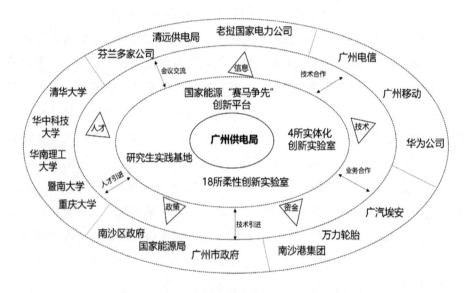

图 4−4　广州供电局开放式创新生态系统构成要素

技术要素方面，技术转让和知识共享是技术要素流动的重要方式，包括专利许可、技术转让协议、合作研发项目等。例如，企业可以通过与科研院所合作，获得专利技术，将其应用于产品开发和创新过程中。广州供电局在其构建的开放式创新生态系统内部已经形成了技术要素的双向流动机制。一是以项目研究为依托，促进技术向内流动。比如广州南沙明珠湾区域打造国家级5G＋数字电网应用示范区项目过程中，广州供电局与广州移动合作，引入 5G电力切片技术，3 年内完成 51 类电力业务场景 5G 网络通道端到端测试，全面验证电力 5G 虚拟专网切片隔离性能、资源保障性能，以及电力业务承载能力。二是通过市场化方式促进技术向外流动，不断拓宽创新生态系统边界。2020 年至 2022 年,广州供电局累计转化成果 76 项,其中以"许可"方式实施 75 项,"转让"方式实施 1 项,产品累计销售额 2 069 万元,累计转化计提收入 766 万元,转化数量年均增长 60%,转化收入年均增长 178.94%,所转化技术覆盖市场营销、输变配、数字化、系统规划、电网基建等专业领域。

人力要素方面,人才在不同创新主体之间的转移和共享,可以通过人才招聘、培训、交流和跨界合作等方式实现。例如,企业招聘来自高校和科研院所的科学家和工程师,高校教师可以参与企业项目或提供咨询服务。广州供电局在其构建的开放式创新生态系统内部正在积极打造人力要素的双向流动机制。从人力要素向内部流动层面看,广州供电局目前主要通过对自身人才队伍规模和结构的调整,实现人力要素的向内流动。未来还将通过设立访问学者和客座研究员项目等,健全柔性引才和交流机制。从人力要素向外部流动层面看,目前主要以合资公司形式向外柔性输出人才。比如广州供电局变电管理二所检修试验二班高级作业员魏宏升,如今同时也是南方电网云南国际公司与老挝国家电力公司合资组建的老中电力投资有限责任公司的变电运行业务经理,主要负责中老铁路老挝段外部供电项目变电站设备的维护运行。

资金要素方面,目前广州供电局未有采取并购等方式将具备领先技术能力的科技型中小企业纳入公司版图的行动,资金要素的向外流动更多采取项目委外的形式。广州供电局的资金要素更多地用于内部研发经费,并且广州供电局持续不断优化创新项目经费投入结构,比如建立对创新实验室、高层次人才的创新经费稳定支持机制,每年配置一定额度的创新经费作为实验室专项优先出库等。在资金要素的向内流动方面,广州供电局通过自身技术成果转化能够获得一定资金,但是相对于创新投入来说,仍然具有较大的差距。此外,政府在广州供电局主导的创新生态系统中除了作为政策供给者外,其提供的资金支持也不可忽视,因此政府支持也是该创新生态系统演进的重要动力之一。

信息要素方面,广州供电局在过去主要以交流会等形式与创新生态系统成员进行信息交换。目前,广州供电局实现了实时数据采集、数据处理、数据挖掘、数据可视化、数据安全等五大能力。通过跨部门的数据贯通,在内部实现了不少大数据应用案例,比如缩短数据校验时间、用电能耗分析、实现电力负荷特征、指标的挖掘、停电损失风险评估和预警、用电账单服务等。凭借这些基础,广州供电局构建了自己的数字资产管理平台，实现了跨行业的数据开放和流程贯通。未来，信息要素的输出可能会为广州供电局拓展开放式创新生态系统边界提供助力。

平台要素方面，广州供电局已经打造了"两平台一体系"蓝图，目前广州供电局所主导的创新生态系统内的大部分成员均通过该平台体系汇聚而来。未来，广州供电局还将大力推进南方电网数字能源电力系统联合实验室建设。以"践行绿色低碳发展理念、服务大湾区建设、引领数字能源电力系统发展"为总目标，定位智慧综合能源系统等研究方向，统筹产学研各方创新资源，建设开放、共享的数字能源电力系统公共服务及创新平台，"十四五"期间打造成为国内支撑新型电力系统建设的数字能源电力系统重点实验室。

### （三）包含内部创新体系的系统

在前面的分析中，广州供电局被作为一个封闭的节点内置于其主导的开放式创新生态系统之中。这有利于分析整个创新生态系统的要素流动和构建过程。然而，广州供电局作为该创新生态系统中最为重要的创新主体要素，其内部创新管理机制与其主导构建的创新生态系统息息相关。核心企业内部创新管理机制的变化会使得其主导构建的创新生态系统随之变化。因而，对广州供电局所主导的创新生态系统的描述，需涵盖广州供电局内部创新体系，如图4-5所示。图4-5中所添加的内部结构源自上文所述的广州供电局内部创新体系，是根据《广州供电局创新管理体系建设工作实施方案》改革而来。广州供电局作为南方电网公司创新管理体系建设试点单位，内部进行了创新管理机制的调整。从机制调整对创新生态系统构建要素的影响看，调整后的机制将更有利于开放式创新生态系统的系统整合与继续演进。一是建设中枢平台，强化对科技创新工作的整体统筹。构建创新领导小组领导决策，创新领导小组办公室组织实施，专家委员会专业指导，专家委员会秘书处具体落实的整体框架，为广州供电局构建横向协同、纵向贯通的大科技管理格局提供坚强支撑。二是建立立体化科研情报跟踪机制，促进信息要素向内流动。一方面，以加强建设科创中心为抓手，在未新增内设机构的前提下，依托科创中心建立覆盖内外部机构的创新情报工作网。另一方面，积极推进数字化转型，建设知识共享服务模块，提高创新数字化共享水平。三是重视科技成果转化工作,促进技术要素向外流动。一方面,通过广泛市场调研、深入挖掘产业需求,提出具有转化应用潜力的研发需求,酝酿产业创新项目。另一方面,推动自有科研成果入驻南网商城,并建立成果转化与项目布局反馈机制。同时加强广州供电局组织内部科技成果共享机制建设,为开放式创新模式的构建打好基础。四是打造专家委高效运转机制,促进人力要素向内流动。基于专家队伍存在断层的现状,从建立和动态更新专家库清单着手,完善专家委员会工作机制,将专家委员会打造成为由内外部专家共同构成的创新议事平台。此外,以创新联合体、联合实验室、技术咨询、专家委会议等形式柔性引才。同时,通过加大内部人力资源市场开放度,促进内部专业人才合理分布、跨单位流动,打造更为开放的内部创新生态系统。五是合理配置资金要素,分梯度支持创新项目。科研主体单位引领和支撑相关专业创新项目工作。生产运行单位培育原创科技项目、职工创新项目,快速解决生产经营一线痛点、难点问题。积极参与"揭榜制""挂帅制""赛马制"新型科研组织模式、竞争性申报和联合研究院科研合作。此外,加强上下游企业合作,拓展知识产权转移转化渠道,探索知识产权资产与金融合作,尝试专利证券化融资,探索资金要素向内流动渠道机制。

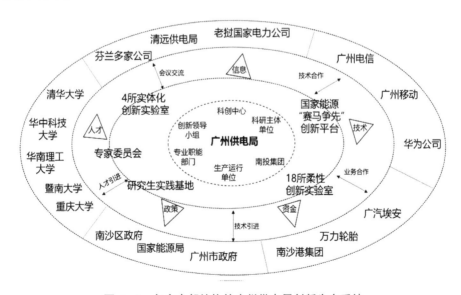

图 4-5　包含内部结构的广州供电局创新生态系统

### 三、开放创新下的价值共创

凯文凯利在《技术元素》中写道"城市不朽,公司终殆",因为公司可以被比喻为封闭的有机体,遵循有机体的成长法则,经历生老病死,而城市更像生态系统,边界模糊、开放多元。在开放创新思潮下,越来越多的企业通过构建开放式创新生态系统来交互传递价值,企业边界日趋模糊,创新生态系统的网络性、开放性和交互性随之增强。开放式创新生态系统中各主体通过跨边界协作,促进资源在系统中流动、聚集和整合,共同创造生态系统的共享价值。由此,将开放式创新战略纳入具有整体性、多样性、动态性等本质的创新生态系统,是真正打造持续共赢的开放式创新关系、实现价值共创的有效手段。在开放式创新生态系统中,各个主体通过开放式创新克服资源短缺,共同进化,最终以实现价值共创为目标。与一般意义上的企业相同,广州供电局具备边界鲜明的公司制组织形态,在价值共创的过程中需要不断突破组织边界。同时,广州供电局负责广州市电力供应与服务,深度嵌入城市的成长和发展进程。随着城市用电需求的不断升级,广州供电局持续推进数字化、绿色化、智能化转型,打造内部创新体系、构建外部开放式创新生态系统,不仅面向广州自身城市建设,也不断融入粤港澳大湾区等城市群的建设和发展。企业边界的开放,使得创新生态系统中价值交换的复杂性得到有效管理,实现多项创新成果价值共创。

#### (一)高压电缆技术打造行业内国际典范

为满足国民经济快速增长的需求,以广州第一代电力工作者为代表的品牌奠基人通过引进国外的高压电缆技术和设备,逐步自主掌握高压电缆规划、设计、施工、运检技术技能。2002年南方电网公司成立,广州高压电缆实现了自主施工,扭转了20世纪我国电缆安装时中国人只能做副手、在外国厂商专家指导才能安装的局面。2003年2月,因"非典"肆虐,在厦门打破了220kV交联电缆附件安装被日本人技术垄断的格局。2005年,支援广西百色水电站配套电缆工程建设,首创76米大落差电缆隧道竖井机械敷设。此后,协助同行攻克了贵州三板溪水电站、江苏宜兴水电站以及湖北白莲河水电站等多个500千伏电缆高难度施工工程等一个又一个难题。为解决高压电缆设备数量快速增加、运维要求不断提高与维护人员数量基本维持不变的矛盾,广州供电局高压电缆技术团队在科研创新跑道加速,实现广州供电局电缆线路及电缆隧道智慧运维全覆盖,以激光点云三维建模、多场融合数字孪生、集控式数字化平台为代表的新兴技术,构建了广州地区高压电缆运行状态全景感知系统,成果经中国电力企业联合会鉴定为国际领先,这标志着广州供电局高压电缆技术初步率先进入数字化时代。但是,高压电缆技术行业还面临诸多风险和挑战,作为高速发展的技术密集型专业,高压电缆缓冲层烧蚀修复、老旧电缆寿命评估与改造技术积累不足,且高压电缆绝缘料长期依赖进口,研发周期长、难度大,同时数字化改革持续走深、响应国家低碳政策实现绿色环保转型也是我国电缆行业亟待解决的关键问题。广州供电局高压电缆技术团队始终保持初心,积极提升全面自主研发能力,在智能运维、聚丙烯环保绝缘料、超长陆上电缆建设等领域勤耕不辍,填补了多项国内行业技术空白。

在技术创新过程中,广州供电局采取了多项创新举措。一是搭建平台,夯实基础。以三基建设为路径,持续强化电缆专业基层班组,广州供电局输电二所天河中心拥有南方电网公司电缆专业第一个五星班组,并于2023年获得南方电网公司输电专业第一个五星示范班组。基层班组高效运转,支撑广州供电局电缆专业安全生产平稳有序。推动创新平台管理机制改革创新,建成南方电网公司首个电缆专业实验室,以"城市电缆技术与系统实验室"为依托,成立专业创新平台管理委员会、技术委员会等组织机构,配置实验室主任1名、技术总监1名、研发工程师5名等专职人员,主要负责电缆重点实验室日常维护、科技研发、实验检测、平台建设等工作实体化运作。做细做实行业技术平台,运作广东省电机工程学会电缆专委会、IEEE PES 输配电技术委员会(中国)电缆分委会等协会,并积极申报省部级重点创新平台、中电联电缆附件安装资质授权等;承办《电缆技术》杂志,定期举办行业技术会议,拓展业内合作广度和深度。

二是战略引领,科研攻关。以国家战略需求为导向,重点围绕环保材料与设备、设备国产化、新型电力系统、数字转型等方面持续发力。2023年至2024年,广州供电局一方面推进电缆料国产化、城市直流电缆、电缆智能运维技术、500千伏并联电缆等网级科技项目申报和实施;另一方面推进电缆缓冲层修复液、500千伏电缆关键技术、聚丙烯环保电缆等新技术成果的工程示范应用。在长距离大容量电缆工程建设方面,广州供电局建设投产全国最长陆地 500 千伏电缆线路——广楚甲乙线,并在国家能源互联网大会上率先发布《500 千伏电缆创新发展与应用白皮书》。在环保材料研制方面,南方电网采取弹性体共混增韧技术,自主研制聚丙烯绝缘料,实现力学性能优异,电气性能达标。在聚丙烯绝缘料基础上,进一步开发与其匹配的屏蔽料,电阻率优于交联聚乙烯屏蔽料体系,耐温性更突出,断裂伸长率提高,光洁度与交联乙烯共聚物屏蔽料相当。广州供电局对国产 110 千伏聚丙烯绝缘电缆进行了示范应用,完成了聚丙烯绝缘高压电缆系统的试验回路搭建和附件匹配性验证试验,攻克并总结聚丙烯绝缘低温打磨工艺。同时通过在线监测系统实现对聚丙烯线路运行情况的全面、实时监测和运行数据积累。南方电网研制的 220 千伏、110 千伏自主可控高压电缆可交联聚乙烯绝缘材料获国家能源局 2021 年度能源领域首台(套)重大技术装备认证,并入选工信部、国资委 2022 年度重点产品、工艺"一条龙示范应用",绿色环保绝缘料的研制是其中的重要突破,一方面响应了国家绿色低碳政策,另一方面解决了我国高压电缆行业关键绝缘材料长期依赖进口的"卡脖子"技术难题,补齐高压电缆产业链供应链短板弱项。

三是问题导向,服务生产。坚持以问题和需求为导向,深入研究解决老旧电缆劣化监测及绝缘性能评价、电缆缓冲层隐蔽性缺陷机理及检测修复方法、电缆护套结构及材料优化改进等行业技术难题。广州供电局通过《高压 XLPE 电缆缓冲层烧蚀故障机理及缺陷诊断与修复方法研究》《电缆附件铜编织带焊接腐蚀检测研究》等重点攻关项目研究缓冲层烧蚀机理,提出气相色谱检测方法,建立气体诊断判据,并研制了现场检测装置,在部分烧蚀电缆线路上进行了较有效的使用。针对金属护套腐蚀的情况,研发了大功率超声导波激励探头,通过超声导波信号处理及深度学习相结合的方式实现对电缆铝护套腐蚀缺陷的识别。同时研发的电缆缓冲层修复液,在缓冲层与皱纹铝护套之间的空气隙中添加导电材料,恢复缺陷位置的电气连接,并研制 110 千伏可调节长度组合预制式绝缘接头产品可用于缓冲层导致的故障修复。相关成果已通过新技术鉴定,下一步挂网试运行。

四是创新机制,汇聚人才。建立专家顾问机制、柔性工作组机制、联合培养机制、揭榜挂帅等技术人才灵活流动机制。其中,广州供电局首创成立高压电缆联合培养班,运维单位与施工单位每期选派学员参加为期 6 个月的工程实战,为南方电网持续培养高水平技术技能青年人才提供保障。优化人才结构,构建具有传承活力的多层次人才队伍。不断壮大技术技能主力军,通过培养引进科技领军人才,发掘培育优秀青年科技人才,柔性引进高层次创新人才,构建高层次科技创新人才体系。完善科技人才服务机制,注重项目与人才相结合,完善创新平台建设、专项资金、奖励推荐、项目支持、成果推广、表彰宣传等配套资源配置,建立健全创新人才绩效评价考核机制,实行"能上能下"制度,激发专家队伍活力。

五是广泛交流,提升影响。依托广东省电机工程学会电缆专业委员会、IEEE PES 标委会、输电专业劳模工作室联盟、清河电缆培评基地等平台资源,持续推荐南网电缆人才,不断在各级平台积极发声,不断输出南网经验,扩大行业影响力。先后在 2023 年电力智能巡检大会、电力电缆技术发展大会分享广州电缆专业生产、科技经验,获得行业一致认可。推荐国内外学术技术组织、行业标准委员会等,在行业标准编写、审核等方面,发挥广州电缆专业技术作用;加强项目合作和人才交流,发挥电缆重点实验室桥梁作用,采用"请进来,走出去"的交流合作模式,吸收国内外学者、研究人员等到实验室专题演讲或试验研究;与知名高校、科研院所和先进企业交流合作,共同开展项目科研工作。

近年来高压电缆技术不断取得进展,取得了多项成绩。一是品牌影响力大幅提升。广州供电局高压电缆技术通过支援外地电缆建设、组织行业协会、输出电缆标准和经验等方式,持续强化技术品牌影响力。下属四级单位承接国内外各项接待任务百余次,培训机构承办行业赛事、技能鉴定、技术考核年均十余项,通过专业技术协会、IEEE 等平台开展全国性大会工作十余次等。2022 年,《人民日报》新媒体平台转发广州电视台新闻《广州移动 5G 专网"照亮"猎桥电力隧道》,全国范围内报道了 110 千伏猎桥隧道为数字化技术应用程度最高的新一代智慧管廊之一,为加快推进智慧城市建设做出巨大贡献。央视新闻客户端、《中国知识产权报》《南方电网报》等主流媒体相继报道南方电网自主可控高压电缆可交联聚乙烯绝缘材料实现了国产化代替,改变了国内高压电缆绝缘料完全依赖进口的现状,成功打破了欧美少数厂商的技术和市场垄断,具备了规模化生产和商业化应用条件。《中国电力报》《羊城晚报》等媒体报道了国内首条绿色聚丙烯绝缘高压电缆投入运行,标志着我国绿色电缆正式进入工业化应用阶段。二是行业顶尖人才持续输出。南方电网高压电缆技术人才队伍建设在全国范围内取得了巨大成效,先后涌现了陆浩臻、梁洪等全国劳模,卞佳音、黄嘉盛、徐涛、张珏等公司系统领军、拔尖技术专家。广州供电局在 2020 年和 2022 年分别包揽网省公司电缆竞赛个人及团体一、二、三等奖;在 2023 年全国电力行业电力电缆安装运维职业技能竞赛中包揽前三,创造了公司参加行业性技能竞赛的历史最好成绩;在中华人民共和国第二届职业技能大赛,选派两位选手摘获铜牌。科技人才方面,两人入选"南网高层次人才特殊支持计划",1 人获评广东省企业创新达人。三是科技成果不断累积。2012 年以来,广州供电局高压电缆专业累计实施科技项目 64 项,完成研发资金投入约 2 亿元,被中国电力企业联合会等单位鉴定为国际领先水平 8 项、国际先进水平 1 项,获得国家行业协会、广东省、网公司等省部级科技奖励 16 项;发表 SCI,EI 检索等高水平论文 26 篇,授权发明专利 32 项;500 千伏电缆运维关键技术、110 千伏及 220 千伏电缆载流量提升、电缆绝缘劣化等科技项目成果已推广应用,社会和经济效益显著。2023 年,新申报南方电网公司原创技术策源重点项目 1 项、其他重点科技项目两项,并计划 2024 年策划申报国家重点科技项目,以重大科技项目为纽带,引领专业技术发展。四是示范工程全国领先。广州供电局建成国内最长 500 千伏陆上电缆线路、首回 110 千伏绿色环保聚丙烯电缆线路、新一代智慧管廊猎桥隧道。110 千伏绿色环保聚丙烯电缆绝缘料是国产绝缘料在工信部、国资委 2022 年度重点产品、工艺"一条龙"应用的重大突破,发挥了高水平高质量的团体标准应用标杆效应。

### (二)建设数字化转型标杆企业

"十四五"时期,南方电网公司完善战略布局,深化数字化转型和数字电网建设。《南方电网公司"十四五"数字化规划》中强调,数字化转型应以企业架构为牵引,以激发数字技术及数据生产要素活力为主线,以"两化"促"两型"助"双碳"为重点,要求"升级数字化管理体系,健全数字强企建设长效机制",2025 年全面完成数字化转型,成为数字化转型标杆企业。广州供电局作为全国领先标杆供电局,勇当国企改革行动先行者和南网数字化转型先锋,持续优化完善数字化转型机制,加快数字化转型建设,通过管理创新与业务变革,尽快实现数字化转型目标,同时立足电网数字化转型实践经验,高标准开展具体评价体系设计,形成了数字化转型评价标准。

广州供电局结合企业架构方法论以及数字化建设实践经验,构建形成了一套以架构为牵引,业务与技术融合的数字化管理机制。管理机制整体框架包括"一点两面三三制四维度"。"一点"是立足南网全国首个架构管理部门的建设思路,充分融入"架构化"管理理念,深入运用科学方法论找准战略落地的数字化着力点。"两面"是推动业务与技术融合,构建涵盖业务专家、数字化产品经理、技术架构师、第三方厂商等多种角色的业技融合团队,打破业务和技术壁垒。"三三制"是三类数字化建设类型及三段数字化建设阶段。三类数字化建设类型指的是管理流程类、决策分析类和体验优化类。管理流程类指涉及现有业务流程变化的数字化建设,包括流程线下到线上、流程优化对应的数字化变化、流程运转过程业务对象信息的增减、流程环节规则的更新等;决策分析类指基于数据分析辅助决策分析的数字化建设,如各类数据统计、运营监控、预测分析等;体验优化类指不涉及业务流程变化、针对当前系统使用体验进行优化的数字化建设,如界面优化等。三段数字化建设阶段包括前期立项阶段、项目可研阶段和设计开发阶段。立项阶段由业务侧主导,承接业务战略,并细化至业务流程颗粒度;项目可研阶段基于业务侧输入,由产品经理分析形成数字化可行性研究,并细化到功能颗粒度;在设计阶段形成可交付开发团队的具体建设内容,到数据项、界面原型等颗粒度。"四维度"是指广州局按照"战略承接—全面研究—体系深化"的思路,提出电网企业数字化转型评价标准,包括战略引领、业务赋能、技术应用、治理体系四个维度的一级评价主体。战略承接指全面承接南方电网公司"十四五"数字化规划、企业架构白皮书、数字电网支撑新型电力系统建设行动方案、各个业务域数字化转型行动计划等公司战略要求与文件。全面研究指全面研究解读华为公司数字化转型评估模型、国资委关于国有企业数字化转型试点企业指标集、国家标准《信息技术服务数字化转型成熟度模型与评估》(GB/T 43439－2023)、团体标准《数字化转型成熟度模型》(T/AIIRE 10004－2023)、CMMI、ACMM、DCMM 等相关评价标准内容和方法。体系深化指结合广州局近年来探索实践的经验体会,对完成数字化转型的衡量标准和实施进程进行了深入研讨,发挥在企业架构、业务数字化、数据治理、业技融合建设等方面的优势经验,在更高起点上细化探索具体评价标准与方法。

在实施过程中,广州供电局成立业技融合团队,如图4-6所示,以促进业务与数字化深度融合为目标,打造业技融合的数字化团队,细化落实组织、角色及职责。在业技融合团队的基础上建立柔性团队机制,如图4-7所示,明确团队人员分工与职责界限,以"IT产品化运作"为抓手,落实"到现场"的整体要求,实现业务、技术、关键用户按工作阶段性特点按需灵活流动。在具体内容方面,运用了企业架构理念,涵盖业务架构、应用架构、数据架构、技术架构与安全架构。以业务架构锚定战略,实现横向协同、纵向贯通;以应用架构适配业务,实现应用服务的随需而变;以数据架构赋能业务,实现数据资产的流转增值;以技术架构筑牢基础,实现技术底层的先进适配;以安全架构防护全域,实现防御体系的本质安全。在数字化建设过程中,通过对各个阶段开展架构管控,可以实现数字化转型建设全生命周期综合最优。架构管控在数字化建设的各个阶段关注重点不同。在前期立项阶段,重点以业务架构和应用架构为牵引,避免需求重复提报造成资源浪费;在项目可研阶段,以五类架构为牵引,确保项目建设顺利可行;在设计开发阶段,重点以应用、数据、技术、安全架构为牵引,确保建设质量符合架构设计。架构牵引的好处在于,能够实现主动挖掘数字化建设机会点,瞄准战略重点,主动、提前筹划;统筹数字化建设资源,合理安排建设内容及进度;支撑能力共享及跨域协同,借助架构统一业务及数字化语言和标准;促进持续迭代优化,激活数字化成果全生命周期价值;辅助业技融合,统筹管理、培育掌握核心数字化能力的人才团队。此外,对数字电网各个领域与维度开展细致客观的数字化转型建设评估,可以全面直观地展现数字电网数字化转型建设情况。通过数字化评估,发现现有数字化建设中的短板与不足,并明确现有建设情况与领先标准的差异,为后续数字化建设工作指明方向。以企业架构为牵引,从公司全局视角统筹安排数字化资源投入,合理安排数字化建设内容及进度,促进已建成项目持续迭代优化,激活数字化成果全生命周期价值。借助架构统一业务及数字化语言和标准,使用"两图一表"创新方法,便捷业务人员填写使用,缩短业务侧信息的传递链条和落地周期,促进能力共享及跨域协同,敏捷响应业务需求。通过架构化与数字化融合,数字化专业人员充分参与业务场景设计，主动辨识流程断点、堵点；同时瞄准战略重点，主动、提前筹划数字化建设项目，发挥技术驱动价值，推动业务模式改变以及跨域协同能力提升。充分利用业务人员与数字化人员的专业知识，取长补短，确保业务人员了解数字化、数字化人员了解业务，从而更好地协同工作，提高数字化解决方案的质量和适应性，提升数字化转型的效率和成果。通过制定与发布数字化转型评价标准，明确广州局数字化转型领先地位，扩大行业影响力，推动广州供电局的持续发展和竞争优势的提升。

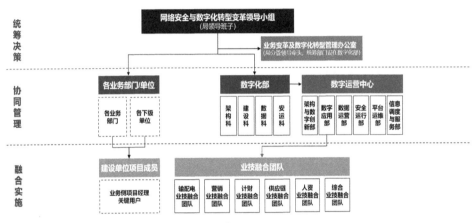

图 4-6　业技融合团队

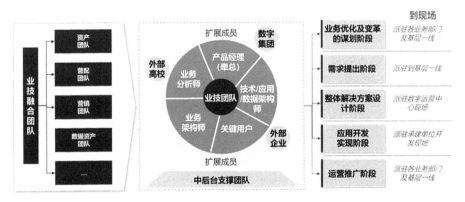

图 4-7　柔性团队机制

（三）"绿色安全"植物绝缘油变压器技术

2022 年 8 月,由中华人民共和国工业和信息化部、财政部、商务部、国务院国有资产监督管理委员会及国家市场监督管理总局联合发布工信部联重装〔2022〕105 号文《关于印发加快电力装备绿色低碳创新发展行动计划的通知》中,提出了装备体系绿色升级行动的重点任务,其中明确指出要加快天然酯(植物)绝缘油变压器的研发突破与推广应用。植物绝缘油具有可再生可降解、安全环保、与绝缘纸配合可延长变压器寿命等优点,是矿物绝缘油的理想替代品,且尤其适合用于水电、风电、光伏发电、生物质发电等新型清洁能源的发电场景。除此之外,每使用 1 吨就可减少碳排放 1.12 吨,再次证明植物绝缘油及大型植物绝缘油变压器的研发突破和推广应用,是实现电力装备绿色低碳创新发展的重要一环。在植物绝缘油变压器研制与应用领域,国内一直落后于欧美地区,且国外跨国公司长期垄断了大型设备的设计、制造技术,想要成功自主研发世界上最高电压等级的植物绝缘油变压器,具有很大的技术难度。植物绝缘油变压器研制关键技术的突破,标志着我国绿色大型电力装备国产化研制工作迈入重大里程碑,植物绝缘油变压器不仅社会效益突出,同时还能为电网节省成本,推广应用前景极为广阔。广州供电局在低碳电工材料与装备领域深耕多年,自 2012 年起立项研究植物绝缘油制备与植物绝缘油变压器设计、制造及运维关键技术,在植物绝缘油与植物绝缘油变压器等领域取得多项创新成果,掌握了核心知识产权,目前处于国内领先地位,引领了国内植物绝缘油变压器行业的发展。2023 年 3 月,为进一步整合创新资源,正式设立了"绿色环保材料与电工装备"创新实验室,目标是立足植物绝缘油领域的技术优势,聚焦环保电工材料与装备研发应用,拓展新研究领域,聚集国内外高端人才,领跑植物绝缘油提炼产业,推动电力装备绿色低碳升级,支撑"双碳"目标与粤港澳大湾区新型电力系统建设。打造大湾区环保电工材料与装备产品产业孵化基地,持续推动先进技术孵化成为具有国际竞争力的产品,重塑环保电工材料与装备产业链。

植物绝缘油变压器技术探索聚焦实体抓手、创新主线、首要任务和愿景重点任务,以标志性科研成果有力支撑新型电力系统的建设,支撑公司建设具有全球竞争力的世界一流企业。一是抓牢绿色环保材料与电工装备实验室实体化运作这个重要抓手。利用好绿色环保材料与电工装备实验室实体化运作契机,聚集创新资源,将实验室打造成为具有国际影响力的研究中心,吸引全球高端人才,持续产出高水平成果,推进电工装备绿色创新技术进步,提升技术品牌竞争力和影响力。二是抓好"核心技术攻关—重大装备研制—示范工程建设—标准体系引领"这条创新主线,加大自主研发力度,持续在植物绝缘油电力设备领域构筑核心竞争力,形成技术、装备、工程、标准一体化推进格局,引领植物油变压器产业发展,在高端绿色环保电工装备产业链关键领域持续"补短板""填空白",持续保持广州供电局在植物油变压器领域全球领先地位。三是落实运作好推动电力装备绿色低碳创新发展这一首要任务,贯彻落实习近平总书记在中央财经委员会第九次会议上作出构建新型电力系统的重要指示,积极响应工业和信息化部、财政部、商务部、国务院国有资产监督管理委员会、国家市场监督管理总局关于印发加快电力装备绿色低碳创新发展行动计划的通知,加快植绝缘油变压器等绿色电力装备研发突破,为新型电力系统建设提供技术支持,切实推动电力装备绿色低碳创新发展。四是把握"推动创新链产业链资金链人才链深度融合,带动产业转型"愿景,贯彻落实党的二十大部署,加快实施创新驱动发展战略,推动创新链产业链资金链人才链"四链"深度融合,实现植物油变压器技术创新带动国内产业发展与转型,多元资金链供给技术迭代发展,以强技术优平台吸引海内外人才,支撑国家战略发展需求,进一步塑造"全球绿色电力装备技术引领者"品牌画像,为支撑新型电力系统建设添砖加瓦。

### (四)电力"元宇宙"助力换流站"换新颜"

随着数字化技术的不断发展,推动电力行业数字化转型已成为必然趋势,也是实现"数字中国"建设目标的重要支撑。其中智能电网和数字化运维是转型发展战略的重要一环。智能电网是数字化转型的核心,通过应用物联网、大数据和人工智能等技术,实现电网的智能化运行、管理和服务。它能够提高电力系统的效率和可靠性,降低能源消耗和碳排放,为绿色发展提供有力支持。而数字化运维是数字化转型的重要组成部分,通过数字化技术和智能化设备对电力设施进行远程监控和维护,提高运维效率和设备可靠性。同时还能够降低运维成本,提高电力企业的经济效益。为贯彻落实国家的发展战略,南方电网公司围绕《新时代的南网总纲》"国家队地位、平台型企业、价值链整合者"的企业定位要求,开展数字化转型,遵循网络安全标准和统一电网数据模型构建相对应的数字孪生电网,推动传统电网向数字电网转变。为加快推进南方电网数字电网建设,南方电网公司陆续发布了多项数字电网建设行动方案及应用手册。广东电网公司紧跟时代步伐,积极响应网公司数字电网建设行动方案,并于2021年选取广东电网直流背靠背广州工程及东莞工程(变电站三维设计示范应用)项目作为试点工程,旨在打造更加智能、高效、可靠的电网系统。而电力元宇宙概念的提出,将为电网的未来发展描绘出更加宏伟的蓝图。电力元宇宙,是基于元宇宙理念和技术体系,针对电力业务需求而构建的专用数字化平台。它将融合云计算、物联网、数字孪生、人工智能、人机交互等技术,构建多要素参与的数字化指挥空间,实现电网物理实体、抽象实体、"数字分身"等多要素对象的虚拟构建、信息共享和互动共生。对于变电运维方面,电力元宇宙可以提供一种全新的运维管理模式。通过数字孪生技术,将变电站的物理设备与虚拟设备进行连接和映射,实现设备的实时监控、预警和智能控制。在电力元宇宙中,运维人员可以以虚拟现实的方式进行远程操控和巡检,提高运维效率和安全性。此外,电力元宇宙还可以通过人工智能技术对变电站的运行数据进行智能分析和预测,提前发现潜在的运行风险,为运维人员提供决策支持。500千伏粤中换流站电力元宇宙项目按照《关于明确新一代智能输电线路与典型智能变电站建设要求的通知》,结合500千伏粤中换流站新一代智能运维体系(智慧生技)的应用试点及工程实际运维需求实施方案。粤中换流站运维要求着手开发系统功能,同时结合智能建设平台的三维模型、信息模型与工程信息,建设粤中换流站基于数字孪生技术三维数字化应用及智能巡检系统技术实施方案。该方案基于南方电网数字电网云—管—边—端的系统架构,结合融合全景数据的三维模型和信息模型,通过三维空间视角,实现以数字孪生技术呈现变电业务应用场景,提升运维全面监视的空间体验,并基于三维模型开展设备特性仿真与模拟算法模型开发,实现多维数据的深度挖掘及智能分析等数据化业务应用,为电力元宇宙的实现奠定了坚实基础。

在电力元宇宙中,广州供电局结合自身实际,积极探索符合自身特点的数字化业务体系,开发了智能监视、智能巡视、智能操作、智能安全、智能分析、智能评价六大功能模块,并取得了一定的社会效益。一方面,提升运维可靠性,保障粤港澳大湾区供电稳定。粤中换流站的安全可靠运行能大幅降低广州、东莞等核心地区 500 千伏短路电流,降低直流换相失败和大面积停电风险,同时对支撑广东电力现货市场交易,提升粤港澳大湾区的电力安全供应保障能力起到重要作用,采用科学、可靠、经济、智能的手段做好日常运维保障其安全运行具有显著的社会效益。电力元宇宙打通了物理现实世界的数据通道,AI 智能算法易于落地,可以充分发挥数字化运维的优势,从技术上和管理模式上提升设备运维水平,实时捕捉设备故障隐患,防患于未然,快速处理复杂综合故障信息,提升故障处理效率降低停电时间。另一方面,提升生产效率和质量,促进数字中国建设发展。在变电站/换流站智能化数字化的浪潮下,粤中换流站电力元宇宙结合自身业务需求,开发六大功能模块,建立全新的数字化运维策略,在设备巡视、设备操作探索少人化、无人化运维,同时在全封闭的阀厅设置透明化的监测系统,有效地避免了工作人员进入强电磁环境的阀厅开展运维工作。为利用数字化转型提升生产效率提供了成熟的建设经验,为进一步推动其他智能巡检系统的策略优化和技术革新提供了样板。此外,支持人才培训发展,促进技术创新。在电力元宇宙中,可以为运维人员提供虚拟实践和操作平台,帮助他们熟悉设备操作流程,提升应急处置技术技能;元宇宙中信息共享和海量数据汇聚,也方便技术人员开展各类技术创新研究。

### (五)猎桥变电站成为闪亮电力名片

2018 年 10 月,习近平总书记到广东视察,在广州市荔湾区西关历史文化街区永庆坊强调,城市规划和建设要高度重视历史文化保护,不急功近利,不大拆大建。要突出地方特色,注重人居环境改善,更多采用微改造这种"绣花"功夫,注重文明传承、文化延续,让城市留下记忆,让人们记住乡愁。广州牢记嘱托,深入学习领会习近平总书记对广州提出的实现老城市新活力、"四个出新出彩"重要指示要求,全力探索"全民参与、共同缔造"的城市品质建设新模式,在全市域开展了社区设计师工作,推动"社区事·大师做""社区事·街坊做""社区事·专职做"行动,邀请国内外设计名师、院士大师、中青年设计师等,深入社区街巷,携手当地居民共同参与社区的变电站、厕所、消防站、垃圾站等项目的设计,用"绣花"功夫推动城市空间环境改善,不断满足人民对美好生活的向往。

广州市规划和自然资源局选取 110 千伏猎桥变电站作为"社区事·大师做"首批试点项目。南方电网公司提出"十三五"期间全面打造"安全、可靠、绿色、高效"的智能电网建设目标,开展针对新一代智能变电站的试点项目建设,探索新的设计理念及建设管理模式。110 千伏猎桥变电站作为南方电网公司新一代智能变电站首批试点项目,通过试点项目促进技术迭代,推动创新发展,总结积累经验及技术推广应用条件,形成有效模式,指导南方电网智能变电站发展,引领电力设备高质量发展广州供电局贯彻落实广州市规划和自然资源局、南方电网公司的建设愿景,以创先引领、勇于变革、精益求精的创新精神,依托 110 千伏猎桥变电站践行"创新、协调、绿色、开放、共享"的新发展理念,形成具有"设计理念超前、智能技术领先、绿色低碳引领"的显著特征,致力打造 110 千伏猎桥变电站成为闪亮电力名片,引领电网建设高质量发展。

110 千伏猎桥变电站以开放创新思维有效化解城市变电站建设"邻避效应"行业难题。第一,推动城市电力设施品质升级。引领了电力设施建设理念的转变与创新,让变电站从封闭走向开放,使变电站建设从注重建设速度和功能性的 1.0 阶段、注重规划建设与环境融合的 2.0 阶段,迈入了开放兼容、多方共赢的高质量发展路径的 3.0 阶段。在电网行业内具有开创性和示范效应,为未来更多的公共设施设计与建设提供了样本,以南网实践推进中国城市高质量发展。第二,破解邻避问题。猎桥变电站实现了变电站从"邻避"走向"邻利"的突破。猎桥变电站是南方电网首个面向公众开放的绿色变电站,开馆后,曾经反对变电站建设的猎德村村民走进猎桥变电站,表现出对变电站的欢迎和喜爱,并主动赠予了感谢状。截至 2023 年 12 月,猎桥变电站接待市民参观 2.5 万余人,接待政府相关部门技术交流超过 100 次,成为电网与市民沟通主要桥梁,政府与企业交流重要平台,获得多方认可。猎桥变电站已成为电力设施融入城市发展的优秀示范,助力宜居、韧性、智慧城市建设。第三,促进电力装备产业链高质量发展。2022 年 8 月,南方电网公司颁布《数字变电站典型配置要求(试行)》(办生技函〔2022〕9 号)文件,明确以新一代智能变电站试点工程为示范项目在南方电网范围内正式推广应用,引领南方电网建设加速向新一代智能化技术发展,促进电力装备产业链迭代升级。第四,引领电网建设绿色低碳可持续发展。通过示范应用绿色低碳十项新技术应用,变电站节能降碳效果显著,是全国首个获得"美国 LEED 绿色建筑认证金级、国标绿色建筑认证三星级、电力建设绿色建造水平评价三星级"绿色变电站;为电力行业探索"碳达峰、碳中和"可持续发展提供南方电网实践样本。第五,彰显国际影响力。何镜堂、李立涅、崔愷、王建国、孟建民等 6 位中国工程院院士和大师在猎桥变电站发布倡议书,以猎桥变电站作为优秀示范案例,面向世界呼吁从规划源头化解公共设施建设引起的"邻避"问题,用设计力量提升城市品质,在城市规划建设领域,有力彰显了中国的"四个自信"。第六,体现一流用电营商环境。猎桥变电站是展现用电营商环境改革优化成效的重要体验平台。广州"四办"举措等一批全国可复制推广经验,广州"获得电力"服务水平成为南网样板、全国标杆、世界一流。猎桥变电站是用电营商环境改革举措下解放用户的缩影,供电企业贴心服务,主动"链数据",全面"提效率",让客"享便捷",广州"获得电力"持续出新彩,为全国、全球营商环境改革贡献"广州经验"。现在,广州已成为国内首个拥有 418 座公用变电站的省会级城市。以猎桥变电站为代表的"能量立方"组成了电网结构完善的坚强电网,从变电站中传输的充足电能为广州的高质量发展提供着强有力的支撑。目前,广州全口径客户平均停电时间降低到 20 分钟以内,停电时间比肩纽约、伦敦、旧金山等国际大都市,供电可靠性已达国际先进水平。第七,全面获得社会高度认可。截至 2023 年 12 月,猎桥变电站接待市民参观 2.5 万余人,接待政府部门技术交流超过 100 次,接待外事技术交流超过 40 个国家,成为电网与市民沟通主要桥梁、政府与企业交流重要平台、南网服务"一带一路"倡议的重要窗口。同时,获评 2022 年度社会责任卓越案例、2022 年中国电力企业联合会的电力企业公众透明度典型案例、2023 年中国品牌日创新精品案例、2023 年 100 个央企创新精品案例、全国科普教育基地、广东省科普教育基地、粤港澳大湾区绿色电网青年创新实践基地、广东省少先队校外实践教育营地等荣誉称号;获得中国安装之星、中国电力优质工程、电网标杆工程等省部级工程奖 10 项,科学技术奖 5 项,发明专利 12 项,计算机软件著作 9 项,绿色评价 4 项,科学成果技术鉴定 1 项,省部级 QC 成果 6 项。

(六)弹性城市电网智能调控标杆示范

近年来,日益频发的台风、暴雨等极端自然灾害给城市电网的安全可靠运行带来严峻威胁。2015年台风"彩虹"造成广州历史首次500千伏变电站全停,广东省线路跳闸822条,停运变电站103座,18 360基杆塔受损,波及326万用户,损失负荷163万千瓦;2021年7月,河南省出现了历史罕见的极端强降雨天气,河南电网42座变电站紧急停运避险,10千伏及以上线路停运1854条,374万户用户供电受到影响。极端灾害引起的电网安全问题愈发严峻,应急管理部、国家能源局等多部委相继颁布了《关于进一步加强大面积停电事件应急能力建设的通知》《电力安全生产"十四五"行动计划》等政策文件,电力系统应对极端灾害的能力亟须提升。电力系统应对小概率—高损失极端灾害的预防、抵御和快速恢复能力,称为电力系统弹性,它主要反映系统条件概率意义下的风险,是对可靠性概念的合理拓展和有效补充。2015年以来,广州供电局面向国家对电力安全的重大需求,构建了基于"资源配置—定量评估—应急调度—协同恢复"的特大型弹性城市电网关键理论技术体系,建成"集中调控、主配协同、营配联动、快速响应"的特大型城市电网调度业务运作模式。

弹性城市电网智能调控技术的发展经历了三个阶段。探索试点期(2015年至2019年):2015年起,构建弹性电力系统逐渐成为各国政府和组织着力发展的战略。同年起,广州供电局依托南方电网重点科技研发项目,在国内率先开启对"弹性电网"持续研究。引入弹性城市电网理念,研究特大型城市电网防御大停电的应急调度与恢复关键技术,并以广州供电局为试点,探索极端天气对大电网影响分析及防御措施。深化研究期(2018年至2021年):将弹性电网的研究重心延伸到配电网,构建了极端事件对弹性配电网影响评估及关键指标评价体系,探索弹性配电网恢复力提升关键技术,形成技术成熟的"资源配置—定量评估—应急调度—协同恢复"的弹性城市电网智能调控技术。全面应用期(2021年至今):基于弹性城市电网智能调控技术,建成"集中调控、主配协同、营配联动、快速响应"的特大型城市电网调度业务运作模式,为极端灾害下的"主动防灾减灾"打造示范样本。有力支撑"艾云尼""马鞍"等极端台风天气灾害应对;弹性定量评估指标体系中本地保障电源容量保障率、城市具备孤岛运行能力的本地保障电源座数、具备黑启动和FCB功能的分区保障电源比率等3项指标纳入国家能源局坚强局部电网核心评价指标,直接应用于广州、深圳等城市坚强局部电网建设。广州供电局圆满完成国内首次超大城市坚强局部电网黑启动全过程实战性试验,相关演练受到国家能源局等单位的高度评价,填补实践空白,深度参与南方电网、省能源局应对极端风险系列综合演练。

经过9年的探索和应用,此项技术已逐步完善,发展成熟,并成功应用于广州电网,取得显著的标杆示范作用。广州供电局的应用示范多次作为优秀实践案例在高级别学术交流中引用,获得中国工程院院士邱爱慈高度评价,在"'双碳'目标下弹性电力系统发展的思考"报告中提出本技术成果成功实现台风灾害下用户"少停电、快复电";技术成果在行业权威论坛 MPCE 海内外专家专题交流中,获评为"取得卓越成效",该项技术还荣获2023年中国电力科学技术进步奖一等奖。具体成果包括以下几点。

一是广州供电局已全面实现主配网线路及站内设备常态化调度独立遥控,建成南网规模最大、应用最广、成效最显著的调控一体化示范标杆。通过数字化转型赋能,目前已建立"设备智能程序化操作、智能监视自主巡航、计划检修自动驾驶、配电网自愈规模化应用"的超大型城市电网调度运行数字领航体系,全面应用于日常运行操作、设备监视、故障异常处理等场景。近三年来,主配网调度累计遥控超过23万次,应对引起110kV及以上设备故障242起,运用智能告警技术精准研判、快速调控,实现故障处置平均时间缩短约75%,极大地提升故障处置效率,有效保障广州电网安全稳定高效运行。

二是建成全国最大的自愈型配电网,全国首创"配网供电安全多维分析""馈线动态分组高效自愈"和"木棉花型"中低压协同自愈三大核心技术,故障处置时间由小时级降低到分钟级,有力提升供电可靠性,缩短用户等待时间。2021年实现了公用馈线自愈全覆盖,近8 000条线路投入自愈运行,自愈闭环率始终保持99%以上,自愈复电成效显著,累计减少停电时户数64 834时户,自愈覆盖率及有效复电率连续三年全网第一。全国首创配网供电安全多维分析管控体系,全面应用于配网运行方式主动优化、精准规划及精准运维,2023年累计完成配网运行方式优化860项,实现配网网架 I-III 级中高风险动态清零,每年节约投资约9 000万,规划效率提升2倍,运维效率提升98%。全国首创馈线动态分组高效技术,在广州11个区局投入运行,自愈动作时间突破进入60秒,自愈耗时缩短44%,大幅提高自愈复电效率。10kV母线失压自愈更是将故障处置时间由小时级降低到分钟级。2023年国内首创"木棉花型"中低压协同自愈配电网新形态在越秀、荔湾等高可靠核心区域投运,打造"3×100%"高品质供电示范引领样本,实现任一中压故障/计划检修下100%负荷零损失、100%发电车零使用、100%停电零感知。目前,应对龙卷风、台风等极端灾害下故障跳闸,自愈有效率已高达75.9%,平均耗时不到2分钟,大大提升了恶劣天气下的供电可靠性,帮助用户避免了异常漫长的修复过程和停电。近三年,广州供电局全年累计共实施自愈复电1930次,恢复中压用户36019户,累计减少停电时户数64834时户,提升供电可靠性指标0.724小时,实现"多"供电约7203.5兆瓦时,若按取平均售电价格为0.6元/千瓦时计算,增加直接售电收入432万元以上。通过配网自愈体系规模化应用,有效支撑广州供电局快速、可靠、高效地实现配电线路故障快速处置,极大地提高了供电可靠性水平和用户满意度,2023年自愈提升供电可靠性指标0.29小时,满足人民对美好生活的向往。有力减少了运维人员自愈投运、故障巡线、就地复电操作等工作,大幅降低了运维人员现场工作压力和人员风险。

三是建成网内实用化规模最广、智能化程度最高、应用场景最丰富的二次智能运维体系,有效促进二次运维提质增效。完成二次智能运维主站建设,实现智慧监控一体化驾驶舱,覆盖线路高阻断线监测、开关三相非同期、零序不平衡电流等电网运行风险监视,二次设备远程监控及运维,作业风险在线管控,事故智能诊断,基于数字孪生的设备状态评价五大业务累计79项高级应用,全面支撑二次专业"一站式"远程运维。自主研发国内首个继电保护运行风险在线监测与闭环管控系统,在极端天气等异常条件下,可基于广州供电局首创的一键式智能整定计算平台和智能运维主站,实现保护定值在线整定与执行,实现二次定值与一次方式的快速匹配,极大提升二次系统对电网风险的应急支撑能力。广州供电局应用智能运维关键技术,运维质量和效率大幅提高,调度业务节约4人,变电业务节约50人,按人工费30万元计算,每年节约成约1620万元。同时,本技术全面提升电网的智能化水平,加强保护作为电网第一道安全防线作用,为经济社会可持续发展提供安全、稳定、可靠、优质的电力保障,减小人身触电引起的风险,提升广州供电局在作为社会公共事业单位角色上的良好品牌形象,带来良好社会效益。

四是支撑国家能源局坚强局部电网评价体系,助力广州供电局建成全国首个省会城市坚强局部电网。"本地保障电源容量保障率""城市具备孤岛运行能力的本地保障电源座数""具备黑启动或 FCB 功能的分区保障电源比率"等三个核心指标成为国家能源局坚强局部电网核心评价指标，直接应用于广州、深圳等城市坚强局部电网建设，为弹性城市电网建设提供定量评价的手段和依据。

　　五是完成国内首次坚强局部电网黑启动全过程实战性试验，为极端情况下城市重要用户的快速复电保驾护航，填补了该领域国内的实践空白。源—网—荷—储协同的快速复电方法指导广州局完成国内首次坚强局部电网黑启动全过程实战性试验。该试验模拟广州部分区域突发大面积停电情况下，通过 220千伏协鑫电厂"黑启动"，启动本地保障电源并恢复实际用户负荷的过程。整个试验历时 7 小时，其间系统各项运行参数均保持稳定，验证了在极端情况下局部地区发生大面积停电时，广州坚强局部电网"黑启动"可迅速有效恢复城市重要负荷，全方位检验了广州电网应对极端故障的供电保障能力，填补了该领域国内的实践空白。六是投运全国首套弹性城市电网实时决策支持系统，实现受灾全链条"分钟级"决策。融合电气、地理、电网等多源时空数据，集成综合弹性评价、灾害模拟评估、极端灾害预警、设备风险分析、实时灾损统计、全景信息可视化等功能，建成并投运全国首套覆盖受灾全链条的弹性城市电网实时决策支持系统，支持城市电网灾前模拟推演、灾中应急防御、灾后抢修恢复的全景信息可视化与全链条实时决策，有力支撑灾前—灾中—灾后全链条"分钟级"决策，有效提升了特大型城市电网的防灾抗灾能力。形成的灾前风险设备定量评估和预警技术，在台风"卢碧""查帕卡""马鞍"及多次强降雨期间，提前 6 小时高精度测算台风造成的电网风险设备，提前采取转移负荷、布控防内涝、加固等措施，成功避免因台风天气导致 230 个杆塔倾倒及 364 个配电房水淹，减少跳闸804 条次，减少 14 472 台配变停电，共减少经济损失 5 162 万元。

### （七）"电亮乡村"助力广州从化乡村振兴

　　习近平总书记在二十大报告中提出"全面推进乡村振兴"，强调统筹乡村振兴基础设施建设，建设宜居宜业和美乡村，提出了推进城乡融合与区域协调发展要求。广州供电局不折不扣贯彻落实习近平总书记关于乡村振兴和促进城乡区域协调发展的重要指示批示精神，立足服务全面推进乡村振兴、融入和服务"百县千镇万村高质量发展",为奋力创建全国领先标杆供电局提供有力支撑。从化区位于广州市最北部,农村面积广、森林覆盖率高,是广东省两个创建全国乡村振兴示范县的地区之一,同时也是全国典型山区电网。在广州市大力实施"百县千镇村高质量发展工程"推动城乡区域协调发展的背景下,从化电网仍然存在区域电力发展不平衡问题,偏远山区电网基础薄弱,负荷供应能力不足,装备技术水平较低,且恶劣的自然条件对电网运行影响较大,树障隐患突出,据 2022 年数据统计,从化变电站数量仅有 20 座,排名广州末位,长时停电、频繁跳闸、超长线路共 13 条,占全广州 41%,树障隐患累计 2 334 处,运维难度极大。广州供电局在对国内其他地区电网充分调研及广州乡村配电网现状分析的基础上,扎实践行以人民为中心的发展思想,落实南方电网公司供电质量提升行动计划、粤港澳大湾区供电质量提升行动计划,聚焦广州从化开展"电亮乡村"助力乡村振兴创新实践。

在实践过程中,广州供电局与从化区政府建立更紧密的协同机制,为保障电网建设、电力供应提供可靠助力,提升问题解决效率。一是加强政企战略合作。广州供电局与从化区政府共同签署《建设新型电力系统服务乡村振兴战略合作协议》,明确以"建设新时代乡村电气化示范区"为核心目标,打造高比例绿色用能、高质量乡村电气化、高品质供电服务、高效能政企联动四大标杆。从化区委成立区"百千万工程"指挥部办公室电力建设专班,全力推进示范项目、示范村、示范镇建设。二是高效运转政企协同机制。从化供电局每月向区委区政府报送电力供应专报,汇报重点项目进展,推动解决电力难题。促成从化区政府印发《成立 500 千伏国能清远电厂二期项目接入系统工程(从化段)前期工作攻坚柔性小组的工作方案》,成立由区主要领导为组长的前期工作攻坚柔性小组,5 镇街成立前期工作攻坚柔性专班,全力推进前期补偿等攻坚任务。三是推动区级部署镇街落地。由属地供电所与镇街建立双周汇报机制。针对架空电力线路保护区植物隐患处置问题,建立供电所吹哨,镇街联同林业所、村社清理树障的机制。

"电亮乡村"助力乡村振兴创新实践取得了多方面成果,一是助力全面推进乡村振兴与"百县千镇万村高质量发展"建设。积极融入和服务"百县千镇万村高质量发展工程",加快推动县镇村电力基础设施提档升级,高质量实现全国首个可靠性进入半小时的山区电网,为从化区创建全国全省乡村振兴示范区贡献了力量。提出"四个服务"举措,创新"电力便利店"进村社新模式,解决偏远山区用电"两多两难"问题,形成案例入选南方电网公司主题教育和从化区委"百千万工程"专刊二是全力做好电力供应保障。探索建立"政府、供电、客户"三方联动保供电机制,形成保供电一张图(分中、低压),针对重点保供电用户采取"中心＋现场"两级应急指挥保供电模式,圆满完成迎春花市、两会、高考、从都论坛和支援海珠局等近 104 项保供电任务。三是服务创新驱动发展战略与人才强国战略实施。从化局参加竞赛层次及获奖数量创历史之最,"无人机运检调度一体化移动指挥平台的研制"成果荣获第 48 届国际质量管理小组会议(ICQCC)比赛金奖,为广州局首次;共获得荣誉 21 项,其中国际级 1 项,网公司级以上 9 项。新增技术技能专家 9 名,技师 63 人,占比 18%,均超过历年之和。

### (八)大湾区柔直背靠背广州工程

粤港澳大湾区是我国经济最活跃、电力负荷最密集的地区,庞大的电力负荷叠加众多的西电东送通道,和大量的海上风电、分布式光伏等新能源,让粤港澳大湾区电网越建越大,越来越复杂,运行风险也与日俱增。建设广东电网直流背靠背广州工程(大湾区中通道直流背靠背工程)(以下简称"中通道工程")是南方电网公司深入贯彻落实习近平总书记"四个革命、一个合作"能源安全新战略,落实党中央、国务院印发的《粤港澳大湾区发展规划纲要》等国家重大战略部署,加大基础设施领域补短板力度,提升电力供应保障能力,结合我国电力发展新形势、新变化,进一步完善电网主网架规划、保障粤港澳大湾区社会经济高质量发展的重要举措。中通道工程是世界上单元容量最大的柔性直流背靠背工程,是世界领先的新一代高性能柔直背靠背换流站,工程位于广州市增城区经济开发区,总占地面积约 13 万平方米,本期建设两个柔性背靠背直流单元,额定输送功率为 3000MW。总投资约 42.5 亿元。中通道工程列入国家能源局电网规划重点工程,是广东电网目标网架的关键工程,是广东电网东西组团的重要联络通道,事故情况下可提供紧急支援,远景背靠背直流还起到事故隔离的作用。

中通道工程是世界领先的新一代高性能柔直背靠背工程和环境友好的大

容量背靠背换流站,技术攻关难度大。建设团队充分发挥统筹协调、资源整合优势,始终坚持自主创新,科技攻坚,聚焦"卡脖子"问题,在高质量建成工程的基础上,从工程规划、设计、设备研制、施工、调试和运维方面开展全方位、全周期、多角度研究。工程创下多个世界第一,是世界上首次在直流多馈入电网负荷中心实现分区互联的柔性直流背靠背工程,是世界上第一个具备异同步联络功能的柔性直流背靠背工程,也是世界上单元容量最大的背靠背柔直换流站,有效巩固我国在直流输电领域世界领先地位。取得一系列具有自主知识产权的技术成果,国内首次实现100%采用自主可控IGBT的换流单元成功送电、全部零部件自主可控的换流阀段挂网试运行,打破了国外垄断,实现从"0"到"1"的突破。开展环境友好型大容量背靠背换流站设计与施工关键技术研究与应用,实现换流站现状场界噪声符合《声环境质量标准》2类标准,打造"超静音换流站"。创新性构建换流站数字赋能体系,建立了国内首个贯穿全生命周期的三维场景数字换流站,助力数字化转型战略实现。

## 四、系统演进的方向和展望

广州供电局经历了业务基础夯实、技术方向选择、创新平台构建三个阶段,以其为核心构建的创新生态系统也经历了初始萌芽、快速成长和系统整合等阶段,并随着外部情景变化而不断演进。在国务院《广州南沙深化面向世界的粤港澳全面合作南沙方案》指引下,广州南沙正以前所未有的速度推进能源电力的创新发展,全面融入和服务区域高质量发展大局。广州供电局作为关键力量,通过一系列前瞻性举措,进一步加大开放创新程度,助力南沙打造成为立足湾区、协同港澳、面向世界的重大战略性平台。

首先,夯实南沙高质量发展电力基础。一是倾力打造新型电力系统南沙样板。"5G+数字电网示范区"全面建成,建设超过900个5G基站,实现示范区内5G网络连续覆盖,完成51个业务应用场景的5G应用验证,涵盖电网发、输、变、配、用等领域。"高品质供电引领区"达到国际领先水平,南沙全域实现配网自愈覆盖率100%,故障复电由"小时级"下降至"分钟级",2024年南沙全区年平均停电时间预计将进入10分钟。2025年南沙区整体平均停电时间比肩纽约曼哈顿,达到国际顶尖水平。二是超前布局现代化南沙电网建设。持续加大投资南沙力度,高标准编制南沙 2035 年电网规划,计划新建变电站 35 座,供电能力提升 2.2 倍。完成南沙庆盛枢纽、南沙湾、南沙枢纽 3 个先行启动区专项规划,超前谋划保障万顷沙南部大型城市综合体用电需求。220 千伏珠江、110千伏海滨、板头等多座南沙片区输变电工程正在加快建设。超前布点建设 12座变电站,打造具备"全、通、透、活、韧"特点的五型数字配电网,率先实现全域全量设备"主动运维","机器代人"覆盖率超 80%。三是用电营商环境对标国际一流水平。通过实现"高压办电一环节"、创新绿色用能"主动服务"等举措,南沙区"获得电力"指标表现达到全球前列水平。广州供电局与南沙区管委会联合发布营商环境 20 条举措,推动用电营商环境持续优化。南沙率先上线绿电绿证低碳服务,满足出口企业绿色发展需求。为方便港澳用户办理用电业务,广州供电局设立了"港澳服务专窗",对符合条件的港澳同胞开启"绿色通道",提供"一对一"服务,并推出繁体业务手册及业务表单,提升办电体验。未来,南沙将重点推进与港澳及国际的对接机制,推动建立粤港澳大湾区用电营商环境统一评估规则。

其次,启动"未来电网企业"改革。一是完善顶层设计规划,明确改革思路目标。广州供电局以"聚焦港澳多方合作、探索体制机制突破"为总体思路,以打造世界城市发展赋能标杆、科技创新合作促进标杆、战略性新兴产业拓展标杆、国际规则机制衔接标杆、港澳人才合作交流标杆以及公司治理管理变革示范的"五个标杆,一个示范"建设为目标,梳理重点关键任务,形成 19 个关键评价指标和 51 项具体改革举措,从顶层设计层面为启动广州南沙协同港澳面向世界综合改革做好筹谋规划。二是发挥能源配置作用,服务区域产业升级。联合政府挂牌成立电网建设指挥中心,在供电企业内部做强供电运营指挥中心,整合政企多部门资源推动主动办、线上办、联席办、一次办"四办"举措落地见效,为南沙重点产业项目提供优质快速的用电服务。汽车制造业是南沙区首个超千亿元规模的先进制造业集群,广州供电局陆续为一批相关项目提供用电支持。根据巨湾技研项目需求,优化更新综合能源服务、送电工程和变电站配建方案;成立项目服务队支持芯粤能落地万顷沙,主动提出用电用能最优方案,并同步启动片区电网投资建设。三是打造能源低碳发展样板。一方面,广州供电局与南沙区政府合作,共同推动新型电力系统建设,签署《构建新型电力系统 服务南沙深化面向世界的粤港澳全面合作战略合作协议》，双方就8大重点方向及25条重点任务达成战略合作，其中6大重点方向均出现"绿色"或"低碳"关键词。南沙"多位一体"微能源网示范、国内首个基于固态储供氢技术的电网侧储能型加氢站——小虎岛电氢智慧能源站等一批重点项目建设落地。2024年，庆盛片区北选区作为试点打造粤港融合绿色低碳示范区。另一方面，广州供电局深化与新能源企业合作，加快构建光储充低碳示范和绿色工厂。

最后，深化粤港澳创新合作。一是开展技术交流。广州供电局先后组织与香港理工大学、香港科技大学（广州）、珠海澳大科技研究院、香港科技大学霍英东研究院等多家港澳高校及科研单位开展多层次技术交流，策划并实施首批10项粤港澳合作专项科技项目。2024年6月，广州供电局受邀赴香港理工大学参加"碳中和与新型电力系统"院士论坛，就大湾区新型电力系统的发展、碳中和、高比例可再生能源并网等研究合作进行广泛交流，并走进多个香港高校能源研究实验室，就大湾区绿色低碳发展、能源项目等方面探索拓展可能的合作领域。二是深化规则对接。为更好支撑港澳电力企业市场准入及工程项目落地，广州供电局积极探索研究粤港澳电力标准和管理规则的衔接与融合机制，并以广州南沙庆盛片区的港人社区养老院项目为试点，以香港低压供电标准为参照，选定庆盛区块的招盛养老院项目作为低压供电试点，推动了港澳电力施工企业在南沙承接具体项目落地，通过降低电压等级、优化供电方案，不仅显著减少了用户的投资成本，还提高了供电可靠性和电能质量。广州供电局将持续重点推进与港澳及国际的对接机制，探索建立粤港澳充电桩等公共服务标准。三是构筑合作平台。为继续巩固拓展大湾区创新资源聚集优势，广州供电局成立粤港澳电气工程师合作促进服务中心，推动内地、港澳电气工程师资格互认，促进人才要素跨境流动、深度合作。组建南方电网首个大湾区绿色电网青年创新实践基地，累计接收40名港澳大学生在广州供电局实习。实施第一批粤港澳"揭榜挂帅"科技专项，在电碳融合、人工智能等领域与澳门大学等港澳高校实施联合攻关。联合港澳高校、科研院所开展技术攻关，与香港科技大学霍英东研究院签署合作意向，推动粤港澳电气协同发展。

此外，广州供电局服务国家战略大局，深度融入"一带一路"建设，丰富了自身的开放式创新实践，与"一带一路"共建国家开展科技合作，形成长期合作伙伴关系。对于技术领先的"一带一路"共建国家,广州供电局通过技术交流和对标,结合自主创新与项目合作,缩小技术差距实现创新争先。比如,广州供电局2019 年积极参与国家能源局首批中国—芬兰能源合作示范项目申报并以第一排位入选,2020 年组建氢能源研究中心,2021 年成为国家能源局中欧能源技术创新合作氢能领域牵头单位,2022 年建成投产广州南沙"多位一体"微能源网示范工程,获评"中欧能源技术创新合作最佳实践案例",为园区智慧低碳转型提供解决方案,能源利用效率达到国际先进水平。对于技术相对落后的"一带一路"共建国家,广州供电局支持人才、技术和成果走出去,接待澜沧江—湄公河合作五国 50 多位媒体代表,以及老挝、越南等 40 多个国家及地区的外宾。自2014 年起,广州供电局每年都会派出电力青年志愿者前往塞舌尔开展援塞志愿服务工作,为中非友谊搭建起了一条"电力丝路"。

为贯彻落实中国南方电网关于亚太经合组织(APEC)第三十一次领导人非正式会议期间电网安全保障工作要求,在南方电网公司的支持指导下,秘鲁博路兹公司作为责任主体,编制了《亚太经合组织(APEC)第三十一次领导人非正式会议期间保供电总体工作方案》,保电级别为特级。经中国南方电网公司安监部统筹协调,南网国际公司安监部和广州供电局联合专家团队赴秘鲁开展保供电工作。专家团队对保供电总体方案和 8 个重点场所保供电方案的完整性、可行性进行了充分评估,按照组织策划、电网安全等 7 个方面对保供电方案及相关工作提出了建议。其间,专家团队详细了解了秘鲁博路兹公司的运维特点和未来发展重点方向,与秘鲁博路兹公司开展无人机自主巡检、绝缘涂覆、计量自动化、配电自动化等技术应用交流,积极推动先进技术"走出去"。

依循此发展方向,广州供电局主导的创新生态系统还存在可提升之处。一是通盘考虑、系统推进程度仍待加强。广州供电局基于内部创新管理体系建设,已经形成了一整套工作思路和体系架构搭建实施方案,构建了"两平台一体系"的创新载体。然而,对于开放式创新生态系统的构建并未见系统性规划或制度性文件。尽管部分企业的开放式创新生态系统是在外部情境的驱动下构建而成的,但是并不是所有企业都能够形成与外部情境最为契合的开放式创新模式。目前,广州供电局主导的开放式创新生态系统正在经历过渡阶段,需要注意情境和开放式创新模式的演进匹配。因此,广州供电局宜考虑行业属性和自身技术生命周期阶段，贴合城市和区域发展进程，选择合适的开放方向和开放程度。二是组织协调、要素流动形式宜更多元。目前，广州供电局与系统内其他组织之间的合作模式仍十分有限，以项目委外为主，辅以联合实验室、专家委员会等机制。成果转化形式也较为单一，以市场开拓型组织主动寻求成果转化机会为主。灵活多样的组织协调和要素流动模式可以有效帮助广州供电局构建更能"为己所用"的开放式创新系统。比如，在适当时机下，广州供电局可联合创新生态系统内部成员形成专利联盟或专利池。模式的创新不仅能够带来系统成员对创新生态系统更为深度的嵌入，从而形成更为稳固的系统，还能够及时带来创新链动态，使得系统的创新行为更加有效。三是全面创新能力有待提升。开放式创新生态系统能够增强外部技术利用的便利程度，但是外部技术的利用是基于资源互补逻辑，即不是无需代价的"搭便车"。因而，广州供电局在践行开放式创新模式的过程中应注重保持自身的相对竞争优势，或是采取更佳的商业模式，或是拥有更强的吸收转化能力。目前，广州供电局已经在探索创新商业模式中取得较好表现，比如布局"互联网＋"电动汽车充电服务的全产业链、打造平台型电力科学研究院等。未来还需在此方面持续加强，为一个稳定的开放式创新生态系统提供核心支撑力。

# 第四节　广州供电局实践经验带来的启示

在构建以新能源为主体的新型电力系统和加快建设新型能源体系背景下，电力产业链正从传统的发、输、配、售、用链条关系，向多主体参与的复杂链条转变，源网荷储各环节的功能定位和特性都在发生调整，整个行业的发展面临着安全性、可靠性、灵活性等诸多挑战。在这样的背景下，电力央企要发挥产业链链长作用，着力建设原创技术策源地，有必要向开放式创新范式转型，从顶层设计、体制机制、多链融合、创新工具等多个方面，进一步深化完善创新管理。

## 一、统筹规划，做好顶层设计

理顺国有企业内部科技创新的总体架构，厘清国有企业当前创新管理部门、研究部门、产业公司等创新相关主体的功能定位，为构建开放式创新生态奠定基础。

一是一体化统筹管控，健全国有企业的科技创新管理中枢，上下贯通，实现总部对各层级创新主体的统筹协同与高效管控，实现企业发展效率和科技能力双提升。比如集团层面设立创新领导小组把控总体方向，通过项目管理办公室进行统筹管理与资源信息共享，适时组建专家咨询委员会作为智库协同。

二是分层聚焦规划，横向可以按照企业聚焦的专业化产业领域形成协同布局，对主业形成有力支撑；纵向根据基础研究、应用研究、成果转化、产业化应用等创新链环节进行科研机构功能定位划分，面向具体项目的科研需求，可组建跨科研、生产、产品等团队的矩阵式创新单元，将科技研究与业务单元串联起来形成有机整体，确保科研活动与市场需求紧密相连。

三是多元创新协同，通过打造资源共享、创新孵化、成果运营等各类开放协作平台，优化整合国有企业内外部多元化创新资源，形成产研联动的机制设计。比如各企业、机构购置的仪器、设备、软件、数据库等科技研发资源共享；共建专业知识库，使之成为企业内部知识与成果共享的重要平台；建立创新项目供需对接，完善技术寻源等。

## 二、明确需求，有效分类施策

根据科技创新任务目标，调整科研投入布局，完善科技创新考核机制，促进各类人才充分涌流。

一是明确创新的方向和路线。围绕国家需求和战略目标，结合自身产业特点和市场定位，制定科技创新规划和技术路线图，根据从业务到技术的多层次需求，确定核心技术、关键技术、一般技术和通用技术等技术目标和任务，形成科技创新的投入布局。

二是完善科技创新的考核、激励和容错机制。建立以创新为导向的考核评价体系，突出对科技人员的贡献评价，充分考虑科技创新的周期性和不确定性，避免"一刀切"和"唯利是图"。建立与科技创新相适应的薪酬分配激励机制,对于掌握关键核心技术的领军人才和团队,实行特殊工资管理政策,并探索实施股权和分红激励政策。建立健全科技创新容错纠错机制,对于因正常科学探索造成的失败给予宽容和理解,对于违反法律法规和职业道德造成的失误给予严肃处理。

三是打破人才流动的壁垒和障碍,推动人才在不同领域、不同层次、不同环节的合理流动,形成人尽其才、才尽其用的良好局面。加强与高校院所等创新主体的人才交流合作,开展校企、院企科研人员"双聘"等流动机制试点,推广企业科技特派员制度,促进科技人才的共享和互动。要加大对海外高层次人才的引进和培养,建立国际化的人才队伍,提高国有企业的国际影响力和竞争力。

## 三、协同创新,资源配置整合

探索深层次开放创新合作模式,设立专注于特定协同项目的联合工作组,开展协同试点,打造示范性的亮点项目。

一是与科研院所、高校等科研类机构的合作上,探索共同申请国家级重大科技专项,共建国家重点实验室、国家工程中心、联合实验室、协同创新中心等科研合作平台,深度开展前端基础研究以及应用基础研究合作。

二是与产业链上下游企业的合作上,立足国家打造原创技术策源地、现代产业链链长的战略要求,充分发挥国有企业的龙头作用,在优势产业以及未来发展产业方面建立大中小企业融通平台,并依托平台与上下游企业实现科技人员、数据资源、研发经费等创新要素共享,围绕产业链开展科技创新项目联合开发。

三是与投资平台和科技服务机构合作,利用市场化手段,通过并购、联盟、外包等方式获取外部优质技术资源和成果,实现技术的快速转化和应用;加快推进企业科技资源和应用场景向公众开放,建立和强化以国有企业为核心的开放式创新生态系统,发挥国有企业创新主体作用。

## 四、善用工具,加强价值创造

一是加强科技创新的资金保障。充分利用自身在资金方面的优势,加大对关键核心技术攻关的投入,提高科技创新资金使用效率和效益。积极探索多元化的科技创新资金筹集渠道,如发行创新债、设立创新基金、引入社会资本等。加强与金融机构的合作,推动各类天使投资、风险投资基金等科技金融产品为科技创新提供更多的融资支持。

二是加强知识成果管理能力。建立健全科技创新法律制度,规范科技创新活动,保护科技创新成果。加强知识产权的管理和运用,提高知识产权的质量和价值,增强知识产权的竞争力和影响力。加强对外开放合作中的法律风险防范和应对能力,维护国家利益和企业权益。

三是加强科技成果转化应用。第一,建立健全科技成果转化机制,推动科技成果在不同领域、不同层次、不同环节的有效流动,形成科技成果的共享和协同。第二,加强科技成果的保护和运用,建立健全科技成果的管理和保护制度,加强知识产权的管理和运用,加强科技成果的内部应用和外部推广。第三,加强科技成果的应用示范和推广,建立健全科技成果的应用示范和推广机制,推动科技成果在重点领域和关键行业的先行先试和示范引领,提高科技成果的应用水平和覆盖面。

# 第五章

# 国有企业实施开放式创新的对策建议

本章从管理体系、外部合作和创新工具三个方面,继续回答"国有企业开放式创新怎么做"的问题。在管理体系方面,既要注重正式制度体系的建设,也要持续发扬国有企业家精神。在外部合作方面,国有企业既要注重国资体系内部的强强联合,也要考虑到与多元化伙伴的创新合作。在创新工具方面,前沿信息和发展趋势分析工具、资源高效配置类工具,以及风险管理控制工具都对开放式创新的实践有所帮助。

## 第一节　构建与开放式创新相匹配的管理体系

### 一、创新管理体系的转变

企业转向开放式创新既意味着科技创新范式本身的变化,也意味着创新管理方式的变革。也就是说,在创新要素进行跨组织边界流动时,需要有与之相匹配的创新管理方式,为企业的科技创新保驾护航。创新管理,顾名思义是指对创新活动的管理,但它不仅仅是关于管理创新活动本身。创新管理是在一定的组织内对创新活动的有效组织与实施,包括创新战略的制定以及为实现设定目标而建立的组织架构、人力资源队伍与其他保障条件。创新管理是知识经济时代最核心的管理内容。作为国民经济的重要支柱,国有企业在能源、交通、通信、金融等关键领域发挥着主导作用,为国家的经济稳定、社会发展和国家安全提供了坚实保障。创新管理对于国有企业的可持续发展具有至关重要的作用。通过创新管理,国有企业能够优化资源配置,提高生产效率和经营效益,促进企业内部的技术创新和产品升级,满足消费者不断变化的需求,进而拓展市场份额,增强自身的核心竞争力。同时,创新管理能发挥技术前沿研判作用,有助于国有企业及时把握市场动态,敏锐捕捉新的发展机遇,提前布局新兴产业和领域。此外,创新管理还能推动国有企业完善内部治理结构,提升管理水平和决策效率,激发员工的积极性和创造力,形成良好的企业文化和创新氛围,为企业的长远发展奠定坚实基础。

然而,长期以来国有企业的体制机制在一定程度上制约了创新管理的发展。首先,产权制度不够清晰,所有者缺位现象较为普遍,导致企业缺乏有效的激励和约束机制。其次,用人机制不够灵活,人才的引进、培养和使用存在一定的障碍。例如,在人才引进方面,可能受到编制、薪酬等因素的限制,难以吸引到高端创新人才。在人才培养方面,缺乏系统的培训体系和职业发展规划,影响员工的积极性和创造力。国有企业管理模式通常强调层级管理、指令性计划和稳定运行,在一定程度上缺乏灵活性和市场适应性。传统的管理模式往往注重内部流程的规范和控制,而对市场变化的反应相对滞后。例如,决策过程可能较为冗长,需要层层审批,导致错失市场机遇。同时,传统管理模式下的部门之间沟通协调不畅,容易形成"部门墙",影响工作效率和创新的推进。国有企业通常拥有数量庞大的资产和资源。然而,一方面,由于缺乏有效的市场机制和竞争压力,资源分配可能不够合理。另一方面,国有企业内部的资源整合难度较大,不同部门之间的资源难以共享和协同,影响了企业整体的创新能力。国有企业在创新投入上相对谨慎。一方面是由于国有企业的经营目标较为多元化,既要考虑经济效益,又要承担社会责任和政治任务。另一方面,国有企业的资金来源主要依靠政府拨款和银行贷款,融资渠道相对单一,难以满足创新发展的资金需求。此外,创新投入的风险较大,国有企业在决策时往往更加注重风险控制,这也在一定程度上影响了创新投入的力度。最后,国有企业在创新文化建设方面还存在不足。一方面,国有企业的传统文化强调稳定、规范和服从,对创新的鼓励和支持不够。员工普遍存在保守思想,害怕失败,不敢尝试新的事物和方法。另一方面,国有企业的创新氛围不够浓厚,缺乏创新的激励机制和奖励措施,难以激发员工的创新热情。国有企业在创新文化的传播和推广方面还需要持续形成全员参与创新的良好氛围。

国家高度重视国有企业的改革和发展,出台了一系列政策措施支持国有企业创新管理。例如,加大了对国有企业科技创新的投入力度,设立了专项资金支持企业开展技术研发和创新活动。在国有企业改革方面也提出了明确的要求,鼓励企业建立现代企业制度,完善法人治理结构,提高管理水平和创新能力。技术进步是国有企业发展的重要驱动力,而创新管理则是确保技术有效应用和发挥最大价值的关键。因而,国有企业应当积极转变创新管理机制,及时调整管理方式和流程,以适应新技术带来的变化。比如,在企业推行智能制造技术时,相应的管理模式要从传统的以人工控制为主转变为以数字化、智能化管理为主,实现技术与管理的协同发展。深化改革是推动国有企业管理机制改革的根本动力。要消除政策对企业的过度干预,让企业在市场竞争中真正发挥主体作用。同时,要改变企业粗放型的发展模式,注重管理的精细化和科学化。此外,要建立健全激励机制和约束机制,激发员工的创新积极性和责任感,为管理创新营造良好的内部环境。

具体而言,在战略引领方面,国有企业根据自身的发展目标、市场环境和资源优势,明确创新战略定位。创新战略定位应具有前瞻性、全局性和可持续性,能够为企业的创新活动提供明确的方向和目标。例如,有的国有企业将创新战略定位为技术领先型,致力于在核心技术领域取得突破;有的国有企业将创新战略定位为市场导向型,以满足客户需求为核心开展创新活动。在明确创新战略定位的基础上,国有企业应制定详细的创新战略规划。创新战略规划应包括创新目标、创新重点领域、创新资源配置、创新实施步骤等内容。创新战略规划应具有可操作性和可评估性,能够为企业的创新活动提供具体的指导和依据。例如,企业可以制定短期、中期和长期的创新目标,并将其分解为具体的创新项目和任务,明确责任人和时间节点。创新战略规划的执行是创新管理的关键环节。国有企业应建立健全创新战略执行机制,加强对创新战略执行情况的监督和评估。企业可以通过建立创新项目管理体系、创新绩效考核体系等方式,确保创新战略的有效执行。同时,企业应及时调整和优化创新战略,以适应市场环境的变化和企业发展的需要。

在组织架构方面,国有企业应建立适应创新管理的组织架构。创新型组织架构应具有扁平化、网络化、柔性化的特点,能够提高组织的效率和灵活性。例如,企业可以建立跨部门的创新团队、创新工作室等,打破部门之间的壁垒,促进知识和信息的交流与共享。同时,企业应优化组织流程,提高创新管理的效率和质量。可以通过流程再造、信息化建设等方式,简化创新项目的审批流程、缩短创新项目的实施周期。同时,企业应加强对创新项目的过程管理和风险控制,确保创新项目的顺利实施。例如,企业可以建立创新项目的风险管理体系、质量控制体系等,对创新项目的风险和质量进行有效的管理和控制。此外,人才是创新管理的核心要素。国有企业应加强创新型人才的培养和引进,建立一支高素质的创新人才队伍。企业可以通过内部培训、外部引进、人才激励等方式,提高创新人才的素质和能力。同时,企业应营造良好的创新氛围,为创新人才提供广阔的发展空间和平台。例如,建立创新人才的晋升机制、奖励机制等,激发创新人才的创新热情和创造力。

在技术创新方面,国有企业应加大技术研发投入,提高企业的技术创新能力。企业可以通过设立技术研发中心、与高校和科研机构合作等方式,加强技术研发力量。同时,企业应建立健全技术研发投入的保障机制,确保技术研发投入的稳定增长。例如,企业可以制定技术研发投入的预算计划、建立技术研发投入的绩效考核体系等。核心技术是企业在市场竞争中取得优势的关键因素。企业可以通过自主研发、引进消化吸收再创新等方式,掌握核心技术。同时,企业应加强对核心技术的保护,建立健全知识产权管理体系,防止核心技术的流失。例如,企业可以申请专利、商标等知识产权,加强对核心技术的法律保护。技术成果转化是技术创新的最终目的。国有企业应加强技术成果转化,将技术创新成果转化为现实生产力。企业可以通过建立技术成果转化平台、与企业合作等方式,促进技术成果的转化。同时,企业应加强对技术成果转化的支持和服务,为技术成果转化提供良好的环境和条件。例如,企业可以提供技术咨询、技术培训等服务,帮助企业解决技术成果转化过程中遇到的问题。

在管理创新方面,国有企业应创新管理理念、管理模式和管理制度。创新管理理念应包括创新驱动发展、以人为本、持续改进等内容。企业可以通过开展管理创新培训、组织管理创新研讨会等方式，传播创新管理理念，将创新管理理念融入企业的文化建设中，形成全员创新的文化氛围。创新管理模式应包括项目管理模式、团队管理模式、知识管理模式等。企业可以根据创新项目的特点和需求，选择合适的管理模式，不断探索和创新管理模式，提高管理的效率和质量。例如，企业可以采用敏捷项目管理模式，提高创新项目的实施效率；采用知识管理模式，促进知识和信息的共享和创新。创新管理制度应包括创新项目管理制度、创新绩效考核制度、创新人才激励制度等。企业可以通过制度创新，激发员工的创新热情和创造力，提高创新管理的效率和质量。同时，企业应加强对创新管理制度的执行和监督，确保创新管理制度的有效实施。

在文化建设方面，应培育创新文化，营造良好的创新氛围。创新文化应包括创新价值观、创新行为规范、创新激励机制等内容。企业可以通过开展创新文化活动、树立创新典型等方式，传播创新文化，将创新文化融入企业的经营管理中，形成全员创新的文化氛围。通过开展企业文化培训、组织企业文化活动等方式，将企业文化建设与创新管理相结合，形成具有创新特色的企业文化。通过开展文化交流活动、引进国际先进文化等方式，促进文化融合，包括企业文化与地域文化的融合、企业文化与行业文化的融合、企业文化与国际文化的融合等内容，提高企业的文化软实力。

在风险管理方面，国有企业应识别创新管理过程中的风险。创新风险包括技术风险、市场风险、管理风险等。企业可以通过风险评估、风险预警等方式，识别创新风险。建立健全风险管理制度，加强对创新风险的管理和控制。通过风险矩阵、风险地图等方式，评估创新风险。同时，企业应根据风险评估结果，制定相应的风险应对策略，加强对风险应对措施的执行和监督，确保风险得到有效控制。

在合作创新方面，国有企业应加强内外部各组织之间的合作，形成创新合力。企业可以通过建立跨部门的创新团队、创新工作室等方式，促进内部合作，加强内部知识和信息的共享，提高创新效率和质量。同时，企业可以通过产学研合作、战略联盟等方式，实现资源共享、优势互补，加强对外部合作的管理和控制，确保合作的顺利进行。此外，国有企业应积极推动国际合作，加强与国际先进企业的交流与合作,通过引进国际先进技术、开展国际合作项目等方式,提高企业的技术水平和创新能力。

在以上各个方面转变的基础上,持续推动管理改进。一是建立创新评估机制。国有企业应建立健全创新评估机制,对创新管理的效果进行评估和反馈。创新评估机制应包括创新目标评估、创新项目评估、创新绩效评估等内容。企业可以通过定期评估、专项评估等方式,对创新管理的效果进行评估和反馈。根据评估结果,及时调整和优化创新管理策略。二是持续改进创新管理。国有企业应持续改进创新管理,不断提高创新管理的水平和质量。企业可以通过总结经验教训、学习先进企业的创新管理经验等方式,持续改进创新管理。同时加强对创新管理的研究和探索,不断创新创新管理的方法和手段。

## 二、企业家精神的作用

如果说创新管理体系的转变是内部正式制度环境对开放式创新的适应,那么企业家精神的弘扬就可以被看成是内部非正式制度环境的改变,是对创新管理变革的补充。企业的创新范式从封闭走向开放,企业家精神是重要的内在驱动因素。企业家精神的概念源自理查德·坎蒂隆(Richard Cantillon)1755 年出版的经济学著作《商业性质概论》。他引入"企业家"这一概念,指出贸易商、工匠等收入不确定的人群与将军、侍从等收入确定人群存在区别,并强调了企业家的投机精神,在经济套利活动中拥有敏锐的洞察力。此后,诸多学者围绕企业家精神展开探讨,并指出企业家所拥有的冒险精神、使命精神、协调精神等在风险投资、市场获利等过程中起到重要作用。其中,熊彼特基于破坏式创新理论指出企业家具备创新精神,并对经济发展起到重要推动作用。企业家精神本质上是企业家在管理企业的过程中所表现出来能够识别机会、组织资源、承担风险以及创造价值的优秀品质,是企业家的核心价值所在。企业家勇于创新,能够创造新的想法、产品和服务,主动寻找机会,愿意承担各类风险(包括财务风险、市场风险,甚至个人声誉风险),能够激励他人实现共同目标。

以埃隆·马斯克为例,可以对企业家精神进行简单诠释。马斯克所领导的公司包括太空探索技术公司(SpaceX)、特斯拉等,在电动汽车、火箭航天、能源等领域有着深远的影响。在创新精神方面,马斯克敢于挑战传统,不满足于现状,始终在寻求新的商业机会和增长点。例如,在电动汽车领域,特斯拉从成立之初就致力于改变人们对汽车的认知,让电动汽车成为主流。马斯克运用第一性原理,从零开始构建了一套完整的电动汽车制造体系,不仅关注电池技术、驱动系统等核心部件的研发,还关注整个供应链的管理和优化。这种创新精神使特斯拉在电动汽车领域取得了举世瞩目的成就。在冒险精神方面,马斯克敢于承担风险,勇于尝试新事物。在 SpaceX 的火箭发射项目中,马斯克决定开发可重复使用的火箭,以降低发射成本。这一决策在当时被视为极具风险,因为传统火箭制造商往往依赖于过去的技术和经验,而马斯克则选择从零开始,重新审视火箭发射的所有环节。这种冒险精神最终使 SpaceX 成为全球最领先的火箭制造商之一,为太空探索带来了新的可能。

2020 年 7 月 21 日,习近平总书记在北京主持召开企业家座谈会,对企业家精神作出了进一步阐释,强调企业家"要在爱国、创新、诚信、社会责任和国际视野等方面不断提升自己,努力成为新时代构建新发展格局、建设现代化经济体系、推动高质量发展的生力军"。也就是说,新时代企业家精神包括但不限于爱国情怀、勇于创新、诚信守法、社会责任和拥有国际视野。在国有企业语境下,随着体制机制改革不断深化,国有企业领导人不再等同于行政官员,从组织层面看国企领导人发挥了存续企业企业家精神,甚至不少国有企业领导人经历了艰辛创业过程,具备初创企业企业家精神,《中共中央、国务院关于营造企业家健康成长环境弘扬优秀企业家精神更好发挥企业家作用的指导意见》(2017 年9 月)中专门提出了国有企业家概念。应当说,国有企业家精神与一般意义上的企业家精神内涵并无分歧,并且国有企业家精神中还需包含着眼国家战略发展的政治意识和政治责任。在国资央企打造原创技术策源地的当下,企业家精神的弘扬对以企业为核心的开放式创新生态系统的构建起到重要作用。

企业迈向开放式创新的转变必然是从企业家意识的觉醒开始的。当企业家注意到内部技术劣势需要弥补,外部合作能够带来更多收益时,弘扬企业家精神能够有效推动开放创新。一方面,企业家精神中本就有的创新意识促使企业家不断尝试新鲜事物,从而推动企业进行开放式创新。另一方面,企业家的冒险精神尤为重要。因为开放式创新需要企业打破传统的封闭式创新模式,积极寻求外部的创新资源和思想。这种尝试和突破往往需要承担一定的风险,而企业家的冒险精神正是推动这种尝试和突破的重要力量。此外，开放式创新需要企业与外部组织建立起合作关系，共同进行创新活动。这种合作需要建立在诚信和合作的基础上，而企业家的责任感正是保障这种合作顺利进行的重要因素。从组织层面看，企业家精神是国有企业管理层人员的群体意识，能够在无形中起到凝聚作用，调动企业员工的积极性，并为企业内部的所有成员带来归属感。比如，企业家的创新精神能够激发企业对知识资源的需求，并释放企业的创新潜力信号，在这样的非正式制度环境下，可以有效推动创新管理向积极方向转变，进而对企业的创新范式产生实质性的影响。

### 三、体系构建的行动路线

从行动路线看，在初始阶段要做好设计，首先理顺国有企业内部科技创新的总体架构，厘清国有企业当前创新管理部门、研究部门、产业公司等创新相关主体的功能定位，为构建开放式创新生态奠定基础。根据优秀企业的实践经验，一个理想的科技创新体系通常具有几大特征：一是一体化统筹管控，健全国有企业的科技创新管理中枢，上下贯通，实现总部对各层级创新主体的统筹协同与高效管控，实现企业发展效率和科技能力双提升。比如集团层面设立创新领导小组把控总体方向，通过项目管理办公室进行统筹管理与资源信息共享，适时组建专家咨询委员会作为智库协同。二是分层聚焦规划，横向可以按照企业聚焦的专业化产业领域形成协同布局，对主业形成有力支撑；纵向根据基础研究、应用研究、成果转化、产业化应用等创新链环节进行科研机构功能定位划分，面向具体项目的科研需求，可组建跨科研、生产、产品等团队的矩阵式创新单元，将科技研究与业务单元串联起来形成有机整体，确保科研活动与市场需求紧密相连。三是多元创新协同，通过打造资源共享、创新孵化、成果运营等各类开放协作平台，优化整合国有企业内外部多元化创新资源，形成产研联动的机制设计。比如各企业、机构购置的仪器、设备、软件、数据库等科技研发资源共享；共建专业知识库，使之成为企业内部知识与成果共享的重要平台；建立创新项目供需对接，完善技术寻源等。总之，理顺协同机制和架构，推动建立在集团层面的运营协同协调机制，落实日常工作机制和协同项目运作模式，是建立常态化机制的前提，有助于进一步制定推动外部创新协同的举措。

到发展阶段需挖掘亮点。探索深层次开放创新合作模式,设立专注于特定协同项目的联合工作组,开展协同试点,打造示范性的亮点项目:与科研院所、高校等科研类机构的合作上,探索共同申请国家级重大科技专项,共建国家重点实验室、国家工程中心、联合实验室、协同创新中心等科研合作平台,深度开展前端基础研究以及应用基础研究合作;与产业链上下游企业的合作上,立足国家打造原创技术策源地、现代产业链链长的战略要求,充分发挥国有企业的龙头作用,在优势产业以及未来发展产业方面建立大中小企业融通平台,并依托平台与上下游企业实现科技人员、数据资源、研发经费等创新要素共享,围绕产业链开展科技创新项目联合开发。总之,开放创新的具体举措内容丰富,形成典型模式并加以推广,是在更大范围推动协同发展的重要抓手。

在成熟阶段实现常态推进。长期考虑推进开放创新,将成功试点的合作模式复制推广,并进一步细化和完善机制体制。特别是通过对外协同创新机制的构建实现管理创新,破除制约国有企业科技创新的体制机制藩篱。探索在科技人才、科研投入、创新评价、项目管理等科技创新管理关键维度的制度创新突破,充分激发科技创新工作活力,使开放式协同创新机制不仅有顶层设计完善的"形",更有高效运营制度保障的"神"。比如组建科技创新人才池,打通研发人才与技能人才、管理人才的职业发展通道;扩大科研资金来源,探索在不同技术领域与国家大基金、行业伙伴、金融机构等战略投资者组建科技创新专项基金;进一步优化科技创新评估体系设计,构建全流程、动态化的科技创新评估机制;完善项目评价与质量控制,探索形成项目后"复盘"机制等。

## 第二节　迈上寻求多元伙伴的开放创新之路

在开放式创新的行动中,必然存在与外部伙伴的合作协同。这种合作协同的本质是一种管理创新,创新主体有创新的能力、有统一的目标或意愿、有政策资金的支持、有便于沟通的机制、有信息共享的平台、有收益的预期或考虑等。企业、政府、高校、科研机构、中介机构、使用者等各主体之间进行的跨界融合技术创新,是一种新型的组织形式。国有企业作为连接政府与市场的媒介,在这样的开放式创新生态体系中发挥关键作用。从国有企业自身视角看,与不同类型伙伴共同构建开放创新生态存在多元路径选择。

创新活动的高风险特点要求企业能够及时得到足够多的信息,以制定正确的创新策略,通过与伙伴"抱团"合作是有效的信息获取方式,一方面,创新合作可以带来资源的交流和经验的分享,另一方面,创新合作可以参考其他组织对创新项目的筛选结果。对单个企业而言,每一次创新合作都能带来同业间关系的拓展,这些关系交织起来形成了创新网络。结构化的创新网络是行业中重要的非正式制度。此时,置身于创新网络之中可以增强企业信息能力,进而影响其后续的创新合作决策,生成新的网络结构,从而构建起创新生态系统,并推进生态系统的演化。因而,作为一种非正式制度,企业间合作所形成的生态系统通过改变信息供给渠道,影响了策略,其演变也带来了企业绩效的变动。

## 一、国有企业之间的创新合作

国有企业在整合集聚创新资源、提供新技术迭代与应用环境等方面具有基础优势,国有企业与国有企业间的协同合作可以利用彼此高水平的资金、技术、资源优势,进一步协调区域发展,畅通国内统一大市场,产生更高的经济效益,为构建新发展格局注入强大动能。同时不同功能的国有企业协同,可以进一步放大跨界融合、优势互补的效应,为达成区域战略发展目标提供有力支撑。比如在产投联动方面,投资运营平台公司与产业集团、产业园区平台应形成有效合作模式,增强对各项产业发展要素的合理利用能力。比如,国投集团作为一家国有资本投资运营公司,积极发挥长期资本、耐心资本、战略资本的作用,通过基金投资等方式,涉足量子科学、人工智能、未来网络、生命健康、新能源、新材料、空天海洋等未来产业,投资了细分领域的近 30 家企业,与多家产业集团和产业园区平台形成了有效的合作模式。国投集团依托其在资本运作和项目管理方面的优势,与被投资企业共同推动产业链整合,形成上下游协同发展的格局。同时,国投集团还可以利用其在资金、技术、市场等方面的资源,为被投资企业提供全方位的支持,助力其快速成长,推动新技术、新工艺、新产品的应用和推广。国有企业创新合作机制构建的关键在于着眼重大创新,为国家的发展战略目标服务。基于国有企业的独特使命,协同各方要提前部署、超前谋划,把重心放在实现我国关键性产业的转型和提升方面。发挥国有企业的整体性和战略性优势,聚焦具有决定性、枢纽性的重大"产品开发平台"建设和创新,充分发挥其巨大的辐射力、带动力和整合力,吸引其他各类市场主体参与平台创新,构建一个涵盖多领域、全链条的创新集群,从而为区域打造创新集聚高地、拓展国际合作、搭建产业化平台推进科技成果的转移和转化等战略积极助力。

## 二、不同所有制企业间的创新合作

国有企业作为国家重大科技创新的骨干力量,在社会常态化运行中发挥着创新要素的集聚作用,有助于推动关键核心技术的突破。而非国有企业则是推进供给侧结构性改革、推动高质量发展、建设现代化经济体系的重要主体。一方面,国有企业在实施国家战略过程中,可以通过要素化资源和系统化管理扩展非国有企业发展的空间,弥补非国有企业发展的短板,促进非国有企业技术升级和可持续发展;另一方面,非国有企业在捕捉市场变化方面更具敏锐性,能够在持续化创新方面拉长长板。新发展阶段,进一步推动国有企业与非国有企业协同发展,有利于充分利用国有企业及非国有企业的资产异质性,达到资源整合、取长补短的效果,还能增强国有企业的市场活力,在协同过程中从知识要素和技术要素流动中获取新信息、开发关键技术、打破创新瓶颈和提升创新能力。比如着眼于提升产业链供应链现代化水平,国有企业围绕固链、补链、强链、塑链,协同非国有企业共同打造自主安全可控的产业链供应链。例如,在信息通信芯片产业链打造的过程中,中国移动不仅发起和成立信息通信芯片产业链创新中心,而且积极整合和拉动整个产业链创新资源,联合一系列非国有企业,共同打造核心信息通信芯片产业链;中国电子围绕"PKS"体系,按照"芯、端、网、云、数、智"全链条要求,协同包括非国有企业在内的各方共同支撑重点领域国产化应用。机制构建要点在于,第一,结合实际情况有所侧重。在重大基础设施建设、国家安全等方面,必须坚持以国有经济为主导,推动国有企业的发展。而在其他竞争性领域,则可以适度放宽条件,让有能力的非国有企业在协同发展中发挥更重要的作用,以充分调动非国有企业参与协同创新活动的积极性,盘活民间资本,使其获得更多发展机遇,进而放大国有资本功能,提升两者的协同程度。第二,探索多元化的融合模式。通过混合所有制改革、交叉持股、设立协同创新基金、资源共享、渠道共用等方式,同时借助市场化手段,发挥行业协会/商会、平台企业等第三方机构的作用,逐步建立国有企业和非国有企业的供需对接平台,从不同层面将技术、人才、资金等要素资源整合起来,推进科技创新与成果合理配置,实现国有企业技术创新的外溢效应,推动非国有企业技术创新;同时,也充分利用非国有企业在某些创新领域的比较优势,积极发挥其示范和带动功能,为国有企业的创新提供新的动力。第三,建立健全利益共享机制。明确国有企业和非国有业的产权、利益分配结构,科学划分各自的权责。引导非国有企业主动、精准地与国有企业进行对接和甄选,支持业务领域相近的国有企业和民营企业优先混合,寻找更多利益契合点,进而实现两者的高效协同。

### 三、国有企业与专业机构之间的创新合作

一种是科研类机构,国有企业要实现创新离不开研发,而科研组织的比较优势无疑是其强大的研发能力,二者的协同一方面能发挥国有企业的技术支撑、人才共享、专业咨询优势,另一方面也有利于科研组织的科技成果产业化。国有企业和科研组织之间的协同模式主要有技术转让、委托开发、联合开发、共建等方式:第一,技术转让与委托开发模式,指国有企业通过购买、委托科研机构进行相关项目的研发,并将技术成果用于其他领域的行为,但这种方式的成功率比较低。第二,联合开发模式,是指基于契约和经济利益,国有企业与科研组织通过签订协议、合同等形式来推动合作,在合作的过程中双方共担风险和共享收益。但这种模式也存在着信息不对称问题,科研组织对研发的科学价值和社会效益的理解要比企业深刻,而企业拥有的市场信息更多,任何一方为了规避风险而采取违约行动都会导致协同体的整体利益受损。同时,技术开发、转化和应用过程中也存在许多不确定的因素,双方的协议实质上是一种不完全契约,谈判人的有限理性无法全面地考虑到这一过程中的全部问题,因此,这种合作方式存在着风险。在实践中,基于明确的合同关系,运用弹性的治理方式来处理不确定的风险已经被越来越多的参与者所接受和利用。第三,共建模式,国有企业无须与科研组织签订明确的合同,而是以产学研相结合的形式进

行合作,如共建产业园区、科技孵化基地、研究中心、重点实验室等。这种合作模式能够实现科研组织和国有企业利益的统一,从而有效地激发双方的协同创新,减少单方违约的风险。

另一种是中介服务机构。专业中介机构覆盖创新行为的各个方面,能够将各类创新因素结合起来,减少跨界搜寻费用,为企业的持续发展提供有力的支持,对企业的技术创新能力提升具有举足轻重的影响,是国有企业对外协同创新机制内的有益补充。国有企业与中介机构的协同创新体现在金融支持、信息沟通与利益协调等方面:在金融支持方面,我国国有企业的发展需要资本市场的培育,通过金融中介机构促进国有企业与资本市场建立有效的融资渠道。此外随着云计算、区块链、大数据等新技术的应用,金融科技服务也在为拓宽融资渠道、提升融资效率积极助力;在信息沟通方面,中介机构利用自身的信息识别能力,为国有企业提供个性化、精准化的信息服务,满足企业多元化的信息需求。或是作为信息的中转枢纽,通过一套行之有效的信息传递制度、信息传递渠道和信息评价体系,使各个创新主体之间信息共享、资源整合和协作成为可能,从而降低技术的使用成本和交易的时间成本,提高企业的创新效率。在利益协调方面,帮助国有企业构建一套行之有效的利益分配机制,进而解决国有企业与其他协同方之间的利益冲突,在平等、互惠互利的基础上,对创新主体进行激励和制约,以达到利益和风险的平衡;为国有企业提供法律咨询,提供有关知识产权保护的建议,从而使国有企业实现长期、稳定的发展。

## 四、多元伙伴合作平台

除了在创新管理体系中融入开放式创新理念之外,还可以通过构建内外联动平台来实现与多元伙伴的合作。内外联动平台可以是抽象的创新管理工具载体,即不存在实体的、由制度以及合作关系所构成的虚拟平台,也可以是创新生态系统的具象化,即依托实体机构所构成的具有平台功能的组织。

在实体平台方面,本书第二章所列举的多个案例已经有所阐述。比如海尔公司将自身转型为平台型公司,再比如宝洁通过创新体系的平台化促进数字时代的开放创新。实体平台是获取多元伙伴的有力工具,常见的平台包括园区与孵化器、联合实验室、创新中心等。"大零号湾"是一个可供借鉴的案例。

　　上海交通大学联合上海地产集团、上海市闵行区人民政府,共同建设"零号湾——全球创新创业集聚区",形成了创业要素、创新人才、孵化主体、功能平台、初创项目、科技研发、四新产业、国际元素等多种资源的集聚。三方分工明确,合作紧密,充分发挥智力、科技、人才、信息和平台、资源、资本的集聚优势,打造了高校、企业与地方合作共建创新创业生态园区的新典范。2016年4月,"零号湾"成功入选首批国家双创示范基地,展现出强劲的发展势头。2022年8月,上海市政府常务会议审议通过《推进"大零号湾"科技创新策源功能区建设方案》,明确"大零号湾"的使命是创新策源。2023年2月,上海市政府新闻发布会上明确要将"大零号湾"打造为上海科技创新的强力支柱。截至2023年12月,"大零号湾"区域已累计汇聚4000余家硬科技企业,其中包括660家高新技术企业、137家估值亿元以上企业、43家估值超10亿元企业、10家上市企业。大零号湾金融港正式运营,大零号湾科创金融联盟基金规模超150亿元。自此,最初的"零号湾"拓展为"大零号湾"科技创新策源功能区,实现了从"创新平台"向"创新生态系统"的转变。零号湾将交大创新创业资源有效辐射周边数公里地带,与交大南侧的紫竹国家高新区形成了环交大知识创新经济圈。

　　"零号湾"平台"从0到1"的主要经验与做法包括:一是完善项目引入制度。第一,公司化管理。三方达成共识成立零号湾创业投资有限公司,由地产集团公司化管理方式进行园区管理,上海交通大学物色委派专职人员组建专业运营团队。其中,运营团队在零号湾创业投资有限公司中占有主要股份,以此充分调动和激活运营团队的内生动力。第二,专家独立评审制度。上海交大充分汇聚企业家校友和创投校友资源,组建创业导师和创投导师库,在"零号湾"成立之初组建一支由200余名专家组成的评审专家团队。每两周举行一次路演,项目一经评审通过,第二周即可办理入园手续。第三,资金来源市场化。风险投资公司在园区派驻专员,参与项目引进的全过程,项目投资完全市场化。

　　二是推动产业项目适度集中。第一,将园区按照产业类型进行划分,形成产业集聚效应。通过举办国际信息安全大赛,规划设立了信息安全孵化专区;与交大生物医学工程学院、江苏省南通市人民政府合作,规划了生物医学工程孵化专区;引入昂立教育集团及其投资基金,规划成立了文化教育孵化专区;联合在零号湾有多个项目投资的创投机构,形成了以专业孵化器为代表的投资孵化专区。第二,依托上海交大的优势学科,大力发展互联网科技,并引入以机械制造、新材料、航空航天设备等为主的先进制造业。如上海微澜互联网科技有限公司建立科学实验室共享平台,获得 A 轮融资 7500 万人民币。

三是完善企业服务。第一,设立闵行区行政服务南部分中心和招商服务中心,主要受理企业税务登记办理、三证合一、餐饮许可证、人才政策和服务咨询、居住证积分申请咨询等业务。第二,探索专利技术的保护机制,构建信息共享平台,制定失信名单与联合惩戒机制。第三,引入社会资源开设创业辅导课程。定期举行法律、人力资源、投融资技巧、知识产权等方面的培训。

四是强化人才配套服务。第一,对国内优秀人才,给予其在企事业单位间合理流动的便利;推行外国引进优秀人才永久居留及出入境便利化试点工作。第二,在零号湾创业设立无忧服务平台,为创业者提供 24 小时管家式服务,包括商务租赁、创业班车、教育培训、人才推优、休闲餐饮等。第三,在距零号湾核心区域 3 公里范围内,沪闵路、江川东路、闵行开发区等地建设人才公寓。第四,在零号湾园区、闵开发电机学院、人才公寓之间,为创业者提供电动汽车租赁和充电服务、新能源通勤班车服务。

在虚拟平台方面,可以参考的案例是深圳国资委在调整国有资本产业布局时所采取的举措。深圳国资委通过"管资本"的国有资本投资运营"大平台",为各类组织搭建了开放合作的桥梁,推动创新链与产业链相融合。深圳经济特区建立已逾 40 年,作为全国率先开展区域性国资国企综合改革试验的两个城市之一,深圳正在推动国资国企规模效益再上新高度,打造与先行示范区相匹配的一流国资、一流国企。深圳国资在改革发展的过程中不断盘活存量、优化增量,持续布局战略性新兴产业,发展绩效始终保持在全国前列,为深圳市产业转型升级和经济增长作出了不可替代的贡献。深圳市属国资的亮眼成绩与持续优化的产业布局密不可分,在具体举措中形成了诸多创新亮点。

一是整体运作,专业分工。深圳国资产业布局调整过程中,深圳政府与市国资委在顶层设计上打好配合,各个投资运营平台合理分工落实布局调整,产业集团之间团结协作发挥辅助作用,促使国资聚焦城市重点发展领域,为城市产业升级奠定坚实基础。

第一,市国资委聚焦重点领域,配合城市产业结构部署深圳市"十四五"规划中提出了"4＋7＋5"产业结构,包括四大支柱产业:文化产业、高新技术产业、物流业、金融业,七大战略性新兴产业:新一代信息技术产业、生物医药产业、数字经济产业、高端装备制造产业、新材料产业、海洋经济产业、绿色低碳产业,以及五大未来产业:6G、量子科技、深海产业、深空产业、氢能产业。2022年1月,深圳发布《深圳市科技创新"十四五"规划》,明确"20＋8"技术主攻方向,包括七大战略性新兴产业(20大产业集群)和八大未来产业。在此背景下,深圳国资委坚持推动国有资本集中到以基础设施公用事业为主体、以金融和战略性新兴产业为两翼的"一体两翼"领域,确立了"十四五"期间实现在城市建设、城市保障、金融投资和新兴产业"四大板块"快速发展的目标,明确了"科技＋"战略导向和创新驱动、数字赋能、绿色发展三大重点工作方向,积极推动国有资本聚焦到深圳"20＋8"技术主攻方向。

第二,投资运营平台分域主导,发挥国有资本运作力量。深圳市投资控股有限公司(简称"深投控")、深圳市资本运营集团有限公司(简称"深圳资本")、深圳市创新投资集团有限公司(简称"深创投")、深圳市鲲鹏股权投资管理有限公司(简称"鲲鹏资本")和深圳市重大产业投资集团有限公司(简称"深重投")是深圳市属国资进行投资运营的五大平台。五个平台之间分工协作,分别从全生命周期产业生态体系构建、市属国资产业链拓展、创业企业投资支持、产业基金群打造和重大项目投资五个方面着手,调整深圳国资产业布局,带动城市产业发展。深投控是以科技金融、科技园区、科技产业为主业的国有资本投资公司,着力形成以科技金融为"阳光雨露",以科技园区为"土壤",以科技产业为"种子、幼苗和树木"的全生命周期产业生态体系,助力深圳完善"基础研究＋技术攻关＋成果产业化＋科技金融＋人才支撑"的全过程创新生态链。深圳资本是以产业基金、股权投资、市值管理、并购重组为主业的国有资本运营公司,是市属国资拓展产业链布局的重要主体。其中,产业基金业务中,深圳资本联合社会资本设立多支产业基金,投资深圳国企改革的优质项目、深圳国企战略转型项目,投资战略性新兴产业、优势传统产业等领域上市公司或非上市公司。股权投资业务中,政策性股权投资业务的资金来源于政府部门,主要投向注册地在深圳的战略性新兴产业公司。

截至2021年9月末,共投资企业98家,完全退出企业15家。战略性股权投资业务使用公司自有资金,投向金融、公用事业企业,以国有资本运营和战略布局为目标,倾向长期持有,近年来退出项目较少。市值管理业务主要是通过二级市场研判,择机增持或减持深圳市国资委控股、参股上市公司或行业龙头股票。并购重组业务则以深圳市属国有企业整合重组及价值提升为核心,针对重组、收购兼并、融资上市等提供建议、咨询、方案设计等服务。深创投是以创业投资为核心的综合性投资集团,主要业务包括基金管理、创业股权投资和红土公募,投资标的以中小科技创新企业为主。至 2022 年 4 月末,深创投管理149 只私募股权基金,13 只股权投资母基金,20 只专项基金(不动产基金、定增基金等),管理规模总计约为 4279 亿元。鲲鹏资本是以产业投资基金和股权投资为主业的国有资本运作平台。产业投资基金业务中,鲲鹏资本共计参股商业化基金 37 只,通过母子基金联动模式基本实现了对 5G、生物医药和半导体等战略性新兴产业的系统化布局;共计参股和管理政策型基金 3 只,完成市政府交办的华星光电液晶面板项目、南方航空股权多元化改革项目、光启项目等重大专项投资任务。股权投资业务中,主要以实现深圳市国资布局战略性新兴产业和培育深圳市国资的利润增长点为核心目标,被投资公司所在产业以金融、类金融产业,战略性新兴产业及未来产业为主。深重投是深圳市政府重大引领性产业战略投资平台,紧密围绕打造千亿级战略性引领型国有资本产业投资集团总目标,扎实推进政府重大产业项目是高起点立企之本、市场化项目是可持续兴企之基的"双轮驱动"战略,成功推动一批重大引领性、标志性、基石性产业资源导入和项目落地,正在朝着深圳打造国家集成电路"第三极"主阵地主力军的目标稳步前进。

第三,市属产业集团共同发力,致力加快产业转型升级深圳市属产业集团逐渐向基础设施公用事业集中,不断创新发展,为新兴产业提供坚实保障。深圳市盐田港集团有限公司旗下拥有的大铲湾港区是深圳西部重要港区之一。为支持海洋经济产业这一深圳战略性新兴产业的发展,盐田港集团力图将其打造成为国际化的海洋科技产学研基地和远洋渔业基地。深圳市机场(集团)有限公司正在打造面向亚太、连接欧美的客货运输网络,将深圳机场建设成为珠三角世界级机场群重要的核心机场、"一带一路"倡议中更具辐射能力的重要国际航空枢纽,为深圳四大支柱产业之一,物流产业的发展贡献力量。在此基础上,市属产业集团本身也在不断积极寻求转型升级。深圳市农产品集团股份有限公司在 2020 和 2021 年先后推出了"深农星选"和"圳帮扶"两大电商平台,依托辐射全国的实体市场与电商平台产业版图,致力于推进"数字菜篮子"建设,打造从田间到餐桌的农产品全产业链,也为国资在数字经济产业的布局添砖加瓦。2018 年,深圳市智慧城市科技发展集团有限公司(以下简称"深智城")成立,专注于人工智能、大数据、区块链与数据安全、分布式运算等项目,作为智慧科技平台,牵头市属国资国企推进 5G、智慧城市、鲲鹏产业等主线发展。2022 年 5 月,深智城控股恒实科技,进一步拓宽深圳国资在七大战略性新兴产业之一,新一代信息技术产业中的布局。

二是投招联动,补链强链。深圳市属国资依托已有的产业基础,从产业链视角展开国资运作,通过投资运营平台的运作实现内部重组和外部并购,不断延伸国资在产业链中的布局范围,同时为城市产业转型升级提供助力。

第一,挖掘国资潜力,深耕核心领域。2014 年 6 月,国务院印发《国家集成电路产业发展推进纲要》,提出要努力实现集成电路产业跨越式发展。2019 年深圳印发《进一步推动集成电路产业发展行动计划(2019—2023 年)》,提出要加快培育第三代半导体。同年,深圳组建深重投集团作为重大战略引领性产业投资功能性平台,深耕集成电路等重大产业发展核心领域。在此过程中,将深圳市深超科技投资有限公司(以下简称"深超科技")100% 股份无偿划转至集团持有。深超科技是扶持深圳高新技术产业发展的运作载体,以培育和发展深圳战略性新兴产业为核心方向,在新一代信息技术、先进制造服务业、新材料、生命健康等领域进行投资布局,是深重投重要业务支点和核心子平台。2021 年 8 月,深重投通过深超科技收购方正微电子。此外,深圳市还成立第三代半导体器件重点实验室、深圳第三代半导体研究院、清华大学(深圳)研究院第三代半导体材料与器件研发中心等重要平台。2022 年 3 月,深圳方正微电子有限公司启动第三代半导体产业化项目进程,继续深耕集成电路等重大产业发展核心领域。

第二,开展央地合作,支撑未来发展。深圳国资围绕城市发展和产业短板积极开展资本运作,谋求央地合作。2019 年鲲鹏资本通过深圳市鹏航股权投资基金合伙企业(有限合伙)出资 100 亿元战略入股南方航空,开启深圳国资参与央企集团层面股权多元化先河,南航集团在深圳地区加大宽体机等运力投入,大力拓展国际航线网络。2020 年 12 月,深圳资本收购中集集团 29.74% 股权,成为其第一大股东。中集集团除了是全球领先的物流及能源行业设备及解决方案供应商外,还涉足海洋工程业务,未来将从海洋油气开发,向海洋新能源、海洋大消费(海洋渔业、海洋文旅等)、海洋空间利用等海洋新业务逐步拓展。目前,中集海工在深圳拥有国家工程实验室——深圳市智能海洋工程制造业创新中心,主要进行智能海工、海洋新能源等方向的核心技术攻关和业务开拓。中集海工作为我国海洋工程领军企业,将有利于深圳海洋经济产业和深海产业的发展,在深圳打造全球海洋中心城市中发挥重要作用。

第三,携手民营、外资,强优整体链条。2020 年 11 月,深圳市智慧城市科技发展集团(以下简称"智城集团")旗下的深圳市智信新信息技术有限公司(以下简称"深圳智信")与华为投资控股有限公司签署了收购协议,完成对荣耀品牌相关业务资产的全面收购。此后,荣耀终端有限公司(以下简称"荣耀")进行多次股权结构调整,先后引入了由 30 余家荣耀代理商、经销商共同投资设立的深圳市春芽联合科技合伙企业(有限合伙)、深圳市星盟信息技术合伙企业(有限合伙),以及由鲲鹏资本和智城集团等共同出资设立的深圳国资协同发展私募基金合伙企业(有限合伙)、深圳耀星辰壹、贰、叁号科技合伙企业(有限合伙)、深圳市鹏程新信息技术合伙企业(有限合伙)作为股东。深圳国资收购荣耀有助于拓展其在智能终端产业链内的布局。在智能终端产业链中,深圳国资已通过深投控控股天音控股,通过深圳资本旗下远致富海系基金控股麦捷科技。天音控股主营智能终端分销业务,已获得苹果、三星、华为、小米、魅族等手机品牌代理权。麦捷科技为智能终端电子基础元器件供应商,客户包括中兴通讯、华为、联想、小米、长虹、康佳等企业。另外,深投控旗下还有供应链企业怡亚通,初步形成智能终端供应链网络。荣耀在产业链中处于天音控股上游和麦捷科技下游位置,深圳国资投资荣耀有助于进一步强化协同效应,实现产业深耕。

三是开放布局,面向全球。深圳通过投资运营平台搭建基金网络、园区网络和投资信息网络,将国资产业布局的触角延伸开去,从而有效地拓展了国资运作空间,提高了国资运作效率。

第一,健全基金体系,织密国有资本网络。深圳国资基金群的发展早在 20

世纪 90 年代末就已开始。早期聚焦发展创投基金,经过多年演变,目前已形成覆盖创投基金、平稳基金、产业基金、国资改革战略基金等四大功能型基金的国资基金群。在创投基金方面,深创投通过参股和管理创业投资基金,深耕创业投资领域。截至 2022 年 4 月末,深创投聚焦七大领域,投资项目累计达 1 448个,总投资额约 843 亿元,已投出上市公司 194 家,打败红杉、高瓴。在此过程中,深创投既支持了战略性新兴产业领域中小企业的发展,也通过退出行为获利颇丰。在产业基金方面,深圳资本设立以并购基金管理为主的远致富海和以新兴产业基金管理为主的远致瑞信作为基金管理机构,并以公司本部作为有限合伙人认购私募股权基金份额。截至 2021 年 9 月,深圳资本管理产业基金规模达 209.76 亿元,其中深圳资本认缴出资 64.14 亿元,资金放大倍数达 3.27 倍。鲲鹏资本也涉足产业基金业务。截至 2021 年 6 月,鲲鹏资本参股的 37 只商业化基金中,有 26 只主要以战略性新兴产业为投资方向。以鲲鹏资本参股的投控共赢基金为例,在已投项目中,投资于新一代信息技术及高端制造领域的项目 5 个,累计投资金额 24.20 亿元;投资于医药领域的项目 1 个,累计投资金额 5.73 亿元;投资于环保领域的项目 1 个,累计投资金额 4.41 亿元。在平稳基金方面,为完成深圳支持民营经济发展"四个千亿"计划,依托深圳资本、投控资本、高新投和担保集团,设立了总规模 1 000 亿元的平稳基金,以股权和债券形式帮助优质民企渡过难关。截至 2019 年年底,通过产融结合、资本市场对接、推进混合所有制等多种方式,平稳基金已累计为 55 家公司提供股权、债权流动性支持,涉及专项资金约 218 亿元。在国资改革发展基金方面,主要以鲲鹏资本为平台,一方面央地协同设立综合改革试验(深圳)基金,由中国国新、中国电信、鲲鹏资本、特区建发、深国际和坪山城投共同出资,由中国国新、鲲鹏资本、鲲鹏展翼设立的合资公司担任基金的执行事务合伙人。另一方面市区协同设立国资协同发展基金,由鲲鹏资本在市国资委的支持下,联合罗湖投控、深圳资本、深圳高速、深圳国际、深圳能源设立,重点围绕"一体两翼"领域,尤其是在基础设施、公用事业和国资短板领域开展战略性并购;加强与各区政府协同合作,引进重大项目落地深圳,助力深圳国资国企和产业新一轮大发展。

第二,打造园区品牌,圈层梯度辐射全球。2017 年,深圳市国资委、深投控正式确定了"圈层梯度"模式和"一区多园"战略,将深圳市内园区整合,打造"深圳湾"品牌。遵循将轻重业务进行专业化分工、精细化运营的思路,深投控的二级运营服务公司深圳湾科技发展有限公司,负责园区的开发建设和运营管理,专心做代建、运营、物业、服务、资管等园区运营业务,而重资产则依托深投控强大的资金实力进行投资。深圳湾科技旗下管理深圳湾科技生态园、深圳市软件产业基地、深圳湾创业投资大厦、深圳湾创新科技中心、深投控创智天地大厦、深圳软件园、高新工业村七大园区。深圳以深圳湾核心园区为标杆,实行标准化、品牌化、规模化发展,实施推广"深圳湾"园区开发运营模式,按照圈层梯度理念在全市各区、国内重点省市及国外创新高地打造"产业综合体"等不同类型科技园区,巩固"深圳湾"品牌地位,贯彻落实"圈层梯度、一区多园"发展战略。一是深耕核心圈层。以深圳湾科技生态园等 7 个产业园区聚集全球科技创新要素,这些产业园区总投资约 500 亿元,总建筑面积约 500 万平方米。二是融合基石圈层、卫星圈层。加快在深圳及周边投资布局,形成高端制造基地和强大产业配套能力;有序推进深汕合作区盛腾工业园、东莞清溪项目、顺德产业园和人才小镇等项目开发建设;参与广深科技创新走廊、河套地区深港科技创新特别合作区开发建设。三是推进辐射圈层。组建华北区域平台等公司,保定深圳园、雄安新区新安小镇等项目稳步实施。四是布局海外圈层。深越合作区项目被列为中越两国经贸合作 5 年发展规划重点合作项目,美国硅谷、比利时海外科技创新中心相继设立并开始运营。

第三,推进区域合作,构建投资信息网络。深创投从苏州、河南等地开始,将投资版图向全国及全球延伸。深创投先后管理中央级基金 4 只,包括财政部、工信部的中小企业发展基金,财政部等的制造业转型升级新材料基金,国家发改委的深圳信息产业基金、深圳生物产业基金;与 21 个省合作,其中包括 7 个东部省份,5 个中部省份,6 个西部省份和东北三省;与 40 个地级市合作,其中 23 个位于东部省份,11 个位于中部省份,5 个位于西部省份,1 个位于东北;与 12 个区县合作,其中 5 个位于长三角,7 个位于珠三角。深创投通过担任各地引导基金管理人,与各地政府建立了良好的合作关系,充分利用当地政府资源,大量接触和挖掘各地优质项目,在全国建立了投资信息网络,与直接股权投资业务形成良好协同效应,最终跃居本土创投机构头部位置。这使得深创投有实力将目光转向国外市场,比如管理首支中韩政府机构合作的产业投资基金——深圳中韩产业投资基金,从而在全球拓展投资信息网络。

四是制度创新,示范引领。深圳国资产业布局的动态变化依赖于国资投资运营平台对资源的整合与调度。制度创新是激发国有资本投资运营平台活力,持续发挥平台作用的必要条件。

第一,完善现代企业制度,深化人员激励机制。深圳打通国企"资本结构优化—公司治理强化—选人用人市场化"改革链条。以管资本为主,推动市属国企科学运用股权投资、引进国内外战略投资者、管理层和核心骨干持股、并购重组、上市、纾困等全周期手段,分步分类推进"实质性混改"。特别是对国有企业领导层激励机制的改革领先全国。2017年,深圳出台《关于深化市属企业负责人薪酬制度改革的实施方案》,积极构建与激发企业领导人员干事创业激情培养出资人精神相适应、与选任方式相匹配的薪酬管理体系,得到国务院国资委和省国资委充分肯定。规范参与薪酬分配事项审核的方式和程序,构建体现智力劳动价值的薪酬体系和收入增长机制。实施外派监督人员和专职外部董事薪酬改革,建立与监管职责相适应的新的"两监"薪酬体系。

第二,加快两类公司建设,细化投资运营规则。2017年,深圳国资委编制深圳投控公司对标新加坡淡马锡打造国际一流国有资本投资公司"1+7"方案,提出了具体的对标改革措施和系统性的改革时间表和路线图。国资委将境内主业不超过净资产20%的投资决策权授予该公司,公司董事会同步加大对执行委员会、经理层的授权,有效释放发展活力。2018年,深圳市政府审议通过了《深圳市投资控股有限公司对标淡马锡打造国际一流国有资本投资公司的实施方案》,意味着深投控进入具体的对标改革实操阶段。2019年,"1+7"方案全面实施,远致公司完成董事会建设,深粮控股实现重组上市后融合发展,深圳国际打造国有境外上市公司法人治理标杆。

第三,创新引导基金规制,活化国资机构职能。除了国资国企内部制度,外部制度环境也起到了重要作用。比如,政策性基金通常由国资机构管理,政策性基金的运作规制也会影响到国资机构运作能力的发挥。深创投受托管理市级政府引导基金,管理运作的资金规模大,采用的制度却相较于其他同类型或同级别政府引导基金更为完善灵活。比如,在亏损承担方面,深圳政府引导基金明确亏损承担方案,对子基金在项目投资过程中的超额收益全部让渡,同时以其出资额为上限承担投资风险,助力种子期、初创期企业跨越"死亡谷"。

深圳国资的产业布局相关经验,可以从多个方面为国有企业的内外联动平台建设提供借鉴。

第一,做好统筹协调,找准存量国资定位形成合力。深圳国资综合考量国家战略、广东省和深圳市产业结构发展规划,以及深圳国资自身存量资源,统筹归拢已有国资力量,产业集团承担城市发展服务功能,投资运营平台承担战略性引领型产业投资布局功能,各大产业集团之间、各大投资运营平台之间、产业集团与投资运营平台之间都联系紧密形成合力。可以借鉴深圳国资经验,分两步走来统筹协调国资存量。第一步,对存量国资进行分类调整。现有国资企业按照功能保障类、市场竞争类和金融服务类等类别进行区分,无法体现存量国资在城市产业转型升级中的定位作用。可以考虑从产业结构升级视角,将存量国资企业分为保障类和平台类,其中保障类国资主要提供城市运行保障服务。平台类国资主要为城市产业转型升级服务,包括投资运营平台、产业集团平台等。第二步,协调理顺存量国资间的合作关系。保障类国资合力支撑城市治理的基本职能,平台类国资合力实现未来产业发展目标。保障类国资为平台类国资提供基础支撑,平台类国资为保障类国资升级发展赋能。

第二,搞好多元合作,汇集各方力量发展重点产业。深圳国资在挖掘市属国资存量潜力的基础上,通过投资运营平台的国有资本运作,一方面联动中央、地方国资,以推进国企股权多元化改革、合作设立基金等形式,深化深圳国资对新一代电子信息产业、海洋产业等深圳市战略性新兴产业的布局。另一方面联动民营企业、外资企业,通过兼并收购、招徕总部等方式,深化深圳国资对物流产业、绿色低碳产业等深圳市重点产业布局。国有企业已经涉足本地重点发展的各个产业领域,未来要积极对相关产业链条的关键领域查漏补缺,通过兼并收购、板块重组等方式,有针对性地投资、引入民企、外企,或与其他国资企业携手合作。

第三,用好要素网络,强化投资运营平台功能发挥。深圳国资在产业布局的过程中,十分注重国资运作空间的拓展,搭建了产业资金流动网络、产业承接载体网络、产业信息交换网络等,让深圳国资得以依靠这些网络走出深圳、布局全国、面向全球,而不是仅局限在本市腾挪。这些网络的搭建主要通过国资投资运营平台来完成,如深圳资本的产业基金和市值管理业务板块、深投控的科技园区业务板块、深创投的政府引导基金管理业务板块。国资央企在未来的发展过程中可以借鉴深圳经验,积极构建和用好多维要素网络,利用好产业承接载体网络。比如,能源电力类国有企业的投资大多局限在本地,可以产业园区为引子,开拓国资投资空间。在国内,以共建园区、"科创飞地"为节点搭建国资产业投资网络,积极推进园区内企业与本地资本市场对接。在海外,通过海外工作站建设,积极收集、推荐主导产业和战略性新兴产业项目,为国有资本投资全球先进技术和项目"牵线搭桥"。

## 第三节　使用匹配企业现状的创新管理工具

开放式创新知易行难,尽管开放理念已经深入人心,在落实到创新管理的过程中仍存在重重阻碍。其中的首要关键点是对战略规划适配问题的考量。找到契合企业发展阶段的开放模式,是一个综合考虑企业发展阶段、市场环境、资源条件及战略目标的过程。首先,明确企业当前是处于初创期、发展期、成熟期还是衰退期(或转型期),每个阶段都有其独特的挑战与机遇。随后,深入分析市场环境,包括行业趋势、政策环境以及市场机会与风险,确保决策基于全面的市场洞察。同时,评估企业内部资源与能力,如资金、技术、人才及品牌等,明确自身在开放合作中的优势与潜力。基于这些分析,制定针对性的开放模式策略,如初创期可能采取轻资产运营、合作研发及灵活合作的方式;发展期则注重市场拓展、资源整合与品牌共建;成熟期则倾向于建立战略联盟、开放平台及实施国际化战略;而衰退期(或转型期)则需通过创新转型、资源整合优化及寻找新增长点来重塑竞争力。最后,将策略转化为具体实施计划,并设立组织保障与风险监控机制,定期对合作成果进行绩效评估,以确保开放模式的有效实施与持续优化,从而推动企业实现可持续发展。企业所处发展阶段、所在行业、自身资源禀赋等内外部因素千差万别,本节总结开放式创新相关的管理方法、手段,为企业提供具体行动的创新管理工具箱,为不同企业在实行开放式创新的过程中挑选使用。

## 一、信息收集和趋势研判

通常认为,实现技术突破不仅需要对现有知识进行广泛搜集、整合、开发和重组,而且需要具备深入探索特定领域的问题解决能力。不同组织具有的知识开发能力大相径庭,面临的技术困境迥然有异,创新模式选择也截然相反。不同于一般技术,关键核心技术具有战略性,关系到整个产业链甚至是国防科技安全与民生社会稳定。因基础知识和跨学科知识交叉的极高要求,突破关键核心技术需要采取多类创新力量深度合作的形式。技术路线图是一种为技术管理和规划提供支持的有效工具,特别适用于对技术资源、组织目标和不断改变的环境之间的动态的联系进行探索和沟通。一般技术路线图包括了空间和时间维度,空间维度反映了在给定时点上科学技术项目,产品项目和市场开发之间的联系,而时间维度表示各类别及其之间联系的演变。而技术路线图上的点和线在多数情况下有质和量的属性。但和地理路线图有所不同的是,技术路线图的意义不仅仅在于技术路线图本身,而且也注重技术路线图的构建过程。开放式创新生态系统边界的拓展应遵循核心企业的技术发展需要。因而,可以借鉴技术路线图的应用思路,探索绘制创新生态地图,供指导核心企业拓展创新生态系统边界使用。具体而言,可以围绕企业技术发展方向,在已有的开放式创新生态系统图结构中,添加技术方向子生态圈。一方面,以生态圈中各主体要素为核心,绘制拓展形态的创新网络,探究现有开放式创新生态系统的可拓展范围。另一方面,根据常态化情报收集共享机制的共享成果,筛选可纳入创新生态系统的新主体。

在技术路线图工具的实际使用方面,可以参照宏观、中观和微观不同层面的技术路线图应用。

以能源领域为例,宏观层面的技术路线图一般指国家技术路线图,在更高层次、更大范围系统分析国内外的产业变化和技术趋势,指出确保未来国际竞争力所必需地有发展前途的战略产品和核心技术,并在国家层次上制定与市场需求更紧密的国家研发计划,组织实施战略研发项目。比如,国家能源局发布的《新型电力系统发展蓝皮书》,全面阐述新型电力系统的发展理念、内涵特征,制定"三步走"发展路径,并提出构建新型电力系统的总体架构和重点任务,重点从源网荷储各环节挖掘核心技术与重大装备的发展潜力,清晰描画了2023—2060年新型电力系统发展蓝图,为我国新型电力系统的建设明确发展道路。再比如,《"十四五"能源领域科技创新规划》提出围绕能源领域新型电力系统、核能、化石能源开发利用、储能技术等五大技术攻关方向,支持建设高效、清洁、智能化的能源体系,并强调数字化、智能化技术在能源领域的深度融合。

中观层面的技术路线图一般指产业技术路线图,比如由工业和信息化部指导、中国汽车工程学会组织全行业1 000余名专家历时一年半修订编制的《节能与新能源汽车技术路线图2.0》,以2025年、2030年、2035年为关键节点,设立了产业总体发展里程碑。再比如中国汽车工程学会通过联合行业力量,共同梳理关键技术架构、组建编制团队,形成3个应用组和15个专题组,结合行业内百余家单位、三百余位专家的宝贵智慧,按照不同领域方向共同开展智能网联汽车技术发展路径研究编制《智能网联汽车技术路线图2.0》,对智能网联汽车的技术架构和体系进行全面梳理和修订,制定我国面向2035年的智能网联汽车技术发展的总体目标、愿景、里程碑与发展路径,提出创新发展需求。

微观层面的技术路线图一般指企业技术路线图,比如,河钢集团发布的《低碳发展技术路线图》,包含河钢集团推进碳达峰碳中和的低碳发展目标和"6＋2"低碳技术路径,明确河钢集团低碳发展三个阶段:碳达峰平台期(2022—2025)、稳步下降期(2026—2030)、深度脱碳期(2031—2050)。对于采取开放式创新的国有企业而言,企业技术路线图的应用既能够帮助预测市场发展方向和技术进步方向,明确技术研发重点和未来市场,也是国有企业选择创新合作伙伴的重要依据。技术路线图的制定离不开对行业发展和技术水平动态的分析,其中专利等知识产权是重要的分析依据。由此可见,技术路线图工具的使用是以知识产权管理为基础的。

知识产权管理是创新管理的重要组成部分。在创新管理实践中,可以根据ISO56005《创新管理—知识产权管理指南》构建企业知识管理框架。《创新管理—知识产权管理指南》国际标准是由我国提出并推动制定的首个知识产权管理国际标准,国家知识产权局办公室、工业和信息化部办公厅联合发布《关于组织开展创新管理知识产权国际标准实施试点的通知》推广实施ISO56005国际标准。ISO56005 国际标准以创新价值实现为核心导向,坚持创新管理与知识产权的深度融合,将知识产权管理活动嵌入创新全过程,通过明确创新过程中的知识产权管理目标、方法和路径,全面提升创新效率、创新质量和创新效益。其主体内容包括三个要点。第一,知识产权管理架构。包括理解组织及其环境、建立系统化知识产权管理、知识产权管理职责(领导作用与承诺、组织岗位和职责)、文化(意识、工作环境)、人力资源(人员、知识与能力、教育与培训)、财务、法律等。第二,知识产权战略。包括知识产权战略目标、制定知识产权战略、实施知识产权战略等。第三,创新过程中的知识产权管理。包括总则以及在创新全过程的识别机会、创建概念、验证概念、开发方案、部署方案等各个环节中的知识产权管理原因、输入、方法和输出。ISO56005 国际标准适用于创新型企业、知识密集型企业、技术驱动型企业,可以为中小型企业以及跨国企业提供规范参考。技术创新活动中的产权关系和社会对创新产权的保护状况对创新者的激励至关重要。商业化视角下,知识产权是技术创新过程的产物,影响技术创新和扩散,以及企业间的市场竞争。在国有企业创新实践的过程中,要坚持开放合作与科技自立自强相结合。因而,知识产权管理工具不仅推动单个企业自身的科技创新发展,也为开放式创新生态的形成提供土壤。

## 二、资源配置和团队组织

国有企业的创新资源配置主要聚焦于人、财、物等资源在创新体系框架下的分配和使用。在构建创新体系框架时,创新管理系列国际标准是可供选择的重要工具之一。ISO56000 系列标准是由国际标准化组织(ISO)创新管理技术委员会制定的一系列国际化的创新管理标准,包含有 ISO56000《创新管理基础和术语》、ISO56001《创新管理—创新管理体系要求》、ISO56002《创新管理—创新管理体系指南》、ISO56003《创新管理—创新合作伙伴管理指南》、ISO56004《创新管理评价技术报告》、ISO56005《创新管理—知识产权管理指南》、ISO56006《创新管理—战略情报指南》、ISO56007《创新管理—创意管理工具和方法指南》、ISO56008《创新管理—创新运行测量工具和方法指南》等内容。广州供电局在构建开放式创新体系的过程中,就应用了 ISO56000 创新管理系列国际标准工具,获得全国首个 ISO56002、ISO56005 国际标准双认证,开展

ISO56004、ISO56006 本地化工作,培养能源行业首批 10 名创新管理体系国际化专业人才。ISO56000 系列标准适用于所有寻求有效创新管理活动的组织,也可以被组织的客户、利益相关方和决策者等角色使用,来衡量组织的创新管理能力。

其中,与创新体系构建最为相关的是 ISO56002《创新管理—创新管理体系指南》。该指南为创新管理体系做出了明确定义,创新管理体系是以实现价值为目标的一组相互联系、相互作用的要素,为开发和部署创新能力、评估绩效和实现预期结果提供了通用框架。并且指南明确了创新管理体系中应当由策划—实施—检查—处置(PDCA)循环,使得体系得以持续改进,并将其嵌入了指南的主体部分。此外,该指南强调组织环境和领导作用。组织需要将创新管理体系与组织自身的经营战略、组织的外部环境和内部环境、相关方的需求和期望相关联,有效地识别组织运行中的风险,并制定计划来规避这些风险。组织环境包括外部因素和内部因素,外部因素主要指经济、市场、社会、文化等不同领域的因素,以及地理范围、未来趋势、潜在机会和威胁、相关方等;内部因素主要指企业自身的远景、现有的管理实践、创新绩效和整体绩效,以及产品潜能和成熟水平、员工知识技能和知识产权独特性、资源分配方式的适用性等。从对企业文化和协作的内容开始,该指南对企业创新管理体系从设想到创建提出了具体方法指导。该指南指出,创新管理体系应当符合创新管理目的,而创新管理目的通过文化和协作来实现。支持创新活动的文化主要体现在工作环境和组织行为中。在工作环境方面,鼓励反馈和建议、鼓励员工持续参与和承担风险、尊重和包容不同人员的多样性、开放、用户导向等都是支持创新的文化表现。在组织行为方面,各级领导都推崇创新活动、不同创新活动能够共存并有效转化、采用创新相关评价指标等都是支持创新的文化表现。协作是指建立内外协作管理,促进分享和获得知识、能力以及其他资源。协作的对象可以包括组织内不同部门的团队、用户、供应商、学术界、学协会以及其他外部网络相关方。

如果创新对于组织是新生事物,组织需要建立一个由变革推动者组成的核心团队来加以应对。因此,组织的领导者有责任确定组织的创新愿景、创新战略、创新方针、组织角色及其职责和权限。在创新愿景方面,应当组织未来的岗位和创新要求、期望达到的效果,以及为建立创新战略、方针和目标提供框架,并通过内外部沟通激发员工、提高组织声望。在创新战略方面,应当确保能明确创新管理的重要性,并能够灵活体现创新管理活动的绩效,主要包含组织环境、愿景方针、岗位职权、创新目标计划、组织机构和资源分配等。在创新方针方面,应当与创新远景保持一致,为建立创新战略和目标提供框架。建立创新方针后,要通过制度化等手段使方针在组织内部得到充分沟通,并能够被相关方获取。至此,便可以开始策划创新管理体系。"策划"是构建创新和启动创新组合的出发点。根据内部和外部环境、相关方的需求和期望,输出创新实施计划,包括组织应对风险和机遇的措施、创新目标及其实现、组织架构、创新组合。创新过程的定义之一是将新的知识转化为新的产品或新的服务。因此,组织顺利进行创新需要多方面的支持,包括资源(含人员、时间、知识、财务、基础设施等)、能力、意识、沟通、文件化信息、工具和方法、战略情报管理、知识产权管理等。其中,战略情报为组织建立知识库提供了信息,而基础设施(如信息系统)则有利于对知识进行有效管理。另外,创新过程所产生的新产品和新服务将拥有相关的知识产权,这些知识产权需要得到专门保护。

创新的实现过程是创新管理体系的核心。在综合考虑相关信息后,创新方案可以通过一个创新路径或多个创新路径的组合来实施。该指南中提出的创新过程模型,包含识别机会、创建概念、验证概念、开发解决方案以及交付解决方案等要素。识别机会是指组织应通过基础研究、基准测试、内外部搜索、访谈、风险分析等工具或方法充分收集数据和信息,并对其进行分析,以便确定创新所要解决的具体问题。这些信息的来源包括当前和潜在用户、客户、其他组织以及市场等。组织还应当与行业内标杆产品进行对比,以便了解其他组织在该领域的相关工作进展。创建概念指导组织构建出创造性的解决方案,这些方案来自内部或外部的新思想,是组织打破原有思维束缚的结果,同时组织运用相关技术,来确定解决方案。验证概念用来发现首选解决方案中所存在的缺陷。在该阶段,组织要尽可能找到多的替代方案,对其时间、成本和风险进行分析,确定每个方案是否容易复制、是否具有高风险、是否具有高成本或实施是否需要花费较长时间等,以降低创新的风险,提高创新的收益。组织还需要检查任何知识产权的侵权情况,以确定是否需要对组织自身的知识产权进行保护。开发解决方案主要是将概念开发形成具有价值实现模型的解决方案。在这个过程中去识别与解决方案部署相关的风险，并注意对知识产权的保护。交付解决方案是组织将易于交付和易于使用的解决方案交到顾客手中。检验方案效果的关键指标包括采用率、用户满意度和供方绩效等。如果组织能够提前让市场营销和销售人员参与到开发阶段，将有利于其有效掌握相关知识和信息，从而更快地实现成功交付。

此外，该指南还提出了绩效评价和改进环节。在绩效评价方面，组织需要分析和评估创新管理体系的有效性和效率，并将分析的结果用于评价组织对环境的理解程度、创新战略的有效性、创新支持的有效性、创新管理体系的改进需求等。组织可以通过内部审核和管理评审来确定绩效评价。根据绩效评价的结果，确定并选择改进机会，并对创新管理体系实施必要的变更措施。至此，ISO56002《创新管理—创新管理体系指南》为组织从创新管理体系的构想到实施再到改进，提出了实践标准，为各种组织创新能力构建提供了通用语言和可靠的参考框架。

在创新管理体系构建的基础上，可以采取数字化管理系统进行资源的集约配置。2023年2月，中共中央、国务院印发《数字中国建设整体布局规划》（简称"规划"）。该《规划》指出，建设数字中国是数字时代推进中国式现代化的重要引擎，是构筑国家竞争新优势的有力支撑。加快数字中国建设，对全面建设社会主义现代化国家、全面推进中华民族伟大复兴具有重要意义和深远影响。国资委加快部署推进国有企业数字化转型，制定发布有关政策文件，组建协同创新平台，遴选推广典型案例，开启国有企业数字化转型新篇章。国有企业坚决贯彻落实党中央、国务院决策部署，积极布局数字化转型，形成一批典型模式和优秀实践，取得较好成效。数字化转型的核心要义是要将基于工业技术专业分工取得规模化效率的发展模式逐步转变为基于信息技术赋能作用获取多样化效率的发展模式。数字化转型的根本任务是价值体系优化、创新和重构。组织（企业）是一个创造、传递、支持和获取价值的系统，每一项数字化转型活动都应围绕价值效益展开，数字化转型在根本上是要推动价值体系优化、创新和重构，不断创造新价值，打造新动能。数字化转型的体系架构和方法机制应始终以价值为导向，通过周期性明确价值新主张，提升价值创造、价值传递的能力，转变价值获取方式，创新价值支持、价值保障支撑体系，稳定获取转型成效。为有效实现数字化转型,按照价值体系优化、创新和重构的要求,企业应从发展战略、新型能力、系统性解决方案、治理体系、业务创新转型五个方面构建系统化、体系化的关联关系,务实有效推进数字化转型进程。

数字化管理系统是数字化转型的成果之一,重点围绕完善标准规范、构建完整的数据指标体系、实现数据实时动态采集和全企业覆盖、增强风险防范和综合分析能力、提高涉企服务水平等方面开展工作。完成大额资金动态监测、国企改革、产权管理、投资管理、财务监管等信息系统建设,打造综合看板等平台。推动协同办公、产权管理、投资管理、财务监管、国企改革等子系统融合运用。对整个国资体系来说,可以推动形成全国国资监管"一张网",各级国资委监管系统实现互联互通。最终,国资国企在线监管系统将延伸至地方各级国资监管部门和国有企业,构建全国统一的国资国企在线监管系统,建立横向到边、纵向到底的信息化监管体系。在整个国资系统内部形成创新资源的高效配置工具。依托数字技术,在推动实现数字化网络化的基础上,在数据、算力、算法上下更大功夫,加快提升智能化水平。深入推进国资业务与信息化的深度融合。积极稳妥建设"国资云",畅通系统间标准相容和数据共享。重点在"智能管理"上下功夫,进一步贯通国有企业信息系统的连接,充分利用在线系统的机会识别功能、风险识别功能,实现对重点监测事项的全天候监督,通过大数据集成分析及时采取措施。数字化管理系统应当与创新管理体系之间互相嵌套,表里一体,在企业创新过程中逐渐融入创新管理体系之中。

在创新资源的配置方面,重点关注创新资金的配置。从宏观视角看,国家创新生态系统中,用于优化创新资金配置的工具包括税收优惠、科技创新补贴、科技项目资金、政府引导基金等。到国有企业层面,科技项目资金与企业风险投资成为创新资金配置的重要渠道。在科技项目资金配置的过程中,"揭榜挂帅"制度被越来越多组织所采用。

以《上海市科技计划"揭榜挂帅"项目管理办法(试行)》为例,政策分为总则、组织管理和职责、榜单编制发布和揭榜、评审立项、实施管理与验收、附则6个部分。总则中指出了采取"揭榜挂帅"组织形式是为了优化上海市科技计划项目组织机制,更好服务国家战略和本市重点产业发展,完善行业、企业出题机制,支持重大装备、重点产品、关键技术和行业共性技术研发,促进产学研合作创新与协同攻关,推动创新应用场景开放。政策适用的项目既包括财政资金资助项目,也包括技术需求方自有资金资助的"揭榜挂帅"项目。同时,文件对"揭榜挂帅"项目给出明确定义:指研发标的应用需求或用户明确,技术指标客观、清晰、可考核,通过公开张榜、揭榜评审等流程立项的科技计划项目。"揭榜挂帅"项目分为行业共性技术攻关项目和企业出题项目两类。行业共性技术攻关项目聚焦服务国家重大战略任务和本市高质量发展,重点面向支撑行业发展的共性技术攻关需求。企业出题项目聚焦提升企业技术创新能力,重点面向本市重点产业企业急需的重大装备、重点产品的关键核心技术、关键零部件、重要材料及工艺等攻关需求。在组织管理和职责部分,文件分别明确了市科委、技术需求方、项目管理机构和项目承担单位的职责。上海市科委是"揭榜挂帅"项目的主管部门,主要负责研究制定"揭榜挂帅"制度规范,遴选技术需求和编制榜单,组织张榜、揭榜、评审和验收,开展项目实施及经费使用的监督检查等。技术需求方主要负责提出技术需求,参与立项评审、过程管理与验收,应用与转化项目成果等。技术需求方按照与市科委约定的比例,投入相应的项目资助经费,并提供项目实施所需的必要技术支持,设立项目里程碑节点,提出拟解决关键技术及其指标,明确成果转化内容与形式等具体要求。技术需求方不承担具体项目任务。项目管理机构受市科委委托,参与或开展项目管理具体工作。项目承担单位即揭榜单位,是项目具体组织实施的责任主体,严格执行本市科技计划各项管理规定,建立健全科研、财务、诚信等内部管理制度,按照项目合同组织实施项目,落实项目实施配套条件,履行合同各项条款,完成目标和任务。

　　榜单编制发布和揭榜部分规定了技术需求方、技术需求、项目承担单位等需满足的资质条件。行业共性技术攻关项目由市科委通过需求征集、调研论证等方式凝练技术需求,组织编制榜单。企业出题项目由技术需求方根据本单位产品和技术研发应用需要,提出拟通过项目承担单位科技攻关解决的技术需求。市科委结合本市科技计划项目布局,通过组织专家论证等形式听取各方意见,编制形成榜单。企业出题项目技术需求方应符合以下条件中的一项:第一,注册在本市的科技领军企业或行业龙头企业,且在集成电路、生物医药、人工智能等重点产业领域内有较大影响和规模,具备较强的创新资源集成能力、研发组织能力和供应链管理能力;有意愿、有能力为技术需求攻关提供经费资助;近三年内无不良科研诚信记录或重大违法行为;第二,注册在本市的其他单位,对本市重点产业领域新产品、新技术有明确的应用场景和需求;有意愿、有能力为技术需求攻关提供经费资助;近三年内无不良科研诚信记录或重大违法行为。

技术需求应明确任务内容、考核指标、成果交付要求、实施周期、资助经费等,并符合以下条件:第一,坚持需求导向。行业共性技术攻关项目要广泛调研行业内企业需求,综合研判行业发展和技术发展趋势,凝练行业共性技术需求;企业出题项目要发挥出题者作用,依托技术需求方识别制约企业和产业发展的关键技术、零部件、材料、工艺等攻关需求。需求内容应在国内同类技术中具有首创性和先进性,并聚焦技术需求方自身研发生产实际所需及创新场景开放应用,通过项目实施能够提升企业核心竞争力,带动相关产业技术水平提升和成果应用转化。第二,技术需求应以形成实际产品和产业实际应用为目的,任务内容清晰,技术指标明确具体、可考核,拟交付的成果技术成熟度一般应达到 7 级及以上,项目总投入和拟资助财政资金合理。第三,不含涉密及敏感信息,可面向社会公开发布。

对于项目承担单位,榜单以"揭榜挂帅"项目指南形式,通过上海市科委官方网站等渠道公开发布,坚持唯求实效,以能否解决问题为衡量标准,对揭榜单位和项目负责人不设注册时间、行业、职称等限制,鼓励包括创新联合体在内的各类科研主体申报,鼓励跨区域合作攻关,鼓励技术跨界应用和产学研合作揭榜。除符合指南要求的其他条件外,项目申报单位和项目负责人还应符合以下要求:第一,具备实施项目所需的科研能力和科研队伍,在揭榜的项目领域具有较强的技术储备,掌握项目实施所需的自主知识产权。第二,申报企业出题类项目的揭榜单位和项目负责人,不可为技术需求方的关联方(含单方控制、共同控制与重大影响等关系)。

评审立项部分规定了立项流程、知识产权归属等:上海市科委按照该市科技计划项目管理办法,对通过形式审查的项目申报材料组织评审。对企业出题项目,上海市科委须会同技术需求方组成专家组。评审前,技术需求方可采取现场考察等形式,对揭榜单位或团队开展评估,评估结果应作为立项评审考评依据。"揭榜挂帅"项目原则上每条榜单任务立项 1 项。对于战略意义重大但研发风险高,或时限要求紧迫的攻关任务,可根据揭榜、评估或评审的实际情况,采取"赛马制"形式,面向不同技术路线同时支持多支研发团队平行攻关,实施过程中,分阶段开展节点考核,根据节点考核结果给予后续资金支持。以"赛马制"形式立项的榜单任务可立项超过1项。拟立项项目揭榜单位填报项目任务书,行业共性技术攻关项目由揭榜单位与上海市科委签订项目合同,企业出题项目由揭榜单位与上海市科委、技术需求方签订三方合同,约定考核指标和节点目标、考核方式、知识产权归属、拨款方式等内容后,完成立项。项目形成的知识产权的归属,按照国家相关法律、法规执行,并在项目合同中约定各方具体分配方式。"揭榜挂帅"项目原则上推行科研经费"包干制",参照"包干制"政策实施,经费使用实行"负面清单"管理。

实施与验收部分强调揭榜挂帅项目的各方应认真履行揭榜协议的各项约定,为项目任务目标的完成提供条件保障和支撑,及时报告影响项目实施的重大事项和重大问题以及取得的重大进展。并且指出项目实施实行专员管理、里程碑式管理等制度。第一,专员管理。行业共性技术攻关项目专员由市科委指定,企业出题项目专员由技术需求方指定,项目专员深度参与项目实施过程,及时了解项目进展和经费使用情况,协调解决实施中遇到的重大问题,并可根据项目实施情况和产业技术发展趋势,提出项目终止、变更攻关团队或技术路线等重大调整意见。第二,里程碑式管理。项目管理机构根据合同及任务书中明确的里程碑节点,对项目进展情况组织考核,里程碑考核结论作为项目存续的重要依据。对于企业出题项目,技术需求方出具的评估意见作为节点考核的要件。

此外,文件还规定了"揭榜挂帅"项目的验收和变更等事宜,强调要强化对技术目标完成情况的考核,严格按照考核指标对项目实施情况开展考核,突出技术需求方、最终用户对项目完成情况的评价。技术需求方应在综合绩效评价前出具用户技术评价报告,作为项目综合绩效评价结果的重要参考。除因不可抗拒因素外,"揭榜挂帅"项目原则上不得延期。不能按期完成里程碑节点或终期目标的,按项目终止处理。并且规定了揭榜挂帅项目一般不得变更技术需求方或揭榜单位。项目实施过程中技术指标确因实际应用需求原因发生变化的,应由技术需求方和揭榜方协商一致,并报上海市科委审核同意。因故造成项目无法执行的,经市科委与技术需求方共同审核同意后,可以直接终止或撤销。

对于终止的项目,上海市科委组织专家进行咨询论证,形成终止结论,有关单位应退回结余财政科技资金。对于撤销的项目,市科委也组织专家进行咨询论证,形成撤销结论,明确相关责任,有关单位应退回已拨付的财政科技资金,并酌情将有关单位或个人纳入科研失信行为记录。

"揭榜挂帅"制度也常与"赛马制"联系在一起。"赛马制"是指要在项目资金配置中引入竞争。"揭榜挂帅"制度与传统的科技创新项目组织制度相比,更加侧重将事做好,不设门槛、不论身份、以"揭榜挂帅"发现人才。然而,"揭榜挂帅"制度所制定的榜单通常以关键核心技术攻关为题,不同团队使用不同路径同步攻关,更有利于发挥"揭榜挂帅"制度优势,增加成功概率。因此,在"揭榜挂帅"项目实施的过程中可以内嵌"赛马制",在项目进行的过程中通过对里程碑式技术指标进行考核,选出最合适的项目团队。

比如广东省发出"全球汇智令",引导格力电器、佛山众陶联等企业通过在线平台发布技术需求,"揭榜"者可通过平台向企业提交技术方案,通过"揭榜比拼"的方式,最终与企业对接成功。广州市建立"链主企业"的"揭榜挂帅"和"赛马制"竞争机制。2025 年度广州市重点研发计划产业链创新联合体协同技术攻关专题,预计支持不超过 10 个重点产业链重要方向,以"定向组织"方式,支持"链主企业"牵头组织开展体系化技术攻关,让企业成为技术创新的决策主体。该专题从省市"链主"清单里选择"链主"转为"揭榜挂帅"选"链主"。只要符合条件、想成为"链主"的企业均可自主申报,用"谁能干谁上"取代了"谁有帽子谁干"。"链主企业"根据各自对产业的理解,组建创新联合体开展攻关,贡献自己的解决方案。此外,还有将"揭榜挂帅"制度与平台相结合的做法。在近几年的实践中,"揭榜挂帅"制度中揭榜单位选择的开放性不足、考评模式与现有其他制度不相适应等问题逐渐暴露出来,为了解决相关问题,浙江省采取了建立"揭榜挂帅"协同平台的方式,有力推进了省级人才项目精准对接,构建完整服务生态链。

企业风险投资是近年来国资央企在开放式创新过程中的重要工具之一。近年来国资央企在提高科技创新能力、发展战略性新兴产业等方面做出了很多尝试,一是从内部自主创新,通过加大研发投入、实施股票激励方案将激励资源向研发技术团队倾斜等措施使得国资央企在核心技术领域不断取得了一定的突破。但是创新本身很难从成熟的大型企业内部诞生，因为大型企业规模做大、发展成熟后，更强调风险管控和资金安全，留给大型企业内部创新的空间很小，所以只通过内部创新就很难实现具有革命性意义的科技创新和产业发展。二是寻求外部开放式创新，国资央企在这方面也做了诸多的努力，例如，在"大众创业、万众创新"的背景下，央企积极搭建了各类"双创"平台、"互联网＋"产业园，但是由于没有与自身战略相结合，更没有相关的体制机制保障，导致有些创新创业政策只是流于形式，突破性、原创性成果不多，应用型科技成果整体转化率也较低。面对上述问题，企业风险投资或许是值得关注的新兴领域。国资央企可以充分利用其资金、数据、政策等优势进行科技和产业投资，积极响应"加快建设一批产品卓越、品牌卓著、创新领先、治理现代的世界一流企业"的政策意见，充分发挥企业在技术创新中的主体作用，建立以市场为导向、企业为主体、政策为引导的创新体系，使央企成为创新要素集成、科技成果转化的生力军。

2019 年 1 月，国资委召开了中央企业创建世界一流示范企业座谈会。明确了具有全球竞争力世界一流企业的"三个领军""三个领先""三个典范"标准。三个领军是要成为在国际资源配置中占主导地位的领军企业，引领全球行业技术发展的领军企业，在全球产业发展中具有话语权和影响力的领军企业。"三个领先"是指效率领先、效益领先和品质领先。"三个典范"是要成为践行绿色发展理念的典范、履行社会责任的典范、全球知名品牌形象的典范。而目前大多数央企距离世界一流企业的"三个领军""三个领先""三个典范"标准的差距主要还是在效率效益、战略性新兴产业布局、科技创新能力支撑等方面。企业风险投资可提高央企内部组织效率。企业风险投资能够给国资央企带来新的市场知识和开发创业机会的隐性知识，从而促进知识体系更新和组织能力重构，进而提升企业内部的组织效率。一是业务层面，由于开发新的创业机会与开展传统业务存在差异性，国资央企在创投过程中会重复识别、评估和培育外部创业机会，所以可以逐步积累相关的隐性知识，为企业建立新的组织管理模式。二是公司层面，企业风险投资也能够帮助国资央企察觉到新的市场趋势，促使企业进行组织能力重构。由于新技术领域的知识常常是高度社会构建化的，简单的观察式学习并不能引起管理层的充分重视，互动的方式更能够有效地促进对新知识的获取。企业风险投资可促进央企战略性新兴产业布局。在地域冲突和贸易摩擦逐渐升级的背景下，我国提出了"链长制"，要求国资央企发挥产业链"链主"的引领作用，聚集资源攻克产业链中薄弱环节，带动中小企业融通创新，积极培育壮大战略性新兴产业。通过企业风险投资，国资央企可以充分发挥"链主"的作用，积极投资于战略性新兴产业。企业风险投资配合央企的长期战略，以投资方式驱动企业扩张产业布局。企业风险投资可提高国资央企科技创新能力。国资央企可以通过企业风险投资获得新技术、促进组织管理能力、拓展边界，并与被投企业构筑协同效应，进而提高央企科技创新能力。在目前开放式创新的大环境下，国资央企想要提高科技创新能力仅靠内部创新活动是行不通的，应该综合利用企业在资金、技术和人才等方面的内部优势，通过企业风险投资，借助外部创新资源补足生态短板，与被投企业联动，并与被投企业构筑协同效应，在快速变化及跨界打击的市场环境下，企业风险投资可成为助力央企发展及科技创新的得力工具。

国资央企已经对企业风险投资进行了较多探索。比如，一些央企尝试给集团内的产业公司充分放权，允许公司在一定额度内做早期投资，引入外部创新。然而产业公司并不天然适合做风险投资。一方面，产业公司专注主业，对股权投资业务并不熟悉。另一方面，风险投资的单个项目失败概率很大，产业公司由于投资规模有限，无法通过基金的项目组合方式对冲风险。这使得一些央企将风险投资职能和日常经营业务进行分离，专门设立了风险投资机构，以及企业风险投资基金。但是，企业风险投资工具的使用仍然存在问题。第一，缺乏顶层设计视角。部分国资央企在进行企业风险投资时只从企业自身战略出发，忽略了在国家层面所肩负的责任使命。这导致风险较高的基础研究投资难以通过企业风险投资推进，对于"卡脖子"困局的突破难以产生助力。第二，缺乏创新引领意识。部分国资央企的企业风险投资主要遵循产业资本运作思路，一方面可能出现产业链过长而导致效率低下，成本增加，另一方面过度关注产业资本投资，可能会导致较高的关联交易，并不利于创新发展。第三，缺乏人力资本的创新激励机制。国资央企的企业风险投资，并不单纯追求财务目标，同时也注重国家以及企业的战略目标。相对一般的投资机构而言，国资央企的企业风险投资基金拥有更稳定的资金来源，以及更长远的战略目标，可以作为"耐心资本"，对初创企业进行全阶段、全产业链投资，较少谋求快速退出。但正是因为这样，战略目标的实现往往是长期的过程，企业风险投资经理却会面临短期的盈利考核压力，迫使投资短期化、财务投资化、创新战略匹配度低等现象出现。

面对上述问题，第一，要加强顶层设计，可以由国资委站在全局角度，科学谋划技术布局，加快提升基础研究和应用基础研究能力，打通基础研究、应用基础研究、技术研发、产品开发到产业化的链条。第二，国资央企应跳脱出产业投资范围，秉承"国家所需"理念，加大科技、战略性新兴产业等投资，在"卡脖子"关键核心技术攻关、提高科研投入产出效率。第三，要坚持开放式创新，重视多元合作，积极与高校院所、地方国企、民营企业等建立协同创新网络，畅通创新链产业链。通过企业风险投资，借助外部创新资源补齐企业内部创新和产业链创新的短板，构建开放式创新生态，建立政府、企业、高校、研发机构及用户共同参与的"政产学研用"五位一体的协同创新模式，将目标考核、社会动员、资源配置与运用市场激励机制有机结合，共同发挥优势作用，形成具有激励性、系统性的技术创新研发环境。第四，要破除大企业病，保持灵活、创新，建立以流程驱动为基本特征的扁平化动态组织，实现企业风险投资节奏与市场发展相适应。最后，建立以价值创新、能力、贡献为导向的评价机制。坚持市场化选人，市场化选聘内外部人才，畅通人才流动通道，对关键核心技术人才实行具有市场竞争力的薪酬激励制度，考虑薪酬的具体构成，以及薪酬与战略导向之间的匹配等因素。

用好企业风险投资这个工具，对于国资央企而言不仅可以提高内部组织效率，还可以促进战略性新兴产业布局、提高科技创新能力，助力央企加快建设成为世界一流企业。对于被投企业而言，科技发展处于早期阶段，最大的支持是与产业及应用场景对接，这时产业资本比金融资本更加能够发挥作用，所以企业风险投资更有利于被投企业的发展和创新。国资央企肩负着国家使命，国资央企进行的企业风险投资，既有利于位于战略性新兴产业、进行基础技术研究、具有突破性创新的初创企业的发展，也更有利于实现国家重大科技创新战略的实现。企业风险投资实现了综合利用国资央企在资金、人才等方面的要素优势和非国有企业在经营管理方面的效率和灵活优势。国资央企牵头解决最尖端、最难做、风险最大的基础研究等工作，非国有企业结合自身的产业链资源、商业资源、信息资源、技术资源等对新技术和新项目进行补充和改进，并推动新技术和新项目的商业化进程,实现产业化落地。社会资本根据信息资源等优势将新技术和新项目的产业环境做活。最终形成"国资央企牵头,社会资本跟进补充"的投资氛围,在国企改革和"新型举国体制"的大环境下,凝聚各方力量实现良性循环发展。

在人力资源方面,国有企业可以采用跟投机制、股权激励等工具,实现对创新人才的有效激励。跟投机制是一种市场化的激励方式,允许核心员工以自有资金与企业共同投资新项目或创新业务,实现风险共担、利益共享。跟投可以采取股权跟投、债权跟投或"股权+债权"跟投等形式,具体方式根据企业的行业特性、发展阶段和项目特点来确定。股权激励通过让企业的核心管理人员、关键技术人员和其他重要员工获得公司股权或股权相关的权益,分享公司的成长和利润,从而激励他们为公司的长期发展做出更大的贡献。股权激励的主要目的是将员工的个人利益与公司的长远利益紧密结合起来,激发员工的积极性、创造性和忠诚度。股权激励的模式包括股票期权、限制性股票、虚拟股票、股票增值权、业绩股票、员工持股计划等。在具体实施过程中,要坚持短期与中长期激励相结合,坚持结合实际、能用尽用,建立健全多层次、系统化的正向激励体系。在企业初创阶段,可以通过实施混改并通过员工持股解决创业团队的激励问题。在成长期,可以使用限制性股票解决中高层管理者和核心骨干员工的激励问题。在成熟期,宜使用创新业务骨干员工跟投解决一大批科技创新人才的持续激励问题。

在人力资源方面,人才队伍建设也不可忽视。开放式创新理念通过文化和制度同时影响组织中的成员,对人才的引进、培养、发展等制度产生重要影响。对于国有企业来说,一方面要制定合适的人才发展规划。比如,以国家或地区人才计划为导向,分层分级明确培养目标,战略(杰出)级高层次人才以入选国家部委人才计划为目标,领军级高层次人才以入选省级人才计划为目标,拔尖级高层次人才以入选市级高层次人才认定项目为目标。在此基础上,按照分层分级培养目标,编制人才发展规划策略,从业务领域、个人能力、技术技能水平、性格特点等多维度绘制支持人选"一人一画像",深度挖掘人才发展潜能;依据"一人一画像",形成支持人选成长路线图,构建"一人一策略",明确人才发展规划方案。另一方面,要注重建立完善的人才引驻模式。国有企业既要坚持做好党管干部、党管人才,培养高素质企业领导人员队伍和人才队伍,也要结合市场化人才选聘方式方法的应用。比如,通过搭建 Y 型岗职序列不断创新用人制度,实现党管干部与市场化选聘相结合。在原有的行政职务序列基础上,打通国有企业集团各级公司的岗职序列体系,并建立与行政职务序列具备对应关系的专业职务序列。专业职务序列的最高职务为首席,职级高于行政职务序列部门负责人,解决高级经理以上级别岗位个数有限、上升空间不足的问题。首席不处理部门日常事务,而是负责需统筹集团内外资源的大型项目。再比如,本着"但求所用不求所有"的用人态度,建立柔性引才机制,设立客座专家和访问学者等项目。

## 三、过程控制和风险管理

国有企业开放式创新的过程控制是指对创新活动和项目过程的管理、服务和监督。例如,中石油规划总院在科研运行管理中,充分发挥项目经理和项目团队的主导作用。建立以项目经理负责制为核心、以项目组为主体,开展研究开发活动、实施管理的运行管理机制。通过公开招聘等方式确定项目经理,赋予项目经理技术路线选择、团队组建、经费使用、绩效考核、薪酬分配的相关权力,项目经理作为项目技术、质量、进度、成本的第一责任人,负责组织制定项目的技术方案、质量计划、进度计划、经费预算、项目组成员分工并监督实施,充分释放项目经理、科研骨干的创新活力。建立并完善科技经费管理。深入分析项目构成及需求,搭建相匹配的企业项目层级架构,实现科研项目经费管理全覆盖,并按照项目特点制定相应的核算原则,借助信息化工具和手段,进一步加强科研项目经费使用的日常监控。

过程控制离不开绩效评价和反馈。本书在理论阐述部分对创新绩效有所提及,实际上创新绩效在企业创新管理的实践过程中也发挥着不可替代的作用,是重要的过程管理工具之一。一般意义上而言,企业是以营利为目的的经济组织,其创新的主要目标也是实现利润的最大化。国有企业与一般企业有所不同,国有企业是中国特色社会主义的重要物质基础和政治基础。国有企业的高质量发展要注重核心竞争力的提高,更要注重核心功能的增强。其中,加大对创新能力体系建设和战略性新兴产业布局就是增强核心功能的重点之一。

因而,国有企业创新绩效评价指标体系的构建离不开对整个经济体创新能力的评价。目前较有国际影响力的创新评价体系包括全球创新指数(Global Innovation Index,GII)、欧洲创新记分牌(European Innovation Scoreboard, EIS)、中国创新指数(China Innovation Index,CII)等。全球创新指数(Global Innovation Index,GII)。其中全球创新指数从创新投入和产出两个维度构建指标体系,其指标对于企业创新绩效评价借鉴作用较大,现将 2024 年全球创新指数进行整理,如表 5-1 和表 5-2 所示。

表 5-1  全球创新指数 2024 年创新投入(innovation input)子指标体系

| 一级指标 | 二级指标 | 三级指标 |
|---|---|---|
| 制度<br>(institutions) | 制度环境<br>(institutional environment) | 商业运营稳定性<br>(operational stability for businesses) |
| | | 行政效率<br>(government effectiveness) |
| | 监管环境<br>(regulatory environment) | 监管质量<br>(regulatory quality) |
| | | 法治<br>(rule of law) |
| | 商业环境<br>(business environment) | 商业政策稳定性<br>(policy stability for doing business) |
| | | 创业政策和文化<br>(entrepreneurship policies and culture) |
| 人力资本与研究<br>(human capital and research) | 教育<br>(education) | 教育支出<br>(expenditure on education) |
| | | 政府基金<br>(government funding) |
| | | 预期受教育年限<br>(school life expectancy) |
| | | 阅读、数学和科学的 PISA 范围<br>(PISA scales in reading, maths and science) |
| | | 中学生教师比例<br>(pupil-teacher ratio, secondary) |

（续表）

| 一级指标 | 二级指标 | 三级指标 |
|---|---|---|
| 人力资本与研究<br>（human capital<br>and research） | 高等教育<br>（tertiary education） | 高等教育入学率<br>（tertiary enrolment） |
| | | 理工科毕业生规模<br>（graduates in science and engineering） |
| | | 高等教育回流率<br>（tertiary inbound mobility） |
| | 研究与开发<br>（research and<br>development） | 研究者全时研究当量<br>（researchers） |
| | | 研发总支出<br>（Gross expenditure on R&D） |
| | | 前三大全球公司的平均研发支出<br>（global corporate R&D investors） |
| | | QS 排名前三学校的平均得分<br>（QS university ranking） |
| 基础设施<br>（infrastructure） | 信息通信技术<br>（information and<br>communication<br>technologies） | 信息与通信技术可触达指数<br>（ICT access） |
| | | 信息与通信技术可用性指数<br>（ICT use） |
| | | 政府在线服务<br>（government's online service） |
| | | 电子参与<br>（e-participation） |
| | 普通基础设施<br>（general infrastructure） | 电力输出<br>（electricity output） |
| | | 物流绩效<br>（logistics performance） |
| | | 资本形成总额<br>（gross capital formation） |
| | 生态可持续性<br>（ecological sustainability） | 单位 GDP 能耗<br>（GDP/unit of energy use） |
| | | 低碳能源利用<br>（low-carbon energy use） |
| | | ISO14001 环境体系<br>（ISO 14001 environment） |

（续表）

| 一级指标 | 二级指标 | 三级指标 |
|---|---|---|
| 市场成熟度<br>(market sophistication) | 信贷<br>（credit） | 初创企业融资水平<br>(finance for startups and scaleups) |
| | | 私营部门国内信贷<br>(domestic credit to private sector) |
| | | 小额信贷规模<br>(loans from microfinance institutions) |
| | 投资<br>（investment） | 上市公司总市值<br>(market capitalization) |
| | | 风险投资交易数<br>(venture capital（VC）investors) |
| | | 风险投资交易额<br>（VC recipients） |
| | | 企业接受风险投资总量<br>（VC received） |
| | 贸易<br>（trade，diversification and market scale） | 适用关税税率<br>(applied tariff rate) |
| | | 本土产业多元化<br>(domestic industry diversification) |
| | | 国内市场规模<br>(domestic market scale) |
| 商业成熟度<br>(business sophistication) | 知识性工人<br>(knowledge workers) | 知识密集型就业<br>(knowledge-intensive employment) |
| | | 提供正式培训的企业比例<br>(firms offering formal training) |
| | | 企业执行的研发总支出<br>(GERD performed by business) |
| | | 企业资助的研发总支出<br>(GERD financed by business) |
| | | 高学历女性占比<br>(females employed with advanced degrees) |

（续表）

| 一级指标 | 二级指标 | 三级指标 |
|---|---|---|
| 商业成熟度<br>（business sophistication） | 创新关联性<br>（innovation linkages） | 公共研究—行业联合出版物<br>（public research—industry co-publications） |
| | | 产学研合作<br>（university—industry R&D collaboration） |
| | | 集群发展情况<br>（state of cluster development） |
| | | 合资企业/战略联盟<br>（joint venture/strategic alliance deals） |
| | | 同族专利<br>（patent families） |
| | 知识的吸收<br>（knowledge absorption） | 知识产权<br>（Intellectual property payments） |
| | | 高技术进口<br>（high-tech imports） |
| | | 信息与通信服务进口<br>（ICT services imports） |
| | | 外商投资净流入<br>（FDI net inflows） |
| | | 科研人才<br>（research talent） |

表 5－2　全球创新指数 2024 年创新产出（innovation Output）子指标体系

| 一级指标 | 二级指标 | 三级指标 |
|---|---|---|
| 知识和技术产出<br>（knowledge and technology outputs） | 知识创造力<br>（knowledge creation） | 原创专利<br>（patents by origin） |
| | | 原创 PCT 专利<br>（PCT patents by origin） |
| | | 原创实用新型<br>（utility models by origin） |
| | | 科技文章<br>（scientific and technical articles） |
| | | 可引文章 H 指数（给定年份所发表的论文在后一年被引用的次数除以给定年份所发表的论文数）<br>（citable documents h-index） |
| | 知识影响力<br>（knowledge impact） | 劳动生产率增长<br>（labor productivity growth） |
| | | 独角兽企业估值<br>（unicorn valuation） |
| | | 软件支出<br>（software spending） |
| | | 高技术制造<br>（high-tech manufacturing） |
| | 知识传播力<br>（knowledge diffusion） | 知识产权使用费<br>（intellectual property receipts） |
| | | 生产和出口复杂性<br>（production and export complexity） |
| | | 高技术出口<br>（high-tech exports） |
| | | 信通服务出口<br>（ICT services exports） |
| | | 质量管理体系证书数量<br>（ISO 9001 quality） |

（续表）

| 一级指标 | 二级指标 | 三级指标 |
| --- | --- | --- |
| 创意产出<br>（creative outputs） | 无形资产<br>（intangible assets） | 无形资产价值占比<br>（intangible asset intensity） |
| | | 原创商标数量<br>（trademarks by origin） |
| | | 全球品牌价值<br>（Global brand value） |
| | | 原创工业外观设计<br>（industrial designs by origin） |
| | 创意产品与服务<br>（creative goods and services） | 文化创意服务出口<br>（cultural and creative services exports） |
| | | 国家故事片数量<br>（national feature films） |
| | | 娱乐和媒体市场<br>（entertainment and media market） |
| | | 创意产品出口<br>（creative goods exports） |
| | 网络创意<br>（Online creativity） | 通用顶级域名和国家代码顶级域名量<br>（top-level domains（TLDs）） |
| | | GitHub 推送<br>（GitHub commits） |
| | | 移动应用下载量<br>（mobile app creation） |

在具体到企业的创新绩效时，可以借鉴科技型企业的绩效管理工具。例如，谷歌 20 世纪末在绩效管理体系中引入 OKR（Objectives and Key Results）目标设定办法，后于 2022 年改进成名为 GRAD（Googler Reviews and Development）的全新绩效评估流程。

（1）OKR 绩效评价体系。OKR，即目标和主要结果，该方法的关键在于明确公司和团队的"目标"以及明确每个目标达成的可衡量的"关键结果"。谷歌在绩效评估中使用 OKR，采取相对简单的 5 级评估量表，引入绩效校准流程，并且仅将绩效视为职级晋升的必要条件。

第一,绩效目标的设定。谷歌要求绩效目标设定遵循具体、可度量、可验证原则。每季度初期,谷歌设定公司的绩效目标,经过分解后由员工自行设定个人绩效目标。员工个人目标与公司目标进行对比,如果落后太多则需要说明理由或重新设定目标。每个员工的个人绩效目标在公司内网公开,可以促进团队之间的合作。员工与公司绩效目标的强相关性,体现员工的个人价值实现从而起到激励作用。

第二,绩效评估。谷歌将季度考评模式更改为每6个月一次,并且将原先41级考评等级简化为5级考评。同时,在绩效初评等级最终确定之前,通过经理小组会议评审对绩效等级进行校准。经理每5到10人一组,对团队的50～1000位员工的考评结果进行讨论,某位经理的评估结果会与其他类似团队经理的评估结果进行比较,以达成一个公平的评级。此举既避免了经理因为来自员工的压力而做出不客观的评价,同时也确保了绩效考核结果符合多数人对绩效表现的共同期望,进而消除个体偏见,提升绩效考核的公平性。

第三,绩效沟通与反馈。通过绩效结果反馈面谈和员工发展面谈,向员工有效传递绩效评价结果和未来如何做得更好。在面谈时,会聚焦在最需要做好的一件重要事情上,以及采用不同做法能产生更大影响的一件事情上。谷歌的员工不仅会得到直接上级的年度绩效反馈意见,同时还会得到同事的反馈意见和建议。

第四,绩效结果运用。绩效考评的结果是升职的必要非充分条件。升职也和绩效考核一样,是由评审会做出的。评审会审议准备提拔的员工,并参照在前几年中得到升职的员工的情况,以及明确定义的晋升标准对候选人进行校准,以确保公平。同事对候选人的反馈意见也是评审会评议的重要信息。在谷歌,技术或产品管理领域的人可以在晋升的时候进行自我推荐。如果员工没有升职,评审会将反馈评审意见,以便指导员工如何改进,提高下一次成功晋升的机会。

(2)GRAD绩效评价体系。OKR过分强调过程,最终到底如何与业务价值产生挂钩无法衡量,毕竟公司的发展还是依赖于业务成果。GRAD正是为了解决这个题。实施GRAD以来,谷歌的绩效评级从每年两次变成每年一次,并且每年有两次晋升机会。为了在最重要的工作上保持一致,员工和经理将在期望上保持一致,并在全年进行反馈和检查。其中一次检查将集中在谷歌的学习和职业发展方面。GRAD 系统将"反映出大多数谷歌员工日常产生的实际影响力",将员工影响力划分为颠覆性影响(transformative impact)、杰出影响(outstanding impact)、重大影响(significant impact)、中等影响(moderate impact)、影响不够(not enough impact)等 5 个档次,意在衡量员工在谷歌内部到底发挥了多大的作用。

在强调开放式创新的背景下,传统的创新绩效评价通常就企业创新言企业创新,并不足以说明组织在构建创新体系的过程中取得了哪些长足发展。结合现有文献资料,可以给出开放式创新生态系统价值共创的评价指标体系,用作过程管理工具参考,如表 5-3 所示。

表 5-3　核心企业主导的开放式创新生态系统价值共创评价指标体系

| 一级指标 | 二级指标 | 三级指标 |
|---|---|---|
| 价值共创模式 | 产学研合作模式 | 与大学之间的关系密切程度 |
| | | 与研究机构之间的关系密切程度 |
| | | 与技术院校之间的关系密切程度 |
| | 企业间协作模式 | 与合作企业在长期规划方面的合作程度 |
| | | 与合作企业在产品规划方面的合作程度 |
| | | 与合作企业在产品工程方面的合作程度 |
| | | 与合作企业在技术方面的合作程度 |
| | 并购模式 | 横向并购(并购业内竞争对手)频次 |
| | | 纵向并购(并购上下游企业)频次 |
| | | 混合并购(并购价值链不相关企业)频次 |
| | 技术购买模式 | 购买专利技术频次 |
| | | 购买设备频次 |
| | | 购买技术服务与咨询频次 |
| | 与中介机构合作模式 | 与技术服务机构合作程度 |
| | | 与金融机构合作程度 |
| | | 与律师事务所合作程度 |
| | | 与人才公司合作程度 |

（续表）

| 一级指标 | 二级指标 | 三级指标 |
|---|---|---|
| 价值共创机制 | 伙伴选择机制 | 合作伙伴具有资源互补性 |
| | | 合作伙伴具有文化相容性 |
| | | 合作伙伴具有目标一致性 |
| | 信任机制 | 与其他企业毫不隐瞒地分享知识 |
| | | 与其他企业常为某一问题争论得不可开交 |
| | | 与其他企业主管人员主动讨论企业发展问题 |
| | 风险控制机制 | 有明确的风险分担和控制机制 |
| | | 有明确的知识产权使用和保护机制 |
| | | 有明确的资源使用权力制度 |
| | 资源整合与优化配置机制 | 能获取合作伙伴的异质性知识资源并有效吸收 |
| | | 有明确的协调各合作伙伴资源的规章 |
| | | 合作伙伴自觉遵守资源整合及配置制度 |
| | 统筹协调机制 | 有明确的冲突分歧解决办法/制度 |
| | | 合作伙伴自觉遵守并执行冲突解决制度 |
| | 分配激励机制 | 具有科学明确的收益分配机制 |
| | | 具有科学明确的成本分担机制 |
| | | 具有科学明确的奖惩协议 |
| 价值共创效果 | 产品创新 | 新产品质量 |
| | | 新产品应用程度 |
| | | 新产品开发速度 |
| | | 新产品推向市场速度 |

相比于传统的创新绩效评价指标体系，表5-3所示的指标体系更加注重考量企业与外部组织之间的合作模式、合作机制以及合作效果，能够较好地刻画企业开放创新的实践和成果。但其劣势在于，指标评价难以实现量化，更多以主观评价测度。如需在实践中应用于国有企业的过程控制和风险管理，还有待进一步调整。

在不同的发展阶段，国有企业需要考虑的风险管理问题有所差异。在快速增长阶段,企业逐渐形成市场竞争力,力求保证服务质量,建立基础客户群。本阶段几乎不需要考虑风险管理和内控,只需要思考做什么才能够存活和成长。在组织转型阶段,企业开始设计新的管理内控体系,扩张服务线和地域。本阶段需要注重组织半径的转变,即一个领导对应的下属个数从很多个缩减为三至五个。比如海尔在全球建立了数十个共享中心,在早期就快速通过集中化管理的方式度过了组织转型阶段。在稳定增长阶段,企业开始提供高质量高附加值的服务并开发新的服务,此时需要构建强大、有效的风控体系。有效的风控体系应具备 5 个要素:内部环境、风险评估控制活动、信息与沟通、内部监督。内部环境主要包括治理结构,企业文化机制设置及权责分配,内部审计,人力资源政策等。风险评估过程包括识别风险、风险影响程度评估、风险分析,风险综合评分。信息与沟通是及时准确地收集传递与内部控制相关的信息,确保信息在企业内部企业外部之间进行有效沟通,重要信息应当及时传递给董事会,监事会和经理层。内部监督是企业对内部控制建立与实施情况进行监督检查,评价内部控制的有效性,发现内部控制缺陷应当及时加以改进。国有企业一般都具备较强的过程控制和风险管理能力,并且国企经营管理有关人员因违反规定、履职不力造成的国有资产损失和其他严重不良后果会面临终身责任追究,这使得国有企业内部普遍形成了相对保守的企业文化氛围。近年来,国有企业创新主体地位日益彰显,为调动国有企业的创新积极性,容错纠错机制的构建逐渐成为必要的制度保障,免责容错事项清单也成为管理创新的有效工具之一。

2019 年 4 月,国务院国资委印发的《关于做好中央企业违规经营投资责任追究工作体系建设有关事项的通知》中规定要探索推进容错机制落实落地,进一步研究落实"三个区分开来"的落地举措,具体问题具体分析,既防止追责不力,又防止追责泛化简单化。2020 年 6 月,中央深改委审议通过《国企改革三年行动方案(2020—2022 年)》,明确提出要制定尽职合规免责事项清单。自此,广泛构建容错机制作为全面深化改革的一项重要任务全面开展起来。在国有企业改革深化提升行动 2024 年第三次专题推进会中提出,可考虑以科技创新作为切入点,强化创新包容,对创新没有达到预期目标的,即使只证明此路不通,也应予以肯定。基于此,多地出台国资尽职免责及容错机制。摘录部分地区国资尽职免责及容错机制相关文件进行分析,如表 5 - 4 所示。

表 5-4　部分地区国资容错免责清单

| 地区 | 文件名称 | 文件相关内容 |
|---|---|---|
| 湖北省 | 《湖北省国有企业容错免责事项清单(2024年版)》 | 一、在强化国有企业战略保障功能、防范化解区域性系统性风险等工作中，落实党中央、国务院决策部署和省委、省政府工作要求，为维护全局利益，出现失误错误或造成国有资产损失的。<br>二、在处理历史遗留问题中，从推动问题解决和有利于企业发展的角度担当作为，依据当时环境条件和可获取资料开展工作，因后续出现环境条件变化或者新证据，使原认定事实或法律关系发生变化，造成国有资产损失或其他不良后果的。<br>三、在处置盘活低效闲置"三资"工作中，为提高国有资金、资产、资源使用效率，因历史原因形成资产减值，造成国有资产损失的。<br>四、在推进国有企业改革发展重点任务中，因政策界限不明确、尚无成熟经验可借鉴、先行先试，出现失误错误，造成国有资产损失或其他不良后果的。<br>五、在前瞻性战略性新兴产业和未来产业投资工作中，因国家政策调整、市场波动等难以预见的外部环境影响，导致投资收益未达到预期目标或造成投资损失的。<br>六、在种子基金、风险投资基金投资业务中，如实报告已知风险，因种子期、初创期企业发展存在较大不确定性，导致投资失败，造成投资损失的。<br>七、在境外经营投资中，因国际局势、所在地重大突发事件、重大自然灾害等不可预见因素，造成投资损失或其他不良后果的。<br>八、在科技创新、产品创新等工作中，因技术路线选择、市场环境变化等重大不确定因素，导致研发失败，造成投资损失的。<br>九、在科技成果转化工作中，因市场风险等不可预见因素，未取得预期成效或造成投资损失的。<br>十、按照中央和省委、省政府有关规定，其他可以容错的情形。 |

（续表）

| 地区 | 文件名称 | 文件相关内容 |
|------|---------|------------|
| 山东省 | 《国有企业领导人员履职行为容错免责清单（试行）》 | 一、总体要求<br>以习近平新时代中国特色社会主义思想和党的十九大精神为指导，坚持"三个区分开来"，对国有企业领导人员履职过程中的失误和偏差，审视其发生背景、工作依据、决策过程、动机取向、客观结果，做到应容则容、应免则免。旗帜鲜明地支持改革者、鼓励创新者、宽容失误者、保护干事者，充分调动国有企业领导人员大胆探索实践、发奋图强的积极性。<br>二、前置条件<br>（一）党和国家方针政策、党章党规党纪和法律法规、有关制度没有明令禁止的；<br>（二）以促进企业改革发展或者履行企业政治责任、经济责任、社会责任为目标的；<br>（三）贯彻民主集中制原则和"三重一大"决策制度的；<br>（四）没有为个人、他人或者小团体谋取不正当利益的；<br>（五）没有因主观故意、失职渎职造成损失或者不良影响的。<br>符合上述五项条件，属于探索性改革创新举措实施过程中产生的失误、偏差，但未造成重大资产损失或者国有资产流失的，可以予以免责。<br>以下情形不纳入容错免责范畴：<br>1. 全面从严治党责任不到位的；<br>2. 借改革创新之名搞"政绩工程""形象工程"的；<br>3. 在同一问题上重复出现失误错误或者给予容错免责处理后再次出现同样失误错误的；<br>4. 属于《山东省省属企业违规经营投资责任追究实施办法（试行）》（鲁国资监督字〔2019〕10号）所列75种责任追究情形的。 |

（续表）

| 地区 | 文件名称 | 文件相关内容 |
|---|---|---|
| 山东省 | 《国有企业领导人员履职行为容错免责清单（试行）》 | 三、适用具体情形<br><br>（一）战略管控方面<br><br>1.在落实党中央决策部署和省委、省政府工作要求中，为维护全局利益，大胆履职、敢于作为，出现一定失误或者偏差的；<br><br>2.在企业战略性结构调整、推进新旧动能转换等工作中，出现探索性失误或者未达到预期效果的；<br><br>3.在重要事项决策、实施和风险管控中，因受宏观调控、行业政策变化、不可预知及不可抗力因素等影响，未达到预期效果或者造成损失的；<br><br>4.在新技术、新产业、新业态、新模式探索实施过程中，因受不可预知或者不可抗力因素影响，未达到预期效果或者出现失误的；<br><br>5.在企业优化整合、改制重组工作中，按预定方案实施完成后，未达到预期效益目标的。<br><br>（二）改革创新方面<br><br>6.在深化企业体制机制改革中，因先行先试、缺乏经验或者政策调整等因素，未达到预期效果的；<br><br>7.在推进混合所有制改革过程中，主动与民营、外商企业合资合作，未达到预期效果或者改革后在资产处置、职工安置等方面引发矛盾争议的；<br><br>8.在推进完善企业经理层任期制和契约化管理、职业经理人制度及市场化选人用人等方面，出现一定失误或者偏差的；<br><br>9.在深化三项制度改革中，建立能上能下选人用人机制，不拘一格大胆和破格使用经营管理人员，出现一定失误或者偏差的。 |

（续表）

| 地区 | 文件名称 | 文件相关内容 |
|---|---|---|
| 山东省 | 《国有企业领导人员履职行为容错免责清单(试行)》 | (三)资本运营方面<br>10. 在实施资产证券化、并购重组、产业投资、股权投资等业务中,因宏观经济及市场形势发生重大变化、政策调整等不可抗力因素,未达到预期效果或者出现一定失误的;<br>11. 依法依规处置僵尸企业、不良资产,处置所得低于预期价值的;<br>12. 在担保、融资、市值管理等业务中,因宏观形势变化等原因未实现预期目标的。<br>(四)经营管理方面<br>13. 在招商引资、招才引智工作中,主动作为、创新性开展工作,出现一定失误或者偏差的;<br>14. 在合同管理业务中,因受宏观经济形势、调查手段受限、信息不对称等影响,造成不可预估的损失或者不良影响的;<br>15. 在营销、物流和贸易等业务中,积极参与市场竞争,抢占市场先机份额,因市场因素变化等客观原因,造成一定损失的;<br>16. 在资金管理业务中,因受财政货币政策、利率汇率变化等不可控因素影响,资金没有发挥应有效益或者造成一定损失的;<br>17. 在风险防控工作中,因受政策调整、市场行情变化、自然灾害或者其他难以预见原因,造成一定损失的。<br>(五)科技创新方面<br>18. 企业自主投入研发的技术项目,一定时期内没有实现预期目标的;<br>19. 在深化产学研合作,推动优质科技项目产业化过程中,没有实现预期目标的;<br>20. 引进新技术、新工艺、新设备、新材料,没有实现预期目标或者出现一定失误偏差的; |

（续表）

| 地区 | 文件名称 | 文件相关内容 |
|---|---|---|
| 山东省 | 《国有企业领导人员履职行为容错免责清单（试行）》 | 21.承担政府及部门科技研发项目，因客观原因没有实现预期目标的。<br><br>（六）应急管理方面<br><br>22.在自然灾害、抢险救灾等重大突发性事件处置中，临机决断，主动担当揽责，出现一定失误或者偏差的；<br><br>23.在化解矛盾焦点、剥离国企办社会职能和解决历史遗留问题等方面，积极破除障碍、打破僵局，引发一般性上访信访问题或者出现一定失误偏差的。<br><br>（七）其他符合中央大政方针和有关政策，按规定程序决策、实施的改革创新事项，出现失误或者偏差的，应纳入容错免责情形 |
| 四川省 | 《四川省属国有企业经营投资容错免责试行办法》 | 规定了16项具体免责事项清单，比如"在实施混合所有制改革中，严格执行评估和决策程序，依法依规操作，在探索与非国有企业进行股权融合、战略合作、资源整合等方面，因无先例可循或政策界限不明确造成资产损失或其他严重不良后果的"可纳入免责事项。 |
| 辽宁省 | 《关于建立全省国有企业经营管理人员行权履职容错免责机制的意见（试行）》 | 进行决策、开展投资、推进企业重组和专业化整合、实施混合所有制改革、开展资产交易、科技创新时等出现的14种偏差和失误，经认定可以作出容错免责处理。 |
| 绵阳市 | 《绵阳市市属国有企业经营投资尽职合规免责事项清单（2022年版）》 | 一、在重要事项决策及实施中，因受宏观调控、行业政策变化、外部市场突变、不可预知及不可抗力因素等影响，造成资产损失或其他严重不良后果的。<br>二、在企业战略性结构调整和优化国有资本布局中，认真贯彻落实党中央、国务院和省委、省政府决策部署和市委、市政府工作要求，为维护全局利益，大胆履职、敢于作为，在能够完成政策性任务的前提下，造成资产损失或其他严重不良后果的。 |

（续表）

| 地区 | 文件名称 | 文件相关内容 |
|------|----------|--------------|
| 绵阳市 | 《绵阳市市属国有企业经营投资尽职合规免责事项清单(2022年版)》 | 三、在建立和完善现代企业制度工作中,认真贯彻落实三年改革行动方案要求,在招才引智、员工持股、市场化薪酬、用人能上能下改革等方面,推进完善企业经理层任期制和契约化管理、职业经理人制度及市场化选人用人等工作,因先行先试、缺乏经验或者政策调整等因素,造成资产损失或其他严重不良后果的。<br>四、在资本运营过程中,严格执行有关规定,在保值增值的基础上,实施资产证券化、并购重组、产业投资、股权投资和担保、融资、市值管理等业务,因宏观经济及市场形势发生重大变化、政策调整等不可抗力因素,造成资产损失或其他严重不良后果的。<br>五、在开展投资业务中,严格执行决策程序并充分评估和积极防控投资风险,或在集体决策中对违规决策表明确表示异议并投反对票,因客观上无法先行预见的相关政策重大调整、外部环境重大变化,造成资产损失或其他严重不良后果的。<br>六、在实施混合所有制改革中,严格执行评估和决策程序,依法依规操作,在探索与非国有企业进行股权融合、战略合作、资源整合等方面,因无先例可循或政策界限不明确造成资产损失或其他严重不良后果的。<br>七、在推进企业重组和专业化整合中,为推动企业核心战略发展、发挥整体竞争优势,主动作为、积极探索,因先行先试、缺乏改革经验,造成资产损失或其他严重不良后果的。<br>八、在开展资产交易中,严格执行资产交易有关规定,确保交易资产处于合理状态,因自然灾害、征收征用等导致交易资产损毁灭失、所有权受限,造成资产损失或其他不良后果的。 |

（续表）

| 地区 | 文件名称 | 文件相关内容 |
|------|---------|-------------|
| 绵阳市 | 《绵阳市市属国有企业经营投资尽职合规免责事项清单(2022年版)》 | 九、在资金管理业务中，因受财政货币政策、利率汇率变化等不可控因素影响，造成资产损失或其他严重不良后果的。<br><br>十、在组织研发创新中，加快打造原创技术策源地和现代产业链链主，开展原创技术研究，推动产业链协同发展，包括企业自主投入研发的技术项目、产学研合作的优质科技项目、承担政府及部门科技研发项目等，因技术路线选择、产业关键技术研发等存在重大不确定性，造成资产损失或其他严重不良后果的。<br><br>十一、在境外经营投资中，已严格开展尽职调查，遵守所在地法律及相关国际规则，因国际政治事件、所在地重大突发事件、战争等不可预计因素，造成资产损失或其他严重不良后果的。<br><br>十二、在处置突发事件中，无法及时履行集体决策程序，临机决断采取紧急措施，虽造成资产损失或其他严重不良后果，但及时履行决策程序并得到追认的。<br><br>十三、在处理历史遗留问题中，从推动问题解决和有利企业发展角度担当作为，依据当时可获取资料开展工作，因后续出现新证据，使原认定事实或法律关系发生变化，造成资产损失或其他严重不良后果的。<br><br>十四、在化解矛盾焦点和干部职工反映强烈的突出问题中，因勇于破除障碍、触及固有利益，在应对群体性事件中采取临时性措施有瑕疵，造成资产损失或其他严重不良后果，但事后补正并及时向党组织报告的。<br><br>十五、在新产业、新业态、新模式等新生事物探索实施过程中，因受不可预知或者不可抗力因素影响，造成资产损失或其他严重不良后果的。<br><br>十六、在推进问题整改工作中，落实有关监管部门提出的整改工作要求，积极组织整改，因司法诉讼、政策限制等不可控因素，造成未按期全面完成整改要求的。 |

（续表）

| 地区 | 文件名称 | 文件相关内容 |
|---|---|---|
| 厦门市 | 《厦门市市属国有企业经营投资尽职合规免责事项清单（试行）》 | 一、在开展投资业务中，严格执行决策程序并充分评估和积极防控投资风险，因客观上无法先行预见的相关政策重大调整、外部环境重大变化，造成资产损失或其他不良后果的。<br>二、在实施混合所有制改革中，严格执行决策程序，依法依规操作，因合作方重大意外变故导致经营困难或破产清算，虽及时反应并全力补救追偿，仍造成资产损失或其他不良后果的。<br>三、在推进企业重组和专业化整合中，为推动企业核心战略发展、发挥整体竞争优势，主动作为、积极探索，因先行先试、缺乏改革经验，造成资产损失或其他不良后果的。<br>四、在开展资产交易中，严格执行资产交易有关规定，确保交易资产处于合理状态，因自然灾害、征收征用等不可预见因素导致交易资产毁损灭失、所有权受限，造成资产损失或其他不良后果的。<br>五、在组织研发创新中，加快打造原创技术策源地和现代产业链链主，开展原创技术研究，推动产业链协同发展，因技术路线选择、产业关键技术研发等存在重大不确定性，造成资产损失或其他不良后果的。<br>六、在处置突发事件中，无法及时履行集体决策程序，临机决断采取紧急措施，虽造成资产损失或其他不良后果，但事后及时履行决策程序并得到追认的。<br>七、在处理历史遗留问题中，从推动问题解决和有利企业发展角度担当作为，依据当时可获取资料开展工作，因后续出现新证据，使原认定事实或法律关系发生变化，造成资产损失或其他不良后果的。<br>八、在境外经营投资中，已严格开展尽职调查，遵守所在地法律及相关国际规则，因国际局势、所在地重大突发事件等不可预计因素，造成资产损失或其他不良后果的。 |

（续表）

| 地区 | 文件名称 | 文件相关内容 |
|------|----------|--------------|
| 厦门市 | 《厦门市市属国有企业经营投资尽职合规免责事项清单(试行)》 | 九、在推进问题整改工作中，落实有关监管方面提出的经营投资问题整改工作要求，积极组织整改，因司法诉讼、政策限制等不可控因素，造成未按期全面完成整改要求的。<br>十、为落实市委市政府部署要求，已严格执行国资监管制度和企业内部管理规定，承担社会责任，造成资产损失或其他不良影响的。 |
| 盐城市 | 《盐城市市属企业经营投资尽职合规免责事项清单(2022年版)》 | 一、在开展投资业务中，严格遵守市属企业投资监管制度和负面清单规定，严格执行决策程序，充分评估并积极防控风险或在集体决策时对违规决策行为明确表示异议并投反对票，因不能预见和克服的重大政策调整、重大环境变化，造成资产损失或其他不良后果的。<br>二、在实施战略性重组和专业化整合中，为提高资源要素配置效率、增强企业整体竞争优势，锐意进取、积极作为，因缺乏经验、先行先试，造成资产损失或其他不良后果的。<br>三、在组织科技创新中，加强企业自主创新能力建设，开展原创技术研究，推进关键核心技术攻关，因技术路线选择、关键核心技术研发等环节存在重大不确定性，造成资产损失或其他不良后果的。<br>四、在推进混合所有制改革中，严格执行决策程序，依法依规操作，充分保障职工对改革的知情权和参与权，维护国有资本权益，因合作方重大意外变故，导致混改企业经营困难或破产清算，虽及时反应并全力补救追偿，仍造成资产损失或其他不良后果的。<br>五、在开展资产交易中，严格执行有关规定，确保交易资产处于合理状态，有效保障国有资产安全，因自然灾害、征收征用等不能预见和克服因素，导致交易资产毁损灭失、所有权受限，造成资产损失或其他不良后果的。 |

（续表）

| 地区 | 文件名称 | 文件相关内容 |
|------|---------|------------|
| 盐城市 | 《盐城市市属企业经营投资尽职合规免责事项清单（2022年版）》 | 六、在开展国际化经营中,已深入进行投资项目的可行性研究论证,依据国际规则及所在国(地区)法律合法经营,充分评估并积极防控风险,因国际局势、所在国(地区)重大突发事件等不能预见和克服因素,造成资产损失或其他不良后果的。<br>七、在推进装备国产化中,发挥国有企业示范引领作用,支持国产首台套装备(首批次材料、首版次软件等)应用,因技术标准不成熟、装备性能不稳定、配套设备不系统等因素,造成资产损失或其他不良后果的。<br>八、在处理历史遗留问题中,从推动问题解决、助力企业发展的角度担当作为,依据当时可获取资料开展工作,后因发现新证据 使原认定事实发生变化,造成资产损失或其他不良后果的。<br>九、在处置突发事件中,无法及时履行集体决策程序,相机抉择采取紧急措施,虽造成资产损失或其他不良后果,但事后及时履行报告程序并得到追认的。<br>十、在推进问题整改中,不折不扣落实整改工作要求,有力有效组织开展整改,因司法诉讼、政策限制、职责权限等不可控因素,造成未如期全面完成整改任务的。<br>十一、在落实上级交办的重大任务中,因政策界限不明、授权不及时或不可预知因素,在开展工作中出现失误,造成资产损失或其他不良后果的。<br>十二、其他符合政策方针,按规定程序决策、实施的改革创新事项,出现失误或者偏差,造成资产损失或其他不良后果的。 |

　　各地的实践既有相似之处,也各具特色。容错清单中既包含国有企业常规性经营事项,也不乏改革创新事项,总体原则强调因无先例可循或政策界限不明确造成资产损失或其他严重不良后果的,可予以免责。并且部分地区清单还

列出了不纳入容错免责的情形,比如山东省的规定是,全面从严治党责任不到位、搞"政绩工程""形象工程"、同一问题重复出现失误、属于违规经营投资责任追究情形的四种情况不能纳入容错免责。此外,不少地区的容错免责清单重点突出科技创新以及相关投资事项。比如,湖北省的文件将"在科技创新、产品创新等工作中,因技术路线选择、市场环境变化等重大不确定因素,导致研发失败,造成投资损失的;在科技成果转化工作中,因市场风险等不可预见因素,未取得预期成效或造成投资损失的"等科技创新相关事件列入免责清单,将"在前瞻性战略性新兴产业和未来产业投资工作中,因国家政策调整、市场波动等难以预见的外部环境影响,导致投资收益未达到预期目标或造成投资损失的;在种子基金、风险投资基金投资业务中,如实报告已知风险,因种子期、初创期企业发展存在较大不确定性,导致投资失败,造成投资损失的"等科技创新投资相关事件列入免责清单。总的来说,国企容错免责机制的建立和完善,能够激发国有企业内部的担当精神和创新意识,推动国有企业在全面深化改革中取得更大突破。

# 参考文献

［1］Chesbrough H. The Logic of Open Innovation：Managing Intellectual Property［J］. California Management Review，2003，45(03)：33－58.

［2］Chesbrough H. Open Innovation：The New Imperative for Creating and Profiting from Technology［M］. Boston，Mass：Harvard Business School Press，2003.

［3］Clauss T. Measuring Business Model Innovation：Conceptualization，Scale Development，and Proof of Performance［J］. R & D Management，2017，47(03)：385－403.

［4］Dahlander L，Gann D M. How Open Is Innovation？［J］. Research Policy，2010，39(06)：699－709.

［5］van Beers C，Zand F. R & D Cooperation，Partner Diversity，and Innovation Performance：An Empirical Analysis［J］. Journal of Product Innovation Management，2014，31(02)：292－312.

［6］蔡双立，马洪梅. 开放式创新、独占机制与创新绩效——鱼和熊掌如何兼得？［J］.南开经济研究，2023(05)：56－73.

［7］陈劲,陈钰芬.开放创新体系与企业技术创新资源配置［J］.科研管理,2006(03)：1－8.

［8］陈劲,阳银娟.协同创新的理论基础与内涵［J］.科学学研究,2012,30(02)：161－164.

［9］陈钰芬,陈劲.开放式创新促进创新绩效的机理研究［J］.科研管理,2009,30

(04):1-9+28.

[10] 陈志明.企业外向型开放式创新对突破性创新绩效的影响——组织协作机制的调节效应[J].科技管理研究,2016,36(13):16-22.

[11] 邓向阳,谭傲,曹渝.开放式创新背景下企业智力资本与创新绩效关系研究——基于中小科技型企业的证据[J].求索,2015(03):73-78.

[12] 巩雪,刘海兵.企业技术创新能力与开放式创新策略选择[J].中国科技论坛,2020(12):54-66.

[13] 郭海,韩佳平.数字化情境下开放式创新对新创企业成长的影响:商业模式创新的中介作用[J].管理评论,2019,31(06):186-198.

[14] 贾立萍,闫春.创新管理促进开放式创新的路径研究[J].企业改革与管理,2014(24):4-5.

[15] 蒋振宇,王宗军,潘文砚.开放度对创新能力作用的新路径:一个有调节的中介模型[J].管理评论,2019,31(10):85-98.

[16] 金珺,陈赞,李诗婧.数字化开放式创新对企业创新绩效的影响研究——以知识场活性为中介[J].研究与发展管理,2020,32(06):39-49.

[17] 金银.面向开放式创新的设计企业知识产权管理模式[J].科技管理研究,2023,43(10):165-171.

[18] 李显君,钟领,王京伦.开放式创新与吸收能力对创新绩效影响——基于我国汽车企业的实证[J].科研管理,2018,39(01):45-52.

[19] 李雪松,党琳,赵宸宇.数字化转型、融入全球创新网络与创新绩效[J].中国工业经济,2022(10):43-61.

[20] 李亚兵,游肖迪,赵振.创新联合体关系嵌入对中小企业创新能力的影响[J].华东经济管理,2022,36(10):120-128.

[21] 梅亮,陈劲,刘洋.创新生态系统:源起、知识演进和理论框架[J].科学学研究,2014,32(12):1771-1780.

[22] 米银俊,刁嘉程,罗嘉文.多主体参与新型研发机构开放式创新研究:战略生态位管理视角[J].科技管理研究,2019,39(15):22-28.

[23] 聂辉华,谭松涛,王宇锋.创新、企业规模和市场竞争:基于中国企业层面的面板数据分析[J].世界经济,2008,31(07):57-66.

[24] 彭灿,汪鹏志,杨晓娜.企业开放式创新与突破性创新能力的关系——有调节的中介效应[J].科技管理研究,2019,39(13):24-32.

[25] 任之光,高鹏斌.双向开放式创新及其协同、商业模式和企业创新绩效的关系研究[J].管理评论,2020,32(08):116-130.

[26] 锁箭,张霓,白梦湘.中小企业开放式创新真的有效吗?——基于共同专利的视角[J].首都经济贸易大学学报,2021,23(03):101-112.

[27] 陶永明.吸收能力在开放式创新过程中作用的产业差异性[J].财经问题研究,2015(04):117-122.

[28] 童红霞.数字经济环境下知识共享、开放式创新与创新绩效——知识整合能力的中介效应[J].财经问题研究,2021(10):49-61.

[29] 王文华,张卓,蔡瑞林.开放式创新组织间知识协同绩效作用机制研究[J].财经论丛,2018(09):85-95.

[30] 王文华,张卓,蔡瑞林.开放式创新组织间协同管理影响知识协同效应研究[J].研究与发展管理,2018,30(05):38-48.

[31] 王文华,张卓.开放式创新模式下外部技术与内部研发协同管理体系研究[J].科技管理研究,2017,37(09):15-20.

[32] 王艳.混合所有制并购与创新驱动发展——广东省地方国企"瀚蓝环境"2001~2015年纵向案例研究[J].管理世界,2016(08):150-163.

[33] 魏启迪,苏文.开放式创新对中小企业创新绩效的影响[J].科技管理研究,2023,43(19):124-134.

[34] 徐珊珊,蔡双立.开放式创新范式下知识产权对企业创新绩效的影响机制[J].东岳论丛,2021,42(06):83-94.

[35] 许庆瑞,陈重.企业经营管理基本规律与模式[M].杭州:浙江大学出版社,2001.

[36] 闫春,蔡宁.创新开放度对开放式创新绩效的作用机理[J].科研管理,2014,35(03):18-24.

[37] 阳银娟,郭爱芳,张宏.研发伙伴类型、独占性机制与企业突破性创新的实证研究[J].重庆大学学报(社会科学版),2021,27(05):87-98.

[38] 杨磊,刘海兵.创新情境、吸收能力与开放式创新共演路径——基于华为、

海尔、宝洁的跨案例研究[J].中国科技论坛，2020(02)：36－45＋53.

[39] 杨震宁，赵红.中国企业的开放式创新：制度环境、"竞合"关系与创新绩效[J].管理世界，2020，36(02)：139－160＋224.

[40] 约瑟夫·熊彼特.经济发展理论[M].何畏，易家详，张军扩，等译.北京：商务印书馆，1990.

[41] 张华，顾新.数字化能力、开放式创新与企业绩效——创新独占性的调节效应[J].科学学与科学技术管理，2023，44(06)：132－149.

[42] 张慧颖，王贝芬.开放式创新策略与新产品绩效的关系研究[J].管理工程学报，2019，33(01)：94－101.

[43] 张珺涵，罗守贵.开放式创新、人力资本异质性与企业绩效——基于科技服务业的实证[J].科技管理研究，2019，39(21)：105－112.

[44] 张羽飞，原长弘，张树满.共建产学研创新联合体对科技中小企业创新绩效的影响研究[J].管理学报，2023，20(01)：76－85.

[45] 张振刚，王华岭，陈志明，高晓波.企业内向型开放式创新对根本性创新绩效的影响[J].管理学报，2017，14(10)：1465－1474.

[46] 张震宇，陈劲.开放式创新环境下中小企业创新特征与实践[J].科学学研究，2008，26(S2)：525－531.

[47] 赵武，梁智野，张沂娜，肖婷.创新开放度、知识获取与高新技术企业成长[J].科技管理研究，2022，42(20)：128－136.

[48] 周洋，孟春雨，陈鑫.创新管理研究脉络演进及热点趋势预测[J].技术与创新管理，2022，43(05)：515－523.